节日研究

Festival Studies

第二十辑

主编 王加华
主办 山东大学

山东大学出版社
SHANDONG UNIVERSITY PRESS
·济南·

图书在版编目(CIP)数据

节日研究.第20辑/王加华主编.—济南:山东大学出版社,2022.12

ISBN 978-7-5607-7742-9

Ⅰ.①节… Ⅱ.①王… Ⅲ.①节日—研究—世界 Ⅳ.①K891.1

中国国家版本馆CIP数据核字(2023)第000350号

责任编辑 武迎新
封面设计 牛 钧 王秋忆

节日研究

JIERI YANJIU

第20辑

出版发行	山东大学出版社
社　　址	山东省济南市山大南路20号
邮政编码	250100
发行热线	(0531)88363008
经　　销	新华书店
印　　刷	济南华林彩印有限公司
规　　格	787毫米×1092毫米 1/16
	16.75印张 257千字
版　　次	2022年12月第1版
印　　次	2022年12月第1次印刷
定　　价	86.00元

《节日研究》编委会

目 录

节日变迁

一场盛大的都市动员：宋元时期元宵节发展的城市化隐喻*

宋　妍**

摘　要

宋元时期是我国元宵节发展历史中的一个拐点。元宵节至宋而兴，至元则衰，直至明代才复兴。结合宋元时期浮现的城隍信仰、夸富宴式的元宵活动、放偷游戏等，以城市空间发展的理论视角为进路，可以鲜明地窥见元宵节仪式活动中的城市发展隐喻。宋元时期是城市化理念深入人心的阶段，借助元宵节这一古老的节日，市民的合法性被纳入传统信仰轨道，折射出节日背后商品经济发展的消费意象。

关键词

城市秩序　夸富宴　商品经济　城隍信仰

元宵节在中国传统节日中是一个特别的存在，如果不仔细体味，会默认为它是春节时段的狂欢式收官，抑或是春耕前的最后一次集体动员。但是如果从发生时空、节日活动、参与人群等方面来分析，会发现元宵节其实是都市崛起的华章，是一场关于资本“丰收”的盛大展演，充满了动人心弦的符

---

* 本文系国家社科基金一般项目“非物质文化遗产保护伦理原则研究”(21BZW043)的阶段性成果。

** 宋妍，辽宁大学文学院副教授。

号隐喻，是极速发展的都市精心打造的“招工广告”和“投资承诺”。

一、宋元时期元宵节“断崖式”发展探因

元宵节作为中国最古老的传统节日，最早可追溯到汉武帝时期的太一神祭祀，后在道教与佛教的“加持”下日渐丰满，历经隋唐盛世，至宋代越发呈现出盛大恢弘的节日气象。然而，这股发展势头到元代几乎戛然而止，直至明代才得以重新发扬光大。元宵节为何在宋元间经历了一次断崖式发展？

从社会运作的视角看，节日“一定不是由物质生活的实际状况，而是由人类存在的终极目标，即理想世界来确定，无此确定便无节日”[①]。元宵节在本质上也应“与自然循环或社会及人们生活中的危机时刻、临界点相连”[②]。宋元时期元宵节此消彼长的深层原因极有可能是相同的，如果这一假设成立，便只能回到宋代去寻找真相，因为彼时正是元宵节发展曲线的临界点。

（一）唐宋元宵节的不同之处

唐宋元宵节浓墨重彩、气势恢宏，尚秉和在《历代社会风俗事物考》中提到唐宋上元灯火“之活泼远过后人。其魄力之伟大，尤非后人可比”。根据《开元遗事》记载，北宋年间“上在东都结缯彩为灯楼二十间，高一百五十丈”。王安石有诗云“别开阊阖壶天外，特起蓬莱陆海中”，宋人王珪诗云“双凤云中扶辇下，六鳌海上驾山来”，向子諲有诗“紫禁烟花一万重，鳌山宫阙倚晴空。玉皇端拱彤云上，人物嬉游陆海中”，可见上元灯景如人间蓬莱，华彩非凡。[③]

同唐代相比，宋代元宵节在节期、节日空间、节日制度上都有所变化。首先，元宵节张灯放假的传统始自宋代，假期为五天。“唐代正月十五，还没有成为非常固定的活动。”[④]“据《宋史》记载，‘自唐以后，常于正月望夜，开坊

---

① ［美］太史文：《中国中世纪的鬼节》，侯旭东译，上海人民出版社 2018 年版，第 25 页。
② ［美］太史文：《中国中世纪的鬼节》，侯旭东译，上海人民出版社 2018 年版，第 37 页。
③ 参见尚秉和：《历代社会风俗事物考》，商务印书馆 1939 年版，第 448～452 页。
④ 钟敬文主编：《中国民俗史（宋辽金元卷）》，人民出版社 2008 年版，第 241 页。

市门然灯。宋因之，上元前后各一日，城中张灯'。"[①]可见，正月十五的夜晚燃灯在唐代并未形成固定的传统。"至宋太祖乾德五年(967)下达诏令，'上元张灯，旧止三夜，今朝廷无事，区宇又安，方当年谷之丰登，宜纵士民之行乐，其令开封更放十七、十八两夜灯。后遂为例'。"[②]建隆元年(960)开始改为六天，各地元宵节日气氛浓烈，其中以苏州"灯最盛，而莱园罗帛尤壮观"。"是日，苏州民间还有'旱划船'上街表演。成都府正月有灯市，从元宵节开始至四月十八日，富室'游赏几无虚辰，使宅后圃名西园，春时纵人行乐'。辰(治今湖南沅陵)、沅(治今湖南芷江)、靖(治今湖南靖州)三州的仡伶、仡獠、山瑶等少数族也于此日'入城市观灯'。"[③]

其次，在节庆空间上，宋朝节日场地更加集中在城市的公共空间，"瓦子"作为新晋的娱乐场所，吸引城乡居民竞相涌入。"京城的士民群集御街，两廊下歌舞、百戏、奇术异能鳞次栉比，乐声悠扬。有击丸蹴球者、踩绳上竿者，还有表演傀儡(木偶)戏、魔术、杂剧、讲史、猴戏、鱼跳刀门、使唤蜂蝶等。"[④]南宋《梦粱录》中记载："正月十五日元夕节，乃上元天官赐福之辰。昨汴京大内前缚山棚，对宣德楼，悉以彩结，山沓上皆画群仙故事，左右以五色彩结文殊、普贤跨狮子、白象，各手指内五道出水。"[⑤]每年元夜在宣德楼大街架起巨大的山棚，摆满各色灯笼，称为"鳌山"。从鳌山到附近大街，约一百多丈之内用棘刺围绕，称"棘盆"，实际是大乐棚。皇帝和妃嫔在宫城门楼上观灯，百姓在楼下观看露台演出，奏乐人不时引导百姓高呼"万岁"。

此外，宋时国家对元宵节给予制度支持。"官放公私僦屋钱三日，以宽民力。舞队自去岁冬至日，便呈行放。遇夜，官府支散钱酒犒之。元夕之时，自十四为始，对支所犒钱酒。十五夜，帅臣出街弹压，遇舞队照例特犒。街坊买卖之人，并行支钱散给。"[⑥]从正月十五日到十九日这五天，政府每夜都派官员点视舞队，规定舞队南到升阳宫赏酒烛，北至春风楼赏钱，即买市。

---

① 钟敬文主编：《中国民俗史(宋辽金元卷)》，人民出版社2008年版，第242页。
② 伊永文：《宋代市民日常生活》，中国工人出版社2021年版，第275页。
③ 伊永文：《宋代市民日常生活》，中国工人出版社2021年版，第275页。
④ 朱瑞熙等：《宋辽西夏金社会生活史》，中国社会科学出版社1998年版，第378页。
⑤ (宋)吴自牧著，张社国、符均校注：《梦粱录》，三秦出版社2004年版，第5～6页。
⑥ (宋)吴自牧著，张社国、符均校注：《梦粱录》，三秦出版社2004年版，第6页。

皇家所买的还包括上元的“节食”，政府差出的吏魁只要遇上小贩，便犒以赏钱。①

（二）元代元宵节发展势弱的表现

元代从制度上减弱了元宵节的地位。根据布庆荣的研究，元代取消了唐宋以来官员的元宵节假期，将“四斋日”和“本命日”列入国家法定休假日②，以法令的形式规定从丁巳年(1257)开始，每月初一日、初八日、十五日、二十三日，禁宰杀，禁用刑③。自唐以后，元宵节弛禁是官方通行的做法。唐时灯节连续三天不夜禁，宋时追加到六夜，元代仅十五、十六两夜弛禁。元代不再提倡唐宋以来元宵节俗中官民同乐的理念，朝廷规定由专门机构负责掌灯等事务，禁止百姓私下张灯结彩。就制度层面而言，仅有两天假期且不准官员杀生、不准民间私自掌灯的元宵节，所能发挥的空间十分有限。

元代仍然将正月十五定为上元节，由宣徽院、资正院、中政院、詹事院等宫廷机构，“常办进上灯烛、糕面、甜食之类，自有故典”④。元大都丽正门外有一棵大树，被忽必烈封为独树将军，每年元正、上元时，树身上悬挂诸色花灯，高低照耀，远望似一条火龙。元英宗时“欲于内庭张灯为鳌山”，但张养浩上书进谏“世祖临御三十余年，每值元夕，闾阎之间，灯火亦禁，况阙庭之严，宫掖之邃，尤当戒慎”。⑤ 可见，自元世祖开始，为防火灾，就严禁上元节期间民间私自张灯。到了中后期，连帝王宫廷也不提倡。元刘将孙《摸鱼儿·己卯元夕》云：“又匆匆、一番元夕，无灯更愁风雨。人间天上无归梦，惟有春来春去。”⑥可以看出，在见识过前朝元宵狂欢的元代文人心中，此时的元宵阵仗看起来多少是令人唏嘘的。

灯火虽然大不如前，但是元大都民间市集依然红火，“自正月十三日起开始过节，商家于街市路口用芦苇搭建成屋，里面挂有山水、翎毛等年画。售卖糖糕、黄米枣糕、小米团儿、辣汤等小吃。草屋外悬挂琉璃葡萄灯、奇巧

① 参见伊永文：《宋代市民日常生活》，中国工人出版社 2021 年版，第 285 页。
② 参见布庆荣：《元代官吏休假法律制度初探》，《社科纵横》2020 年第 3 期。
③ 参见王茂华、张金花：《元朝城市夜禁考论》，《兰州学刊》2016 年第 3 期。
④ 史卫民：《元代社会生活史》，中国社会科学出版社 2005 年版，第 233 页。
⑤ （明）宋濂等撰：《元史》，中华书局 1976 年版，第 3361 页。
⑥ 刘宗彬：《刘辰翁年谱》，《吉安师专学报（哲学社会科学版）》1997 年第 3 期。

纸灯、谜语灯及烟花爆竹。正月十六日为‘烧灯节’，商家用柳条挑着烤馒头烤包子叫卖，喻之‘烧灯’”[①]。过完这天，春节便告一段落。

元代还沿袭了辽金时期正月“放偷”的旧俗。“放偷”，是辽金时期的风俗，“正月十三日，放国人做贼三日，如盗及十贯以上，依法行遣”[②]。这种嬉戏式的偷盗是契丹作为游牧民族所保留的原始社会财产共有的遗风。宋代人洪皓所写的《松漠纪闻》记载，是日契丹人“妻女、宝货、车马为人所窃，皆不加刑”，“亦有先与室女私约至期而窃取者，女愿留则听之”。意思是契丹人当时在“放偷日”不但可以盗走日用品，就连主人家的妻女也可以“偷”走。金时又增加了一个“赎还”[③]的环节，如果所偷器物为原主人特别珍爱之物，就可以赎还，失主应准备美酒佳肴或者“携壶”以赎被偷之物。

二、元宵节仪式中关于城市发展的符号隐喻

“隐喻的本质就是通过彼一事物来理解和体验此一事物”，“人类的思维过程在很大程度上是隐喻性的”[④]，上元佳节可以共享的文化意义多元且繁复，但这并不妨碍人们乐享其中。自汉以来的文化符号自在、自由地充盈于不断发展的元宵佳节之内，使之成为中华民族可以共享的文化盛宴。元宵佳节历经皇权、道教、佛教、儒家的丰富，原本充满了各种各样的隐喻元素，上元月色下居于“高处”与民同乐的帝王权臣，颇具佛教想象的“鳌山”灯架，饱含道教元素的各式花灯造型，历代文人墨客盛赞太平盛世的元宵诗文，悬挂于花灯之下的“应景”灯谜，还有类似走百病的节日实践，都关联着无数隐喻。但是，在这些隐喻的背后，呈现出属于中国人的直觉智慧，正如庄孔韶先生在理解中国的宗族思维时所发现的“由含糊的暗喻中透露的信息才是实质上丰富无比的，只能心领神会”[⑤]，当我们从整体上思考和把握众多丰富的隐喻簇时，会发现更多类似的现象。

---

① 史卫民：《元代社会生活史》，中国社会科学出版社 2005 年版，第 134 页。

② （宋）叶隆礼撰，李西宁点校：《契丹国志》卷二十七，齐鲁书社 2000 年版，第 194 页。

③ 参见陈宝良：《明代社会生活史》，中国社会科学出版社 2004 年版，第 583 页。

④ [美]乔治·莱考夫、马克·约翰逊：《我们赖以生存的隐喻》，何文忠译，浙江大学出版社 2019 年版，第 3 页。

⑤ 庄孔韶：《银翅》，生活·读书·新知三联书店、生活书店出版有限公司 2019 年版，第 438 页。

(一)"放偷"与"消金锅儿"式的夸富宴

元宵时节，官商巨贾、高门大户纷纷展示"牙齿"，通过华美的灯饰昭示去年的美好收成，并以此来交换资本再生产所需要的声誉与社会位置。在元宵节中，其社会交往层面更重于春节时段的其他活动，权贵之家纷纷竭尽所能地装饰门庭，新科状元更要借此结交上流社会子弟，以期完成身份的提升和认证。这样的大规模资本交换，在本质上更贴近于一场原始部落的"夸富宴"。

当朝皇帝亲自出马，各相关机构、高门巨贾更是不敢怠慢，元宵灯会的花销逐年攀升，各地制灯技艺也是竞创新高。由于烟火比花灯费钱，普通民众玩不起，他们也就成了富足人家烟火的免费观众。围看的人越多，富足人家越觉得脸面有光。达官显贵们将闹灯与放烟火同时进行，更令观众大饱眼福。在宋朝都城，"上元前后各一日，城中张灯，大内正门结彩为山楼影灯，起露台，教坊陈百戏。天子先幸寺观行香，遂御楼，或御东华门及东西角楼，饮从臣。四夷、蕃客各依本国歌舞列于楼下。东华左右掖门、东西角楼、城门、大道、大宫观寺院悉起山棚，张乐陈灯，皇城雉堞亦遍设之。其夕，开旧城门达旦，纵士民观"①。南宋时临安崇尚奢华消费，更有人把临安称为"销金锅儿"②，每到佳节很多游客"日糜金钱，靡有纪极"③。明末小说家凌濛初在剧作《宋公明闹元宵》里，讲到宋江要全部没收灯匠的花灯，但是后来只要了他一盏小的花灯，就给了 20 两银子作为本钱。小的花灯就值 20 两，一个"鳌山"往往挂有"五六百碗"灯盏，所费几何？那满城满眼的灯海呢？④

辽金元时期盛行的"放偷"习俗，乍听之下似乎是原始遗风，如果从资本再分配的角度来分析，却是直接撇开了外在装饰性的符号，将元宵节的消费本质清晰地以"放偷"的形式活灵活现地表演出来。"在中国，可与西方狂欢节日相提并论者，不是庙会，而是春节，其中以元宵节最盛……在岭南琼州，

---

① 王岗:《元明〈宫词〉与清〈竹枝词〉中北京节令风俗考略》,《北京社会科学》2006 年第 6 期。

② 王岗:《元明〈宫词〉与清〈竹枝词〉中北京节令风俗考略》,《北京社会科学》2006 年第 6 期。

③ 王岗:《元明〈宫词〉与清〈竹枝词〉中北京节令风俗考略》,《北京社会科学》2006 年第 6 期。

④ 参见翁敏华:《元宵节俗及其戏曲舞台表述》,《上海师范大学学报(哲学社会科学版)》2008 年第 9 期。

自正月初十至十五这五日内，诸如窃蔬、淫奔，全都不禁不管，称为‘采青’。”[①]根据辽金遗俗，妻子女儿也属家庭重要“财产”，所以“放偷”的财物也包括妻女。

这一场“偷窃”仪式正是拟仿了商品经济下剩余资本再生产的过程，离开了赏灯的符号转喻，这种“偷窃”的游戏，充分证明了剩余资本的存在，以及在当前情境下重新参与社会再生产的现实需求。辽金元短暂存在的“放偷”仪式，是原初心智在面对现代文明过程时的睿智显现，这华丽炫彩的花灯、不分昼夜的狂欢、与民同乐的皇恩浩荡，大抵不过是人们拥有了资本后，在巩固声誉、交换财富和展露“牙齿”。

（二）灯与“私有”观念的神性转化

对于个体而言，城市化建设需要大量的乡村移民，“灯”所蕴含的丰富意蕴为市民身份的合法性提供了充分的合理化想象。

首先，火神兼具灶神、开市之神的多元身份。

在中国传说中，火神兼有灶神、开市之神的多元身份，具有自然神和民间信仰合而为一的神祇特征。自然之火，是造物主的恩赐，地、水、火、风作为宇宙的四大元素，是无法被人类所控制的。灶神祭祀源于对火神的崇拜，灶神是火神的自然崇拜在进入人类居所后的变体，是火神崇拜的家庭化、私有化和专业化转喻，掌管着一家人最重要的“吃”事，更兼行使大家长的伦理教化功能，吃一家饭，受一家香火，保一家平安。火神与灶神，一个福泽万民，一个护佑本家。传说祝融和炎帝死后为灶，“颛顼氏有子曰黎，为祝融，祀以为灶神”，“炎帝死而为灶”，炎帝和祝融是中国古代神话传说中的火神。由于炎帝为“火德之帝”，祝融为“火官之神”，所以都被奉为灶神。[②]

开市之神是灶神功能的资本化转喻，祝融除了身兼火神、灶神之外，还被尊称为开市之神，《世本》有“祝融作市”[③]，说他发明了集市，让老百姓手中的剩余物品得以互相交换。“市”的根本性质就是“交易”，交易之谓“市”。

---

① 翁敏华：《元宵节俗及其戏曲舞台表述》，《上海师范大学学报（哲学社会科学版）》2008年第9期。

② 参见黄永锋：《灶神信仰刍探》，《中国道教》2006年第5期。

③ 参见黄永锋：《灶神信仰刍探》，《中国道教》2006年第5期。

根据高介华的研究，我国有“神农作市”“黄帝设市”和“祝融作市”的传说，这三位伟大的人物都曾经教化天下之民，将同类的商品聚集在一起进行交易。从最原初关于火的自然崇拜，到灶神、开市之神的意义共享，其中“灯”的功能善莫大焉。①

其次，灯光乃可控之火，象征财富的私有化。

与自然之火相比，灶台之火、灯光之火都是人间之物，人将柴火填于灶内、置于灯中，火便被家庭和个人所拥有。掌灯、燃灶之人，也就在一定程度上拥有了火神的力量。火，因其可以共享而伟大，灶将火置于家中，从而有了家（私）的边界，当火被罩于灯具之内，则使私产成为“上手之物”，具有了转让价值。东西方与灯有关的传说，往往与“私”有关。要证明灯属于“我”，需要一个联结的行为，这个行为可以是擦亮、点燃，也可以是购买、制作，甚至仅仅是观赏。无论是“东风夜放花千树”的喧嚣，还是“闲敲棋子落灯花”的恬静，无论是阿拉丁无意间“擦”亮神灯，成为灯神的主人，还是沉香苦寻宝莲灯，劈山救母，灯终究是可以私有的，它们追随自己的主人，并以自己的力量守护主人。于是，心灵便通过灯光建立了与宇宙的关联，那源自无名的圣火，映照出个体内在的生命之光（火）。

元代禁止民间私自掌灯，等于取消了“灯”成为可转让货币的可能性，即在象征意义上官宣私有化非法。马克思曾说：“如果取消货币（它象征地代表着商品经济及其制度安排），那么人们或者会倒退到生产的较低的阶段（和这一阶段相适应的，是起附带作用的物物交换），或者前进到更高的阶段。”②元代“放偷”习俗短暂复兴，正是商品经济在遭遇行政权力冲击后的“应激”表现。宋元时期对元宵放灯的规定，一扬一抑，其间的经济发展与社会走向也符合各自的社会现状。

（三）城市化内隐的家、国与凸显的个体

元宵节，如同这令人沉醉的灯光与月色一般，模糊了传统的“藩篱”、家国的沉重，月色灯光下一见钟情的男女相约厮守，情定终身。透过元宵灯光

① 参见高介华：《祝融之虚——中国始有（造市）“市”探源》，《华中建筑》2007年第11期。

② 《马克思恩格斯全集》第46卷上册，人民出版社2016年版，第165页。

下笼着的“节日面纱”，一个日渐成熟的城市消费空间正从容走来，呼唤更多的人走向都市的怀抱。

上元夜里发生过许多我们都熟悉的都市传说，所不同的是，这些传说少了熟悉的国之大义、忠孝情怀，而更突出人的个性和欲望。比如宋代上元夜的传说：人马拥挤，山崩海沸。《桯史》记载：“宋宣和中，张灯有夫妇相失者，妇至端门饮赐酒，窃怀金杯，卫士察送御前，妇口占词有‘窃取金杯作证明’之句。上喜以杯赐之，命黄门引归。”“王韶幼子寀元夜观灯，为奸人负去，儿觉其异，纳珠帽于怀。适内家车过，攀幰呼焉，贼骇逸。内人抱置之膝，拥至上前，上问谁氏。……具道所以。上欢其早慧……赐压惊金犀钱，果值巨万。”[①]高高在上的皇帝无奈地让一位聪明狡黠的农妇“赖”去了金碗，一个小小的孩童智斗成年的盗贼，并最终获得皇帝的“压岁钱”。从众多元宵节的都市传说中，可以看出节日里短暂的社会区隔“弥漫”带来的童话般的魅力。

在家国一体的文化传统下，个性始终是被压抑的。新兴都市最具魅力的地方，除了优越的文化和消费环境，便是对个人主体性需求的满足。人，以火为神，以灯为器，没有人觊觎可以掌握火的力量，却可以拥有灯的璀璨。

三、宋元时期的城市化要素对比

彼得·霍尔（Peter Hall）在《文明中的城市》中提出“城市秩序”的概念[②]，资本主义社会诞生前的城市文明必须“确立一套基本的城市秩序”[③]（包括“道德秩序”和“社会秩序”），作为城市发展的考量标准。随着城市规模的扩大，为了在城市更好地生活，“市民们不得不去寻找使自己愈益远距离流动的方法”[④]。此外，霍尔在考察了几乎是与宋元同时期的欧洲六大城市后认为，“新兴的公民商人阶层”和人们的见面地点“港口和节点还有市场”，超越经济因素和文化秉性，有益于激发出城市所需的创意与激情。[⑤] 结合施坚雅（G.William Skinner）提出的“中心地理论”，他将城市发展放在空间发展

① （清）华希闵辑：《广事类赋·岁时部》，清乾隆二十九年刻本。
② ［英］彼得·霍尔：《文明中的城市》第1册，王志章等译，商务印书馆2017年版，第8页。
③ ［英］彼得·霍尔：《文明中的城市》第1册，王志章等译，商务印书馆2017年版，第1066页。
④ ［英］彼得·霍尔：《文明中的城市》第1册，王志章等译，商务印书馆2017年版，第1066页。
⑤ 参见［英］彼得·霍尔：《文明中的城市》第1册，王志章等译，商务印书馆2017年版，第34页。

的脉络下理解，即城市空间是一个立体的三维空间，通过娱乐、消费活动将基础的集市，与以酒楼、茶坊为中心的社交场所，都编织在一个相互联结的空间体系中，进而形成市民生活的公共区域。[①] 结合两者的研究，笔者在此提取出三个关键概念——管理政策（社会秩序）、民间信仰（道德秩序）、公共区域（交流空间），用以对比宋元时期城市化发展的状况，反证元宵节消长的现象。

（一）城市管理政策

宋代城市打破了唐代城市的里坊制。在宋代，原先基于权力结构的城市空间布局逐渐被解构，商品经济获得长足发展，宋代针对城市规划、商业行业都出台了一些相对宽泛的政策。

首先是城市商业的发展，商人纳税开设铺店形成了新的商业街道与市场，商业区与居民区混杂交错。城市商业在空间上扩及整个城区以至城郊要道等处，在时间上打破昼夜限制，既可五更开门，也可三更方休。宋徽宗时税务机关正式征收“侵街房廊钱”[②]，宋代商人只要纳税便可在城内开设店铺，标志着面街设铺的合法性得到官方承认。

其次，相比之下元朝的管理更加严格，加强了对于居民流动、商业活动和城市建设的限制。元大都设立大都路都总管府，保留大兴府对周围六县的管理。城内设警巡院，下辖各坊，坊下设里，分设坊正、里正，对大都实施严密的政治控制。[③] 元朝统治之下，“领主分封制、匠局制度（实质是工奴制）和驱口、人市等前封建制因素死灰复燃，要到明朝初年才重新回到由宋代开启的轨道上来”[④]。工匠群体被纳入特殊的管理体制，被编入专门的户籍——“匠籍”，强制其服劳役，匠户的地位尤其卑贱，他们必须世代为匠，无法做官。

---

① 参见邱仲麟主编：《中国史新论（生活与文化分册）》，（台北）联经出版公司2013年版，第318页。

② 姚尚建：《权力稀释与权利萌发——近古以来中国城市的制度转向》，《甘肃社会科学》2017年第4期。

③ 参见韩光辉、林玉军、王长松：《宋辽金元建制城市的出现与城市体系的形成》，《历史研究》2007年第4期。

④ 韩光辉、林玉军、王长松：《宋辽金元建制城市的出现与城市体系的形成》，《历史研究》2007年第4期。

(二)都市空间守护神——城隍信仰的出现

家庭,乡村,城市,在中国人的生活中由灶王爷、土地爷和城隍爷各拥山头,元宵佳节的“主场”在大都市,所以也是城隍爷的“主场”。

宋元时期,城隍祭祀渐成气候。循着城市的发展,城隍爷的地位也随之水涨船高。“城隍发轫于古代的水墉(沟渠神),居八蜡神的第七位,地位卑微。”[①]唐代开始为城隍神塑像,宋代将城隍祭祀正式列入国家祀典。[②] 宋太祖赵匡胤于建隆元年(960)征讨泽潞时,亲自去祭祀城隍神,征讨扬州、河东时,亦用此礼。建隆四年(963),赵匡胤下诏,规定在每年祭祀天神的前一天,官府派专人去祭祀城隍神,城隍告祭至此列入国家祀典。同时,宋朝还规定,地方新官上任三日之内,必须拜谒城隍庙。元代对城隍神的祭祀也非常隆重。成宗时,每月朔望,城隍庙前“车马毕集,祈祷于神者,莫之胜纪”[③]。宋元时期,每逢朔望在寺庙或寺庙附近举行庙市。到明代时,烟火气浓郁的城隍庙会已经成为元宵节的主场,道观和寺庙的元宵庙会则相对黯淡了下去。

城隍神与土地爷、灶王爷的出身不同,有鲜明的“个人奋斗”和“民主选举”痕迹,宋代“城隍之祀遍天下,或赐庙额,或颁封爵,至或迁就附会,各指一人为神之姓名。……此后,将死去的当地名人奉为城隍神成为一种惯例,元、明、清三代皆是如此”[④]。由于大部分是受到尊崇的本地人去世后被奉为城隍神,故在城隍显灵的传说中,当面对城市危机时,城隍往往显示出极强的个人英雄主义,会拼尽全力,保一城平安。因此,尽管在神格上城隍神位序不高,但是就“地方性”来说,城隍神绝对是一家独大。这是对个人精神解放的号召,也是城市发展对合格市民“选拔”的新要求。

(三)市民的交流空间——行会与瓦市

宋朝繁荣的市井文化为元宵节提供了承载节日的空间,北宋首都汴梁

① 郝铁川:《灶王爷·土地爷·城隍爷:中国民间神研究》,上海古籍出版社2003年版,第6页。

② 参见郝铁川:《灶王爷·土地爷·城隍爷:中国民间神研究》,上海古籍出版社2003年版,第221页。

③ 郝铁川:《灶王爷·土地爷·城隍爷:中国民间神研究》,上海古籍出版社2003年版,第221页。

④ 郝铁川:《灶王爷·土地爷·城隍爷:中国民间神研究》,上海古籍出版社2003年版,第214页。

的商店在营业时间上完全不受限制，除白天营业外，还有夜市、晓市。夜市到三更为止，晓市五更便开张，“要闹去处”往往是通宵达旦。瓦市作为城市公共空间的中心，链接街、区，盘活行、市，汇集人群，带动起整个城市的信息交流、商品消费和娱乐活动。

“市民”一词，至唐宋才出现，孙竞、张文认为唐宋以来市民群体逐步壮大①，他们基于业缘关系，建立了行会组织，到了南宋时进入全面兴起阶段②。两宋城镇（含矿区、港口）市民阶层初兴，两宋文献中的“富商巨贾”“磨户”“冶家”“茶培主”“行老”“市头”和“裨商细贩”“杂作工匠”“百姓绣夫”“游手末作”等，就是这个阶层的基本成分。“崇宁年间，北宋拥有10万户以上人口的城市达50多个，而唐代却仅有10余个”，“从隋唐到南宋，行的数量从112行发展到414行”。③ 元代的行会是否具有宋时的热闹尚难判断，但是可以肯定的是，行会即使仍然存在也未有发展。因为元代官方文书极少提及行会，只有“诸行铺户”“各路行铺之家”等记载，没有其他的线索。④

宋代都市中娱乐和买卖杂货的场所是瓦肆（瓦子、瓦市、瓦舍）⑤，吴自牧《梦粱录》有“瓦舍者，谓其‘来时瓦合，去时瓦解’之义，易聚易散”⑥。汴梁瓦子的规模很大，“街南桑家瓦子，近北则中瓦、次里瓦，其中大小勾栏五十余座。内中瓦子莲花棚、牡丹棚、里瓦子夜叉棚、象棚，最大可容数千人”；“大抵诸酒肆瓦市，不以风雨寒暑，白昼通夜，骈阗如此”。⑦

相比之下，元代官方一度禁止说唱娱乐，元代曾规定：“诸年间弟子，不务生业，辄于城市坊镇，演唱词话，教习杂戏，聚众淫戏谑，并禁治之。”⑧不过一般认为，元代的统治并未伤害汉族核心文化，元杂剧的盛行就是证明。元成宗大德年间（1297～1307）是元杂剧的鼎盛时期，落魄汉族文人和市民融合，成为元曲创作的主要力量。元代的民间讲史、词话被认为是宋代讲唱小

① 参见孙竞、张文：《唐宋时期市民运动的演进路径》，《思想战线》2015年第2期。

② 参见姚尚建：《权力稀释与权利萌发——近古以来中国城市的制度转向》，《甘肃社会科学》2017年第4期。

③ 全汉升：《中国行会制度史》，百花文艺出版社2007年版，第26～30、44～46页。

④ 参见高寿仙：《“行业组织”抑或“服役名册”？——宋代“团行”和明代“铺行”的性质与功能》，《北京大学学报（哲学社会科学版）》2011年第11期。

⑤ 参见张文：《风中的寻觅》，云南教育出版社2000年版，第72页。

⑥ 转引自张文：《风中的寻觅》，云南教育出版社2000年版，第105～108页。

⑦ 杨春俏译注：《东京梦华录》，中华书局2020年版，第78页。

⑧ 张文：《风中的寻觅》，云南教育出版社2000年版，第140页。

说的发展，还有讲历史故事的“平话”也有很大进步。

结 语

制度性的节日变化往往与社会变革彼此应和，将元宵节在春节这一最重要的节期中“凸显”出来，是行政制度与城市化发展合力为之的结果。宋元时期元宵节的制度设计与变革，明显地体现出城市化发展进程中对资本和人才集中的需求。与欧洲城市化不同，中国的城市经济和公共空间建设始终是在行政权力的主导之下进行的，宋代城市建设完成了城市刚性制度的松动和世俗社会的形成，元朝虽然未能将此进程推进，但是大一统的总体建制并未对传统文化和初露端倪的商品经济产生深度的破坏。

元宵节在宋元时期的变化主要从两个方面发挥了节日的符号动员功能：

一是资本动员，上元璀璨的灯火昭示着商品经济与大都市的繁华。元宵节是城市的诚意之作，尽管元宵节俗在乡村也很普遍，但是大都市的元宵节无疑最为明媚璀璨。宋时宏伟的“鳌山”灯海，元时遗留的“放偷”习俗，都是资本象征的神来之笔。根据赵冈的研究，制约我国古代社会城市化进程的主要因素有两个：一个是城乡人口流动性幅度，即劳动力供给曲线的弹性；另一个是城市的粮源问题，即农村的余粮率。[①] 南宋是城市化发展的一个分水岭，从西汉到宋，城市化进程始终在加速，城市化建设集中了史无前例的财富，大规模的资本交换与庞大的帝国体制都不再是队群、部落式范围的交换可以企及的。但是南宋以后到 19 世纪中叶，随着金元时期被周边部族带入中原的前封建制乃至奴隶制因素的干扰，除了制度化的移民设计之外，政府不再鼓励农民离开土地，商人自由发展贸易，城市化发展一度停滞，这才是元宵节在宋元时期断崖式发展的根本原因。

二是思想动员，元宵节的节日实践在相当程度上为城市移民提前进行了预演。一方面，元宵节俗结合传统，将佛教、道教与城隍信仰有效结合在一起，并通过帝王将相、达官贵族的“与民同乐”，消弭了乡村与城市、不同阶

① 参见赵冈：《从宏观角度看中国的城市史》，《历史研究》1993 年第 1 期。

层人群根深蒂固的“区隔”;另一方面,元宵节大规模的游乐、游戏等狂欢活动,使得都市本身成为人们向往的所在。都市化进程中大规模、全方位的交换需要,“点燃”了城市、乡村里心怀憧憬的男女,“照亮”了乡村走向城市的进路。元宵狂欢是借由即将开始的春耕提前预演了秋收的喜悦,这是不断展颜的城市向人们许下的承诺:欢迎你来,一切皆有可能,就如同这上元佳节璀璨的花树。

祭祖时序的礼俗权衡
——朱熹节祠观与“四先生”节祠观的区别及其影响

李 涛*

摘 要

宋代，“节祠”，即流俗节日祭祀祖先，在实践层面已经成为普遍现象；在思想层面，学者们对这一现象的评价却褒贬不一。北宋“四先生”（张载、二程、司马光）认为世俗节日举行祭祀仪式是对祖先的不尊重，要求以“时祭”古礼取代节祠，依照自然时序祭祀祖先，而南宋朱熹则主张在恢复时祭的同时保留节祠，甚至坚持必须在俗节祭祀祖先。这一争论集中体现了古代儒家正统知识分子对世俗节日的价值评判，对世俗节日在正统思想体系中的地位变迁，产生了深远的影响。对时祭的坚持，成为宋以后士大夫建构自我身份的重要方式之一。

关键词

礼俗互动　节日　祭祖　宋代思想　士大夫

当代学者普遍认为，“中华民族的传统节日体系具有悠久的历史，千百年来在人民的生活中占据着重要地位”①。然而节日并非自上古以来就有如

* 李涛，北京大学中文系2021级博士生。

① 刘魁立等：《四大传统节日应该成为国家法定假日》，《河南教育学院学报（哲学社会科学版）》2007年第2期。

此重要的地位，朱熹说“今之俗节，古所无有……今人既以此为重”[①]，指出宋人引以为重的节日，古时是没有的。在《岁时节日》《岁时记与岁时观念》等论著中，萧放概括了中古时期以岁时为核心的自然时序和以节日为核心的人文时序的变迁现象：

> 岁时与节日连称，是同义反复，如果是对举，岁时与节日在时间节点意涵上分属不同的历史阶段，岁时是早期的以自然时序为核心，节日是后来的以人文时序为核心。如果以历史时代为界的话，汉魏以前属于岁时的时代，汉魏以后是节日的时代。[②]
>
> 魏晋南北朝时期，不仅中国社会政治面临着一大变局，在文化观念上也发生了重大变化，突出表现之一是时间观念的变化，一统的政令性的时间叙述中断，传统月令被新兴的地方岁时记代替。[③]

宋代，人文时序在文化功能上“代替”自然时序的核心表征之一是宋人实际上祭祖时序普遍选择节日代表的人文时序，而非时令代表的自然时序，流俗节日祭祀祖先的“节祠”，取代了早期经典礼制规定的“时祭”。

中国传统社会重血缘关系，祖先崇拜发达，丧葬制度和祖先祭祀是“古代礼制的核心部分”[④]，因而祭祀祖先的时序承担着非常核心的文化功能。清人毛奇龄著《辨定祭礼通俗谱》，分为七个条目，概括了祭祀祖先的七个核心要素：祭所、所祭者、主祭之人、祭之时、祭仪、祭器、祭物。其中“祭之时”就是祭祀祖先的时间节点，古人认为，“祭不可疏也，而亦不可数也”[⑤]。祭祖的次数不可太少，但也不可太多，不然也是渎神，所以有限的祭祖次数，放在哪些时间节点，以何种时序为根据，就成了一个非常重要的问题，必须“择吉而祭祀，是敬鬼神也”[⑥]。

至迟在宋代，流俗节日成为祭祖时序，这意味着节日承载着重要的文化

---

① （宋）朱熹：《答张敬夫》，任仁仁、顾宏义编撰：《张栻师友门人往还书札汇编》，中华书局2018年版，第221页。

② 萧放：《岁时节日》，《民间文化论坛》2016年第4期。

③ 萧放：《岁时记与岁时观念》，华中师范大学出版社2019年版，第90页。

④ 李学勤：《序》，李玉洁：《先秦丧葬与祭祖研究》，科学出版社2015年版，第1～2页。

⑤ （宋）张栻：《答朱元晦秘书》，任仁仁、顾宏义编撰：《张栻师友门人往还书札汇编》，中华书局2018年版，第221页。

⑥ 《礼记正义》卷三《曲礼上》，（清）阮元校刻：《十三经注疏》，中华书局2009年版，第2771页。

功能，取得了非常高的文化地位。对于这一现象，复古思潮中的宋代大儒持有两种截然相反的立场：一种是坚决反对节日祭祀祖先，一种是坚持节日必须祭祀祖先。

如果说汉魏以来节日逐渐取代岁时的文化功能，是事实层面的客观历史现象，那么“四先生”（张载、二程、司马光）和朱熹等儒家宗师对是否应当在节日祭祀祖先的争论，则非常典型地代表了宋代正统思想对这一现象的回应，并深刻影响着宋以来正统礼制体系、文化体系对节日的价值评判，也影响了士大夫群体的自我建构方式，塑造着千年来士大夫和庶人文化分离的格局。

一、早期经典礼制以自然时令作为祭祖时序

唐及以前经典礼制祭祀祖先的重要时间节点，包括三年或五年举行的祫、禘，定期举行的时享、腊祭、荐新等。[①]《国语》有“古者先王日祭、月享、时类、岁祀”[②]的说法，其中四季举行的“时祭”最引人注目，“乃诸书多言时祭，而略于日、月、三年”[③]。时祭指的是在一年四季的特定时间节点祭祀祖先，《礼记·王制》：“天子诸侯宗庙之祭，春曰礿，夏曰禘，秋曰尝，冬曰烝。”[④]郑玄注曰：

> 此盖夏、殷之祭名，周则改之，春曰祠，夏曰礿，以禘为殷祭，《诗·小雅》曰：“礿祠烝尝于公先王，此周四时祭宗庙之名。”[⑤]

《春秋公羊传》的说法是：“春曰祠，夏曰礿，秋曰尝，冬曰烝。”[⑥]诸书记载时祭的具体名称有出入，但都是在春夏秋冬四季的特定时间节点祭祀祖先。

杜佑《通典》概括：“先王制礼，依四时而祭者，时移节变，孝子感而思亲，

---

① 参见杨志刚：《中国礼仪制度研究》，华东师范大学出版社2001年版，第336～341页。

② （春秋）左丘明撰，徐元诰集解，王树民、沈长云点校：《国语集解》卷十八《楚语下》，中华书局2002年版，第518页。

③ 廖平、杨世文编：《古学考》，巴蜀书社2019年版，第274页。

④ 《礼记正义》卷十二《王制》，（清）阮元校刻：《十三经注疏》，中华书局2009年版，第2891页。

⑤ 《礼记正义》卷十二《王制》，（清）阮元校刻：《十三经注疏》，中华书局2009年版，第2891页。

⑥ 《春秋公羊传注疏》卷五，（清）阮元校刻：《十三经注疏》，中华书局2009年版，第4816页。

故奉荐味，以申孝敬之心，慎终追远之意”，“其四时新物初登，皆先荐庙寝而后食”。[1] 时祭的目的，是要在一年四季特定时间，先把时令物产献给祖先，以示尊敬，慎终追远。

时祭的具体时间也略有争议，《通典》“时享”条梳理唐及以前历代“时享”制度源流，小序中概括为“皆以孟月，无常日，则月中柔日，卜，得吉则祭之，敬之至也”[2]。黄以周则总结了以孟月和以仲月的两种争论：

> 晏婴云：“天子以下至士，皆祭以首时。”郑玄云：“祭以首时，荐以仲月。”服虔说：“人君用孟月，人臣用仲月，鲁祭天以孟月，祭宗庙以仲月。”或云：“诸侯得祭天者，祭天以孟月，祭宗庙以仲月，不祭天者皆用孟月。”或云：“周官‘仲夏献禽以享礿，仲冬献禽以享烝’，皆祭以仲月，非首时。祭以首时者，大夫士也。”[3]

总之，历代时祭之礼大都规定了时祭的月份，要么是在孟月，要么是在仲月，具体日期则采用“卜日之制”，即“卜日不卜月”。

也有一些典籍规定时祭之外的其他祭祖日期，如东汉崔寔《四民月令》，虽然“从祭祖的时序及祭祀内容来看，《四民月令》基本沿袭了传统礼制”[4]，但它明确规定了四季祭祖的具体日期，不是“卜日不卜月”之制，《四民月令》是依照春社、夏至、秋社、冬至、腊日等自然时令节点祭祖。类似的是，唐代官方太庙时祭正祀的时间采用了经典的“四孟”，但四时“祭寝”则规定了具体日期：

> 天子以四孟、腊享太庙，诸臣避之，祭仲而不腊……祭寝者，春、秋以分，冬、夏以至日。然元正，岁之始，冬至，阳之复，二节最重。祭不欲数，乃废春分，通为四。[5]

不管是只“卜日不卜月”，还是规定具体日期，唐及以前正统典籍的礼制设计中，一年四时的祭祖时序都是按照自然时序开展，而不是按照清明、端

---

① (唐)杜佑撰，王文锦等点校：《通典》卷四十九《吉礼》“时享”条，中华书局1988年版，第1364页。
② (唐)杜佑撰，王文锦等点校：《通典》卷四十九《吉礼》“时享”条，中华书局1988年版，第1364页。
③ (清)黄以周撰，王文锦点校：《礼书通故》卷十八《时享礼通故》，中华书局2007年版，第913页。
④ 萧放：《岁时记与岁时观念》，华中师范大学出版社2019年版，第111页。
⑤ (宋)欧阳修等：《新唐书》卷十三《礼乐志》，中华书局1975年版，第346页。

午、中秋、中元、重阳等人文节日时序进行。

二、张载等“四先生”否定“近世”俗节祭祖

据《直斋书录解题》，唐代有《孟氏家祭礼》一书，“唐侍御史孟铣撰，曰正祭、节祠、荐新、义例，凡四篇”①。“节祠”指的就是在节日祭祀祖先。可见，在唐代，与理想中的经典礼制设计不同，现实中其实已经存在节日祭祖现象，并被部分士大夫所接受，写进了家祭礼书。北宋吕大临在《横渠先生行状》中说：

> 近世丧祭无法，丧惟致隆三年，自期以下，未始有衰麻之变；祭先之礼，一用流俗节序，燕亵不严。②

宋人“流俗节序”“俗节”，指的就是清明、寒食、重午（端午）、中元、重阳等。③ 根据吕大临的描述，至迟到了宋代，无论士庶，祭祖都普遍选择节日而非自然时令，所谓“一用流俗节序”。人们选择在“流俗节序”这样的时间节点祭祀祖先，未必是模仿时祭或有意取代时祭，但由于节日散布于一年四季，并且节祠也是一年四季中的重要时间节点，以四季所产之物祭祀祖先，客观上与时祭有异曲同工之处，时祭古礼实际上又荒废已久，因而宋儒将两者联系了起来。

吕大临接着说：

> 先生（张载，笔者注）继遭期功之丧，始治丧服，轻重如礼；家祭始行四时之荐，曲尽诚洁。闻者始或疑笑，终乃信而从之，一变从古者甚众，皆先生倡之。④

吕大临认为，张载率先要求恢复古礼四时之荐，以取代流俗节序祭先，并身

① （宋）陈振孙：《直斋书录解题》卷六《礼注类》，《景印文渊阁四库全书》第674册，台湾商务印书馆2008年版，第645b页。

② （宋）吕大临：《横渠先生行状》，（宋）张载撰，章锡琛点校：《张载集》附录，中华书局1978年版，第383页。

③ 参见（宋）朱熹：《家礼》卷一《通礼》，宋刻本，第6页。

④ （宋）吕大临：《横渠先生行状》，（宋）张载撰，章锡琛点校：《张载集》附录，中华书局1978年版，第383页。

体力行，引起了很多人效仿，成为一时之风气，“关中学者用礼渐成俗”①。在《始定时荐告庙文》中，张载规定了“四时之荐”的具体做法：

> 窃自去秋以来，稍罢无谓节名，闾阎俗具，一用拜朔之辰，移就新荐；然而四时正祀，尚未讲修。《礼》谓士有田则祭，无田则荐。祭用四孟，荐用仲月，载于秩命，乃视天子；中士当用四仲，择日申荐成礼。故议自今春二月为始，决用四时分至之日举行常仪。②

张载认为，节日是“无谓节名”，否定流俗节序，更彻底否定流俗节序祭祖的文化功能。“用四时分至之日”，是说每年二分二至举行祭祖正祀。此外，张载还阐述了选择二分二至作为祭祖时序的理由：

> 祭用分至启闭，取其阴阳往来，又得其气之中，又贵时之均也。③

分至是阴阳往来、气之中、时之均，因而适合祭祖。张载认为，选择“分至”这样的天之时，是古礼；选择世俗节日这样的人之时，是流俗。张载的意见是要以古礼天时取代流俗节日，明礼却俗。

和张载持一样观念的北宋大儒，还有二程和司马光。程颐制定的祭仪规定：

> 每月朔必荐新，如仲春荐含桃之类。四时祭用仲月。仲，见物成也。古者天子诸侯于孟月者，为首时也。时祭之外，更有三祭：冬至祭始祖，立春祭先祖，季秋祭祢，他则不祭。冬至，阳之始也；立春者，生物之始也；季秋者，成物之始也。④

程颐认为除四季仲月时祭和冬至、立春、季秋之外，“他则不祭”，也就明确限制了俗节不祭祀祖先。他选择恢复四时仲月之祭，并以冬至、立春、季秋三天作为时祭之外的祭祖时间节点，与张载选择分至时祭略有不同，但同样是以“天之时”代替“人之时”。

司马光没有像张载、程颐二人那样明确否定俗节祭祀祖先，但在制定祭

---

① （宋）张载：《张子语录》，（宋）张载撰，章锡琛点校：《张载集》，中华书局1978年版，第337页。

② （宋）张载：《始定荐享告庙文》，（宋）张载撰，章锡琛点校：《张载集》，中华书局1978年版，第365～366页。

③ （宋）张载：《张子语录》，（宋）张载撰，章锡琛点校：《张载集》，中华书局1978年版，第312页。

④ （宋）程颢、程颐著，王孝鱼点校：《二程集》，中华书局2004年版，第240页。

礼时，只规定了自然时序祭祖，没有接受俗节祭祀，《书仪》"祭礼"一节：

凡祭用仲月，主人及弟子孙皆盛服亲临，筮日于影堂外……孟说《家祭仪》用二至二分，然今仕宦者职业殊繁，但时至事暇，可以祭则卜筮，亦不必亥日及分至也。若不暇卜日，则止依《孟仪》用分至，于事亦便也。[①]

司马光《书仪》设计的祭祖时序，采用的是古礼卜日之制，同时认为，如果没有时间占卜日期，为方便起见，以分至为祭祖时序也是可以的。

对俗节祭祖现象，此前正统思想多是存而不论，未出现太过激烈的反对声音，有时候甚至是吸纳进礼书，如上文所提到的唐代《孟氏家祭礼》，又如唐玄宗开元年间所下制书，对寒食"上墓"进行了肯定：

寒食上墓，礼经无文，近代相传，浸以成俗，士庶有不合庙享，何以用展孝思？宜许上墓同拜扫。[②]

而张载、二程、司马光激烈否定节日祭祀祖先的文化功能，并要求用自然时序取代节日。作为北宋儒学最核心的几位大宗师，他们代表并塑造了一代学者甚至千年来学者的观念。

从自然岁时与人文节日长时段文化地位变迁的角度来看，这就意味着，汉魏以来人文时序代替自然时序文化地位的历史进程，在北宋儒学复兴、礼制复古的大背景下，遭到了正统儒家学者激烈的否定与抵制。

从张载等人开始，要不要把世俗节日作为祭祖时序，从一个可以存而不论或默许的现象，变成了一个正统儒家学者制定礼仪时无法绕过的礼俗权衡问题，张载之后的学者在制定祭礼时，不得不给出回应。

① (宋)司马光：《书仪》卷十《丧仪六》，《景印文渊阁四库全书》第142册，(台北)商务印书馆2008年版，第521a页。

② (唐)杜佑撰，王文锦等点校：《通典》卷五十二"上陵"条，中华书局1988年版，第1451页。

三、朱熹规定俗节必须祭祖及其影响

朱熹和门人曾将张载、二程、司马光所定的礼称为“四先生礼”，并深受其影响：

叔器问四先生礼。（朱熹，笔者注）曰：“二程与横渠多是古礼，温公则大概本《仪礼》，而参以今之可行者。要之，温公较稳，其中与古不甚远，是七八分好。若伊川礼，则祭祀可用。婚礼，惟温公者好。大抵古礼不可全用，如古服古器，今皆难用。”①

朱熹《祭仪》“只是于温公《书仪》内少增损之”②，“大底多本程氏而参以诸家”③，“尝欲因司马氏之书，参考诸家，裁定增损”④，说明朱熹祭仪基本上源于“四先生”，其中俗节祭祀的规定，就是朱熹特意“增损”的地方之一，也是朱熹的祭仪与张载、二程、司马光等“四先生”祭仪最主要的差别。

北宋的另一位学者韩琦支持俗节祭祀祖先，这也是朱熹节祠观念的来源。朱熹说：

叔器问：“行正礼，则俗节之祭如何?”曰：韩魏公（韩琦，笔者注）处得好，谓之节祠，杀于正祭。某家依而行之。但七月十五素馔用浮屠，某不用耳。⑤

朱熹《家礼》“祠堂”条目下也明确规定“俗节则献以时食”⑥，并注：

节如清明、寒食、重午、中元、重阳之类。凡乡俗所尚者，食如角黍。凡其节之所尚者，荐以蔬果，礼如正至朔日之仪。⑦

---

① （宋）黎靖德编，王星贤点校：《朱子语类》卷八十四《礼一·论后世礼书》，中华书局1986年版，第2183页。

② 《四库全书总目提要》卷二十二《书仪》，中华书局1965年版，第180页。

③ （宋）朱熹：《答张敬夫》，任仁仁、顾宏义编：《张栻师友门人往还书札汇编》，中华书局2018年版，第222页。

④ （宋）朱熹：《跋三家礼范》，曾枣庄主编：《宋代序跋全编》卷一百五十三《题跋第五七》，齐鲁书社2015年版，第4357页。

⑤ （宋）黎靖德编，王星贤点校：《朱子语类》卷九十《礼七》“祭”条，中华书局1986年版，第2320页。

⑥ （宋）朱熹：《家礼》卷一《通礼》，宋刻本，第6页。

⑦ （宋）朱熹：《家礼》卷一《通礼》，宋刻本，第6页。

关于是否“节祠”，朱熹的意见与张载、二程、司马光截然相反，“四先生”认为不可以在俗节祭祀祖先，而朱熹不仅认为俗节可以祭祀祖先，甚至更向前走了一步，规定俗节必须祭祀祖先，将“俗节则献以时食”写进《家礼》，追俗为制，将俗上升到了礼的高度。

朱熹甚至还提出了居丧期间只保留俗节祭祖的观点：

> 但家间顷年居丧，于四时正祭则不敢举，而俗节荐享则以墨衰行之。盖正祭三献受胙，非居丧所可行，而俗节则唯普同一献，不读祝，不受胙也。[①]

朱熹认为，居丧期间不能举行四时正祭仪式，在节日反而可以举行简单的祭礼。朱熹这些设计并非随意为之，而是经过了慎重的学理思考，才在诸家祭仪中选择遵循韩琦的做法，并与同时代的其他学者有过激烈争论。

张栻是与朱熹同期交流较多的学者，《宋元学案》将二人并提，“南轩（张栻，笔者注）似明道，晦翁似伊川”[②]，他就非常反对朱熹在俗节祭祖的制度设计。朱熹向张栻“示以所定祭礼”[③]，张栻评价“考究精详”[④]，但对具体内容有两条质疑，“但其间未免有疑，更共酌之”[⑤]，其中一条就是俗节祭祀祖先（另一条是墓祭）。张栻责问朱熹：

> 祭不可疏也，而亦不可数也。古之人岂或忘其亲哉？以为神之之义或黩焉，则失其理故也。良心之发，而天理之安也。时祭之外，冬至祭始祖，立春祭先祖，季秋祭祢，义则精矣。元日履端之祭亦当然也。而所谓岁祭节祠者，亦有可议者乎？若夫其间如中元，则甚无谓也。此端出于释氏之说，何为徇俗至此乎？此所疑二也。[⑥]

---

① （宋）朱熹：《答曾光祖》，《晦庵先生文集》卷六十一《书·知旧门人问答》，宋庆元嘉定间浙江刻本，第2845页。

② （清）黄宗羲、全祖望：《宋元学案》卷五十，中华书局1986年版，第1609页。

③ （宋）张栻：《答朱元晦秘书》，任仁仁、顾宏义编：《张栻师友门人往还书札汇编》，中华书局2018年版，第221页。

④ （宋）张栻：《答朱元晦秘书》，任仁仁、顾宏义编：《张栻师友门人往还书札汇编》，中华书局2018年版，第221页。

⑤ （宋）张栻：《答朱元晦秘书》，任仁仁、顾宏义编：《张栻师友门人往还书札汇编》，中华书局2018年版，第221页。

⑥ （宋）张栻：《答朱元晦秘书》，任仁仁、顾宏义编：《张栻师友门人往还书札汇编》，中华书局2018年版，第221页。

张栻质疑朱熹的论点，基本与北宋张载、程颐否定俗节祭祖的原因相同，并进一步以天理人心的逻辑阐释否定岁祭节祠的原因，用"黩"来描述岁祭节祠。他认为在四时时祭正祀之外，选择冬至、立春、季秋、元日等自然时间作为祭祖时序，是"义则精矣"，而徇俗"岁祭节祠"，在俗节祭祀祖先，则"失其理故"，甚至是"数"，是"黩"，是对祖先的不敬。朱熹在给他人的信中说："敬夫（张栻）又有书理会祭仪，以墓祭节祠为不可。"①

在给张栻的回信中，朱熹详细解释了他认为俗节必须祭祀祖先的原因：

> 盖今之俗节，古所无有，故古人虽不祭，而情亦自安。今人既以此为重，至于是日，必具殽羞相宴乐，而其节物亦各有宜，故世俗之情至于是日不能不思其祖考，而复以其物享之。虽非礼之正，然亦人情之不能已者。但不当专用此而废四时之正礼耳。故前日之意，以为既有正祭，则存此似亦无害。今承诲谕，以为黩而不敬，此诚中其病。然欲遂废之，则恐感时触物、思慕之心又无以自止，殊觉不易处。且古人不祭，则不敢以燕，况今于此俗节既已据经而废祭，而生者则饮食宴乐，随俗自如，殆非事死如事生、事亡如事存之意也。②

朱熹还像孔子责怪宰予不肯守丧三年，于心安否一样，反过来责问张栻：

> 向南轩（张栻，笔者注）废俗节之祭，某问："于端午能不食粽乎？重阳能不饮茱萸酒乎？不祭而自享，于汝安乎？"③

朱熹指出了一个事实，俗节古无所有，但"今人既以此为重"，与张载等人贬斥节日为流俗、无谓不同，朱熹把节日的出现当作客观现象，没有明显负面评价。

关于俗节祭祀祖先，朱熹认为"虽非礼之正，然亦人情之不能自已者"，从制礼本于人情的角度，在学理上给予了充分的认可。时祭、荐新之礼的本意，就是将季节新物首先祭献给祖先，然后再自己享用。朱熹认为古人不过俗节，古礼当然没有节祠，既然今人看重节日，要在节日具殽羞、相宴乐，也

---

① （宋）朱熹：《答林择之》，《晦庵先生文集》卷四十三《书·知旧门人问答》，宋庆元嘉定间浙江刻本，第1797页。

② （宋）朱熹：《答张敬夫》，任仁仁、顾宏义编撰：《张栻师友门人往还书札汇编》，中华书局2018年版，第221页。

③ （宋）黎靖德编，王星贤点校：《朱子语类》卷九十《礼七》"祭"条，中华书局1986年版，第2321页。

有端午粽子、重阳茱萸酒等“其节之所尚”的时令物产，那世人在节日饮食宴乐的时候，必然要想起来祖先，也必须要首先祭献给先人品尝。如果只是自享，就违背了事死如事生的原则，是不孝，于心何安？这样一来，朱熹就从天理人心、制礼作乐的根本逻辑出发，赋予节日承载祭祀祖先的文化功能以充分的正当性与必要性。

在祭献的物品方面，张载要求罢去闾阎俗具，程颐要求仲春荐含桃，而朱熹要用俗节所尚，端午用粽子，重阳用茱萸酒。在这里，又可以看到礼俗权衡时两种截然相反的倾向：张载、程颐明礼却俗，朱熹追俗为制。

应当指出的是，朱熹认可俗节祭祖，但也坚持时祭正祀，并且认为俗节祭祀之礼的规格应当低于时祭。

> 问：“行时祭，则俗节如何？”曰：“某家且两存之。”①

时祭节祠两存之，时祭的地位高于节祠，但不能因此取消节祠，就是朱熹在时祭与节祠礼俗权衡后的立场。这与张载、程颐的观念固然不同，但与“流俗”只用俗节不用时祭也不相同，显示出朱熹并非一味徇俗，而是也坚守古礼。

如果说“四先生”之前，对于节日承载核心文化功能存而不论或默许，“四先生”开始激烈反对，那么到了朱熹这里，就是从学理的角度予以了充分肯定和论证。

朱熹乃一代宗师，他的节祠观念自然也对后世影响深远，大大提高了节日在正统礼制体系中的地位，塑造了千年来士大夫对俗节的观念。尤其是朱子《家礼》，作为中国近世“冠婚丧祭”的实践手册，产生了广泛深刻的影响。《四库全书总目》评《家礼》，“自宋以来遵而用之”②，其中，俗节祭祖的规定，也就得到了普遍的接受、遵循。试举几例明确因遵循朱熹祭仪而规定俗节荐享的案例。

郑文融《郑氏规范》：

> 俗节必荐时物，四时祭祀，其仪式并遵文公《家礼》。③

---

① （宋）黎靖德编，王星贤点校：《朱子语类》卷九十《礼七》“祭”条，中华书局1986年版，第2321页。

② 《四库全书总目》卷二十二《家礼》，中华书局1965年版，第180页。

③ （元）郑文融：《郑氏规范》，清《学海类编》本，第1页。

《鸿洲先生家则》：

正至朔望必参，俗节荐以时物，四时祭祀仪式，并遵用文公《家礼》。①

《小宗家祭礼略》：

今欲定于二分之月，别卜日为春、秋祭，而清明、七月，则循俗煎馔焚楮，如《家礼》俗节之祭而已。②

康熙《泾阳县志》：

考旧志，旧家士大夫有祠堂，四时祭，忌、祭、俗节献，依朱文公所定，虽有增损，不甚相远。③

这些记载说明元明清三代有许多人遵用朱子《家礼》，在俗节祭祀祖先。除此之外，宋以来还有大量家则、家礼文本，基本都受到了朱子《家礼》影响，俗节祭祀祖先，也基本上都采用了朱熹的规定。

明初官方制定品官群臣家庙之礼，也是遵循朱子祭仪，要求既坚持时祭正祀，也保留俗节之荐。

群臣家庙，明初未有定制，权仿朱子祠堂之制，奉高曾祖祢四世神主，以四仲之月祭之，加腊月忌日之祭，与岁时俗节之荐。④

明朝初年，关于皇家宗庙祭祀的时间，曾经有过几次议论和修改。

洪武元年定宗庙之祭，每岁四孟及岁除，凡五享。二年定时享之制，春以清明，夏以端午，秋以中元，冬以冬至，岁除如旧。三年，礼部尚书崔亮言："孟月者，四时之首。因时变，致孝思，故备三牲黍稷品物以祭，至仲季之月，不过荐新而已。既行郊祀，则庙享难举，宜改从旧制。其清明等节，各备时物以荐。"从之。⑤

---

① （明）徐三重：《鸿洲先生家则》"祠堂"条，清钞本，第1页。

② （清）李光地：《小宗家祭礼略》，（清）魏源编：《皇朝经世文编》卷六十六《礼政十三》，岳麓书社2004年版，第598页。

③ 康熙《泾阳县志》卷一，清康熙九年刻本，第49页。

④ 《明史》卷五十二，中华书局1974年版，第1341页。

⑤ 《明史》卷五十一，中华书局1974年版，第1322～1323页。

洪武元年(1368),以四孟作为宗庙祭祀时间。洪武二年(1369),改为清明、端午、中元等俗节。洪武三年(1370),又改回了四季祭于孟月的制度。三年时间,三次讨论、修改明显可以看到两种意见的礼俗权衡,最终选择的方案是恢复经典的四时孟月祭祀,但也保留了清明等俗节以时物荐享的做法,实际上与韩琦、朱熹的处理方式是一样的,与宋及以前的官方礼书规定的祭祖时序大不一样,显示出朱熹节祠观念的巨大影响。

四、士大夫家用四时,民间多用俗节

朱熹较张载、二程、司马光晚出,且影响更大,但这并不意味着朱熹的观念完全取代了另一派,后世还是有一些否定俗节祭祖的声音持续存在。比如颜元批评朱熹的一个方面,就是朱熹把节祭纳入家礼体系:

> 予曰:又如朱子著《家礼》一书,家中亦行礼,至斩衰墨衰出入,则半礼半俗,既废正祭,乃又于俗节墨衰行事,此皆失周公本意。①

以至于认为本来朱熹可以"推为圣人",却因肯定俗节祭祀而"尚或少欠":

> 至于废正祭,不废节祭,尤为无谓。习俗移人,朱子犹且不免,可畏也哉!元素笃服朱子,推为圣人,观此处所言所行,则动容周旋中礼与夫人伦之至尚或少欠,余岂敢阿其所好,而不舒一得之愚哉!②

可以看出,张载等人的观念在朱熹之后仍有回响,要求士大夫坚持时祭正祀、废除俗节祭祀的声音仍不断出现。并且,朱熹本人也坚持恢复时祭正祀,且认为时祭的地位高于节祠。因而,恢复时祭古礼的要求,为后世士大夫所普遍坚持。但是,恢复时祭的要求很难在庶人中推行。如此一来,实际形成的格局就是,俗节祭祀为大部分士大夫和庶民共同遵行,而坚持四时正祭则成为对士大夫的特殊要求。庶人只有俗节祭祀,没有时祭正祀。宋以来的方志,有不少提到士大夫与庶人祭祖时序的差别。例如嘉靖《宣府镇

① (清)颜元:《存学编》卷三《性理评》,王星贤、张芥尘、郭征点校:《颜元集》,中华书局1987年版,第87页。

② (清)颜元:《礼文手抄》卷四《丧礼》,王星贤、张芥尘、郭征点校:《颜元集》,中华书局1987年版,第378页。

志》：

宣镇文武之家，俱建祠堂，其礼制惟文官行之，武官及士庶亦从简直，但俗节荐享而已。[①]

雍正《浙江通志》：

祭礼，士大夫家用四时，民间多用俗节。[②]

康熙《曹州志》：

祭期多用俗节，不依四时分至令序，且恒遗祠堂，设墓所，虽士大夫家，不知易也。[③]

康熙《埇阳志》：

祭礼，祠堂之祭，士（大）夫家或以立春，或以二仲，其余忌日，俗节奉荐而已。[④]

乾隆《太湖备考》：

祭先类用俗节，疏数惟意……概不中礼，士大夫家当改弦而更张之。[⑤]

乾隆《金山县志》：

吉凶多沿俗礼，冠不备三加，丧事尚佛老，祭多以俗节，而婚丧之费尤侈。士大夫间行古礼。闾里亦多慕之，然积习既久，未能悉变也。[⑥]

“士大夫家用四时，民间多用俗节。”在众多地方志中，时祭正祀成为对士大夫、文官的特别要求，是否坚持时祭正祀，也就成为区分士大夫和庶人的重要标准。

这就与宋以前士庶祭祖时序的使用情况很不一样。在早期经典礼制的

① 嘉靖《宣府镇志》卷二十《风俗考》，明嘉靖四十年刊本，第 448 页。

② 雍正《浙江通志》卷一百《风俗》，《景印文渊阁四库全书》第 521 册，台湾商务印书馆 2008 年版，第 544b 页。

③ 康熙《曹州志》卷六《风俗志》，清康熙十三年刻本，第 95 页。

④ 康熙《埇阳志》卷一《风俗》，清康熙二十五年刻本，第 54 页。

⑤ 乾隆《太湖备考》卷六，清乾隆十五年刊本，第 240 页。

⑥ 乾隆《金山县志》卷十七《风俗》，清乾隆刊、民国重印本，第 362 页。

规定中，时祭的主体是包括庶人的。《礼记·王制》关于时祭主体的规定，是“自天子达于庶人，丧从死者，祭从死者”①，即说明时祭主体是包括庶人的。

在空间方面：

> 天子七庙，诸侯五庙，大夫三庙，士一庙，庶人祭于寝。②

在祭祀物品方面：

> 庶人春荐韭，夏荐麦，秋荐黍，冬荐稻。韭以卵，麦以鱼，黍以豚，稻以雁。③

庶人时祭的空间和祭品也都有明确规定，可见，庶人也包括在早期经典的祭祖礼制体系中。《四民月令》的“四民”是指“士农工商”，既包括了士大夫，也包括了庶人。也就是说，在早期经典礼制的设计中，士与庶四时祭祀祖先，存在同一个体系下的等级差别，但本身还是在同一祭祖时空体系内。

稍晚一些，无论是唐代敕书“士庶寒食上墓”，《孟氏家祭仪》“节祠”，还是吕大临所说“一用流俗节序”，都可以看到北宋儒学复兴以前的一段时间里，士大夫实际上也使用流俗节序，士庶祭祖时序逻辑仍然是一致的。

然而，在宋以后，士大夫要恢复时祭正祀古礼，而庶民安于时俗，只使用流俗节日。也就是说，在祭祖时序方面，宋以后开始出现了与此前不同的现象：士大夫和庶民使用的是两套不同的祭祖时序。这样，至少在祭祖时序上，士大夫与庶民出现了文化系统上的分离，而不再是早期礼制体系中同一文化系统内的等级差异，并且士大夫有意识地以这种文化分离建构自己的身份，“学者舍礼义，则饱食终日，无所猷为，与下民一致”④。

五、士—庶文化分离的观察参照

从祭祖时序的礼俗权衡中，一方面可以对节日在传统文化中的地位变

① 《礼记正义》卷第十二《王制》，(清)阮元校刻：《十三经注疏》，中华书局2009年版，第2891页。

② 《礼记正义》卷第十二《王制》，(清)阮元校刻：《十三经注疏》，中华书局2009年版，第2891页。

③ 《礼记正义》卷第十二《王制》，(清)阮元校刻：《十三经注疏》，中华书局2009年版，第2891页。

④ 《正蒙》卷八《中正篇第八》，(宋)张载著，章锡琛点校：《张载集》，中华书局1978年版，第30页。

迁有更深入的理解;另一方面,祭祖时序的礼俗权衡,为重新理解传统文化的上下层分化,以及传统知识分子对民众文化的态度,提供了一个参照。

自1918年歌谣运动起,以胡适、顾颉刚、董作宾等学者为代表,“中国现代民间文学或民俗学话语就是以对传统文化或整个文化的‘整体分化’(贵族的与平民的、上层的与下层的、官方的与民间的)为前提的”①。并且认为士大夫一直瞧不起民众的文化,但民俗学并没有对从什么时期起传统文化开始出现整体分化进行考察,而是笼统地默认为自古以来便是如此。

民俗学界对文化的二元划分多有反思。比如,洪长泰认为,“上层与下层的两分法,有流于简单化的风险”②。户晓辉指出:“这种划分之所以带有整体的‘一刀切’的特点,就在于它主要是一种渗透着情感的态度和价值判断,而不是‘五四’学者自己所推崇的‘理性’分析和‘科学’论述的结果。”③高丙中在《民俗文化与民俗生活》中,梳理百年来“民”的概念,对“民”的二元划分也多有反思,“民俗学所研究的‘民’已不宜是传统的‘民间’或‘乡民’了……任何群体都是民俗之‘民’”④。

其他一些学科反倒仍然坚持对文化的二元划分,并且认为这种二元对立早已存在,如余英时、阎步克等历史学学者,对早至两周时期的上下层文化分野情况进行考察,认为其早在先秦时期就已出现文化的分化对立。

余英时《士与中国文化》论及士大夫与中国大、小传统的问题:

> 中国文化很早出现了“雅”和“俗”的两个层次,恰好相当于上述的大、小传统。⑤

余英时认为,两周时期就出现了“雅”和“俗”的分离,“雅”为士大夫所有,“俗”为下层平民所有。阎步克《士大夫政治演生史稿》认为:

> 周之“礼制”已经不同于“乡俗”了……留下了一个把统治者和被统治者的关系描述为“君子”“小人”关系的二元社会结构观念,留下了一

---

① 户晓辉:《现代性与民间文学》,社会科学文献出版社2004年版,第145页。

② [美]洪长泰:《到民间去:中国知识分子与民间文学,1918～1937》,董晓萍译,中国人民大学出版社2015年版,第195页。

③ 户晓辉:《现代性与民间文学》,社会科学文献出版社2004年版,第145页。

④ 高丙中:《民俗文化与民俗生活》,中国社会科学出版社1984年版,第127页。

⑤ 余英时:《士与中国文化》,上海人民出版社2013年版,第118页。

个由承担了“礼义”而居于“四民”之首的贤人阶级来经邦治国的古老理想。[1]

阎步克也认为，在周代，君子与小人、士大夫与庶民已经分行两套文化体系——礼制与乡俗，并认为这一分离是士大夫身份形成的重要标志，在士大夫政治演生的进程中具有标志性意义。

不同于以上学术界关于文化阶层性分化已有的几种认识，在祭祖时序的历时性流变中，阶层性呈现出更为复杂的面貌：宋以前，士大夫—庶民祭祖时序或设计上均为自然时令，或事实上均为人文节日，阶层性呈现为同一祭祖时序系统中的等级差异；宋以后，士庶都在俗节祭祀，但士大夫还要坚持恢复四时正祀古礼，阶层性开始呈现为两种不同的祭祖时序系统。

并且，朱熹的“随俗”取向，也与“四先生”不同，已表现出对“俗”的尊重和肯定。虽然朱熹的“俗”更多指的是“时俗”，包括士大夫的“俗”，也包括下层民众的“俗”，隐含着对下层民众文化的尊重，这与歌谣运动中知识分子的口号性认知是不一样的。

仅仅从祭祖时序一个事象，无法看出古代文化阶层性分化的整体全貌，但却提供了一个有意义的参考角度，它显示出传统文化上下层分化的情况及其流变，同时也表明正统知识分子对民众文化的态度可能要远比学术界原有观念复杂得多，需要进一步研究分析。

① 阎步克：《士大夫政治演生史稿》，北京大学出版社 2015 年版，第 79、109 页。

纪念与宣传：社会主义青年团国际少年日的历史镜像

侯文卿*

摘　要

国际少年日是社会主义青年团成立后第一个属于青年的纪念性节日。通过纪念国际少年日，社会主义青年团广泛宣传了青年运动与社会主义思想，推动了青年群众思想觉醒，促进了青年运动。五四运动爆发后，"五四"纪念日实际上成为中国青年特有的节日，中国共产党在建党前后通过"五四"纪念构建了学生运动的纪念话语。在社会主义青年团成立后，青年团亦希望将国际少年日变成属于中国青年的节日。在某种意义上，国际少年日与"五四"纪念日可以同时看作是中国青年的节日，但二者在关注群体、纪念话语构建上有所差异，在建党前后特别是社会主义青年团成立后，国际少年日相较于"五四"纪念日来说具有了特殊的含义。

关键词

社会主义青年团　《先驱》　国际少年日　纪念性节日

在1939年"中国青年节"创立之前，属于中国青年的特别纪念日是"国际

* 侯文卿，鲁东大学历史文化学院硕士研究生。

少年日"（又称"国际青年日"）。[1] 国际少年日是欧洲各国青年为反对帝国主义、反对世界大战而创建的节日，被看作青年人自己的节日。目前国内学界对国际少年日的讨论相对较少，尤其缺乏富有针对性的专门研究。侯文卿、俞祖华对国民革命时期共青团国际青年日纪念做了具体研究，认为国民革命时期共青团对国际青年日的认识发生了转变，最终将国际青年日看作中国青年自己的节日；此外，在国民革命时期，共青团利用国际青年日纪念构建了"反对帝国主义""反对封建军阀"以及"开展青年运动"三种纪念话语，对推动国民革命发展起到了积极作用。[2] 刘俊彦则叙述了国际青年日的历史变迁，阐释了当代国际青年日的主题来源、主题内容及主题活动，提出国际青年日有符号象征功能、形象塑造功能、组织动员功能、调节互动功能以及价值引领功能，未来要加强对于国际青年日的研究。[3] 但是学界对社会主义青年团为国际少年日的缘起，以及第一次纪念国际少年日的具体内容等问题缺乏深入研究。

陈金龙认为："纪念日是人类历史长河中的显性文化现象，是人类维护、传承自身文化传统的重大创造，成为连接历史、现实、未来的方式和媒介。"[4] 正因如此，社会主义青年团成立后，希望利用国际少年日纪念，向青年介绍国际青年日，构建国际青年日的历史记忆，与宣传社会主义思想、开展青年运动相结合，推动社会主义青年团进一步发展。《先驱》杂志是社会主义青年团的机关报，在《向导》创刊前，《先驱》也是中国共产党宣传社会主义思想的重要阵地。1922 年 9 月 3 日《先驱》刊登了《国际少年日纪念号》，共有六篇纪念文章，用以宣传社会主义思想，推动青年运动开展，宣传社会主义青年团。[5] 同日，上海社会主义青年团利用"青年星期讲演会"在中华职业学校举办了国际少年日纪念会，通过集会演讲的方式向青年人介绍国际少年日，

① 参见侯文卿、俞祖华：《国民革命时期共青团对国际青年日的认识转变——以〈中国青年〉为基础的考察》，《档案与建设》2022 年第 4 期。

② 参见侯文卿、俞祖华：《国民革命时期共青团对国际青年日的认识转变——以〈中国青年〉为基础的考察》，《档案与建设》2022 年第 4 期。

③ 参见刘俊彦：《一个节日还是一种价值？——国际青年日的历史、主题与功能》，《广东青年研究》2021 年第 3 期。

④ 陈金龙：《中共纪念活动与党史文化的建构》，《中共党史研究》2012 年第 11 期。

⑤ 《先驱》杂志收录于 2014 年 10 月湘潭大学出版社影印出版的《红藏：1915～1949 进步期刊总汇》。

呼吁广大青年关注政治运动，宣传青年运动。本文旨在分析《国际少年日纪念号》与国际少年日纪念会，对社会主义青年团纪念国际少年日的原因、宣传内容以及国际少年日纪念与“五四”纪念的差异展开讨论。

一、纪念国际少年日的起因

国际少年日起源于欧洲，是各国青年为反对第一次世界大战而设立的专门纪念日。1915 年 4～6 月，为反对第一次世界大战、反对帝国主义，在列宁、李卜克内西等无产阶级领袖的引领下，俄国、德国、意大利等 10 个欧洲国家的青年集聚于瑞士城市伯尔尼，举行了第一次国际革命青年代表大会，选举成立社会主义青年局，创办《青年国际》杂志。同时，大会还将每年 9 月的第一个星期日确立为国际青年节（即国际少年日）。[①] 同年 9 月的第一个星期日，欧洲各国青年举行了第一次国际少年日纪念大会。至 1919 年，共产主义少年国际决定纪念国际少年日，并“以此日为反对帝国主义战争的纪念日”[②]和国际劳动少年团结的纪念日，“像‘五一’是全世界劳动者团结的纪念日一样”[③]。1922 年 5 月，社会主义青年团在广州成立。8 月，在中国社会主义青年团中央委员会第十四号通告中决定纪念国际少年日。此后，社会主义青年团在国际少年日纪念当天，都会在报刊上刊发纪念文章，并举行相应的纪念活动。整体说来，社会主义青年团纪念国际少年日的原因，主要包括以下几点：

首先，在中国社会主义青年团中央执行委员会第十七号通告中提到，社会主义青年团在“第一次全国大会议决本团加入青年共产国际，承认本团为青年共产国际之一部”[④]。由于国际少年日这天全世界共产主义少年团体都会举行示威运动，社会主义青年团作为共产主义少年团体之一，在国际少年日纪念当天，“应以一种运动以响应欧美各国革命少年”[⑤]。因此，社会主义青年团中央执行委员会要求在 1922 年 9 月 3 日当天，“全国各地方团，须一

① 参见周尚文：《国际共运史事件人物录》，上海人民出版社 1984 年版，第 234～235 页。

② 林根：《“九七”纪念》，《中国青年》1924 年第 43 期。

③ 《第八次国际少年日》，《先驱》1922 年第 11 期。

④ 《中央执行委员会通告》，《先驱》1923 年第 16 期。

⑤ 《中央执行委员会通告》，《先驱》1923 年第 16 期。

律在其可能形势之下举行一种大的集会或大的示威运动，一以唤醒国内劳苦少年，二以响应国外革命少年”[①]。

其次，社会主义青年团认为在以往的国际少年日纪念中，欧美各国青年利用国际少年日开展了轰轰烈烈的大运动，对宣传社会主义思想、反对帝国主义起到了很好的效果。但与此同时，中国青年却不了解国际少年日，其与“世界各国隔绝的程度于此也可见一斑”[②]。所以，社会主义青年团希望利用国际少年日纪念，介绍国际少年日，让青年人了解社会主义思想，了解世界青年运动，更希望利用这一纪念日，宣传社会主义思想，开展中国青年运动，进而呼吁中国青年加入社会主义青年团之中。

再次，五四运动后，社会主义青年团认为“一般青年因为以前刺激过甚的反动，依旧回复了那醉生梦死的生活”[③]，没有再发动一次壮烈的青年运动，如何更好地发动青年运动成为社会主义青年团思考的问题。青年作为社会最有希望的力量，“是在社会中受社会的恶化较浅的人”，“应当起来做革命的战争的领袖”。[④] 但五四运动后，青年的表现却显得十分颓唐，那么其他的“商人，小资产阶级，农人等的不自振作更是意料之中的事”[⑤]，这直接影响了中国的社会改造与民族生存。所以，社会主义青年团在成立后，急需一个新的纪念日来唤醒中国青年，扩展青年视野，发动青年运动，而国际少年日恰好充当了这样一个角色。

最后，社会主义青年团希望通过介绍国际少年日，举行国际少年日纪念，“将青年的眼光放大，使他能注射到国际上去，使他不令目前的利益所引诱，使他明了他在世界上的责任”[⑥]，将世界青年的活动介绍给国内青年，让中国青年有所模仿、有所警惕，积极开展青年运动以改变现有的状况，既推动中国青年运动与世界青年运动的结合，又开展由青年团主导的青年运动。当然，社会主义青年团也认为不论是介绍各国青年的活动，还是发动青年群众，都不是靠几期《先驱》杂志就能够完成的，这种责任是一种持久的工作，

---

① 《中央执行委员会通告》，《先驱》1923年第16期。
② 《杂感》，《先驱》1922年第11期。
③ 《杂感》，《先驱》1922年第11期。
④ 《杂感》，《先驱》1922年第11期。
⑤ 《杂感》，《先驱》1922年第11期。
⑥ 《杂感》，《先驱》1922年第11期。

需要利用《先驱》杂志和读者们共同努力，宣传青年运动。

社会主义青年团选择纪念国际少年日，不只是因为青年团是共产主义少年国际的一分子，需要履行自己的职责；更是希望利用国际少年日纪念和《先驱》杂志刊登纪念文章，举行纪念活动，介绍国际少年日，唤醒青年，开展由社会主义青年团主导的青年运动，特别是劳苦青年的运动，进而宣传社会主义思想与社会主义青年团，加强中国青年与世界青年的联系。

二、宣传社会主义，推动世界青年联合

社会主义青年团作为共产主义少年国际的一分子，是信奉马克思主义的青年团体，而"《先驱》是建党初期中国共产党宣传马克思主义的理论刊物"[①]。因此，在国际少年日纪念当天，社会主义青年团通过《先驱》刊登理论文章，向青年群体宣传社会主义思想，介绍社会主义青年团。此外，青年团认为解放无产阶级和被压迫民族的问题是世界问题，要想实现社会主义的目标，需要全世界无产阶级和压迫民族共同革命，所以社会主义青年团在纪念专号中呼吁中国青年与世界青年联合起来，在共产主义少年国际的旗帜下共同开展青年运动。

（一）宣传社会主义苏维埃

社会主义青年团在第一次代表大会中就提到，社会主义青年团作为中国青年无产阶级的组织，"就是要建设一切生产工具收归公有和禁止不劳而食的初期共产主义社会"[②]。社会主义青年团成立后，首先要做的是让青年人了解什么是社会主义。在国际少年日纪念中，青年团利用《先驱》杂志，向广大青年介绍社会主义，宣传社会主义思想。

《中国劳苦的少年要在今日认识他们的祖国——苏维埃俄罗斯！》是社会主义青年团宣传社会主义思想的重要文章。文章把苏维埃俄罗斯看作是

① 闫佼丽、李月：《〈先驱〉对马克思主义传播的历史贡献》，《山西高等学校社会科学学报》2021年第10期。

② 《中国社会主义青年团纲领》，《先驱》1922年第8期。

中国劳苦少年自己的国家，提出“全世界的劳动少年要一致起来拥护苏维埃俄国”[①]。由于苏维埃俄罗斯是当时世界上唯一一个社会主义国家，在文章中，青年团介绍了苏维埃俄罗斯的政治、经济制度以及苏维埃俄罗斯为什么称作“共和国”等具体内容，希望通过文章让青年人了解苏维埃俄罗斯，了解社会主义思想。

《先驱》杂志一直是早期中国共产党和社会主义青年团宣传社会主义的重要阵地，在《先驱》杂志创刊后，先后批判了改良主义、基尔特社会主义和无政府主义，还宣传了苏联社会主义建设的各项成就。在国际少年日纪念当天，社会主义青年团希望发挥纪念日的作用，利用节日纪念吸引更多青年关注社会主义思想的传播，介绍苏联的各项制度，从而表明社会主义青年团的政治立场，增进对于苏联的认同，进而引导青年参与到青年团开展的各项活动中。

（二）宣传社会主义青年团

在国际少年日纪念当天，社会主义青年团利用这一机会向青年宣传青年团，号召广大青年加入青年团，呼吁“中国劳动少年们和学生们要在这日加入中国社会主义青年团的集会和示威运动，来认识共产主义少年国际，认识中国社会主义青年团的主张，认识俄国革命，来归依在中国惟一革命的少年先锋军——社会主义青年团先帜之下”。还在《先驱》杂志中增加了标语“中国一切劳苦的少年们要速组织在中国社会主义青年团革命的旗帜之下”[②]，号召群众加入到青年团之中。

至国际少年日纪念的时间，社会主义青年团刚刚成立四个月，急切需要扩充自己的实力。利用国际少年日纪念，在向广大青年人宣传社会主义思想的同时，宣传社会主义青年团，让更多青年人了解社会主义青年团，加入到社会主义青年团之中。

（三）推动世界青年联合

由于社会主义青年团作为共产主义少年国际的一分子，所以在第八次

---

① 《中国劳苦的少年要在今日认识他们的祖国——苏维埃俄罗斯！》，《先驱》1922 年第 11 期。

② 《第八次国际少年日》，《先驱》1922 年第 11 期。

国际少年日纪念时,社会主义青年团有责任推动国际少年日成为"中国革命少年和欧美革命少年团结的日子"①,推动世界少年运动发展,共同实现世界青年的解放。在《国际少年日纪念号》中,更是刊登了"远东少年第一次大会的宣言"②——《远东劳苦少年与欧美无产阶级少年联合的召呼》(以下简称《召呼》),以表明青年团对于开展世界青年联合运动的想法。

《召呼》呼吁中国、日本、朝鲜、蒙古等远东各地青年联合起来,打倒国内外压迫者,为自由而斗争。1922年的世界先进青年工人与农民在各地组织团体,与共产主义少年国际联合,认定"共产主义少年国际是这个战争的先锋和领袖"③,远东青年也要在共产主义少年国际的领导下,组织青年团体,解放人类,建设新制度。中国青年要坚持"东西青年坚牢的结合,而向公共敌人作战"④,向青年呼喊出"中国被压迫的少年和西方革命少年联合的万岁"⑤的口号,同世界青年联合起来。

在《先驱》杂志第10号中刊登了《远东各国共产党及民族革命团体第一次大会宣言》,在第12号中又刊登了《远东革命少年会议宣言——对中国、日本、朝鲜、蒙古各地劳动少年发表的》(《远东劳苦少年与欧美无产阶级少年联合的召呼》的另一种中文译本)。连续三期刊登远东革命大会的相关内容,主要目的还是向青年人介绍共产国际,宣传社会主义思想,呼吁青年人联合起来与世界青年共同开展青年运动。

在《向导》发刊之前,《先驱》杂志除了作为社会主义青年团的机关报之外,更是中国共产党宣传马克思主义的理论刊物。因此,在国际少年日纪念当天刊发的《国际少年日纪念号》不只应当看作社会主义青年团用来宣传自己的工具,也应该看作中国共产党宣传马克思主义的载体。在《国际少年日纪念号》中,不论是介绍苏维埃俄罗斯还是呼吁与世界青年共同开展青年运动,实际上都是宣传社会主义思想、宣传马克思主义的具体体现。中国共产党与社会主义青年团希望利用这样一个特殊的纪念日,让更多人关注社会主义思想,关注社会主义青年团,扩大自身的队伍,以便推动青年运动的开展。

① 《第八次国际少年日》,《先驱》1922年第11期。
② 《远东劳苦少年与欧美无产阶级少年联合的召呼》,《先驱》1922年第11期。
③ 《远东劳苦少年与欧美无产阶级少年联合的召呼》,《先驱》1922年第11期。
④ 《远东劳苦少年与欧美无产阶级少年联合的召呼》,《先驱》1922年第11期。
⑤ 《第八次国际少年日》,《先驱》1922年第11期。

三、关注青年工人状况，宣传青年运动

在国际少年日纪念当天，社会主义青年团既通过《先驱》关注青年状况，宣传青年运动，又在上海中华职业学校召开了国际少年日纪念会，邀请李大钊等人进行集会演讲，宣传青年运动。通过杂志宣传与纪念集会两种方式，社会主义青年团呼吁广大青年参与到青年团领导的青年运动之中。

（一）《国际少年日纪念号》与宣传青年运动

《国际少年日纪念号》中没有单独的文章宣传青年运动，但是青年团的最终目的无疑是希望利用纪念文章呼吁青年加入到青年团领导的青年运动之中。中共二大提出，青年运动是中国共产运动的重要部分，青年团在发动青年劳动者进行经济和教育利益奋斗时应被看作一个独立的团体。[①] 在纪念专号中，青年团向广大青年呼吁的“打倒外国帝国主义的压迫”，“消灭中国的武人封建统治”[②]，都需要在青年团领导的青年运动中实现。而青年团所刊登的纪念文章，其深层逻辑都是为了唤醒中国青年，让更多青年人参与到青年运动之中。在《中国社会主义青年团纲领》中，青年团明确指出“中国社会主义青年团为中国青年无产阶级的组织”，社会主义青年团目前要“一方面为改良青年工人、农人的生活状况而奋斗”，另一方面要培养青年的革命精神。[③] 因此，社会主义青年团利用国际少年日纪念，关注青年工人的生活状况，宣传青年运动。

社会主义青年团在成立之前就十分关注工人问题，在 1922 年的“五一”纪念中，就呼吁工人团结起来，参与罢工运动，改变生活惨状。在团一大中又通过了《青年工人农人生活状况改良的议决案》，要求改善工人生活现状。此时，正值香港海员罢工取得完全胜利，中国第一次工人运动到达高潮之际，所以青年团希望利用这一纪念日，进一步呼吁少年工人团结起来，改变

---

① 参见《关于少年运动问题的决议案》，中共中央文献研究室、中央档案馆编：《建党以来重要文献选编（一九二一～一九四九）》第 1 册，中央文献出版社 2011 年版，第 158 页。

② 《第八次国际少年日》，《先驱》1922 年第 11 期。

③ 《中国社会主义青年团纲领》，《先驱》1922 年第 8 期。

目前的生活惨状。

1922年6月，第一次直奉战争结束，直系成为北京政府的新主人，准备重新制定宪法，各阶级都希望将自己的利益规定在宪法中。同年7月中共二大在上海召开，提出要制定关于工人的法律，改良工人待遇。因此，中国劳动组合书记部借此机会拟订了劳动法案，准备提交国会，希望改善工人待遇。在国际少年日纪念当天，中国共产党与社会主义青年团希望利用《先驱》杂志宣传中国劳动组合书记部提出的劳动法案，以便获得更多人的支持。

署名为“澄宇”的高君宇作为社会主义青年团中央执行委员发表了《少年工人与劳动立法》一文，向青年人宣传劳工立法的重要性，让青年支持劳动法案。他着重指出，只有利用宪法保障劳动者的利益，才能防止资本家对劳动者有过多的掠夺，“劳动立法是工人为自己利益奋斗的一个必经的开头”①。而少年工人也属于工人阶级，而且事实上资本家掠夺少年工人更为严重，所以少年工人要团结起来为自己的利益奋斗，“与成年的工人协力合作，向国会请愿，游行，罢工，以及其他的示威运动”②。此外，在文章之后还附录了《劳动法案大纲》让少年工人了解劳动法案的内容，支持劳动法案的提议。虽然文章中主要的宣传内容是关于劳动立法的问题，但背后隐含的是呼吁少年工人参与到罢工运动中，以青年运动的形式实现自己的政治诉求，这也是青年团刊发纪念专号的目的。

由于青年团本身就是青年无产阶级的组织，所以在青年团成立后的第一个节日纪念中，首先关注到的就是青年无产阶级的生存状况。因此，刊登《少年工人与劳动立法》一文，宣传立法的作用，表明了青年团对于青年无产阶级的关注，希望可以用实际行动改善青年无产阶级的生活状况；当然，宣传立法运动，也可以增强青年无产阶级对于青年团的认同，从而更好地开展青年无产阶级的青年运动。

此外，社会主义青年团认为五四运动之后，中国的青年运动发展陷入了低谷，当时青年工人运动开展得并不理想，青年学生运动在经过迅速发展后

① 澄宇：《少年工人与劳动立法》，《先驱》1922年第11期。

② 澄宇：《少年工人与劳动立法》，《先驱》1922年第11期。

也有所衰落。与此同时，香港海员大罢工的胜利让中国第一次工人运动达到高潮，青年工人需要迅速行动起来加入到第一次工人运动中。因此，中共二大通过了《关于少年运动问题的决议案》，要求开展青年运动。在纪念专号中，同样表达了呼吁青年工人参与到青年运动中的想法。在这种情况下，青年团内部对于如何开展青年运动展开了争论，他们利用《先驱》杂志发表自己的观点，阐明自己的立场，为团二大对青年运动的重新认识奠定了基础。

（二）国际少年日纪念会与宣传青年运动

在国际少年日纪念当天，社会主义青年团除了利用《先驱》杂志出版纪念专号外，还举行了国际少年日纪念会，邀请李大钊等人登台演讲，进行集会宣传。

国际少年日纪念会是上海社会主义青年团利用青年星期讲演会在中华职业学校召开的一次纪念大会，当时的"听众大约有二百余人"[①]。在国际少年日纪念会举行之前，《民国日报》在9月2日和9月3日连续发布公告，宣传纪念会。9月2日的宣传标题为《北大教授李大钊讲演预志》。文章提到李大钊为新文化运动巨子，"对于社会学说尤有研究，据说此次演讲，关于青年问题。对于我们青年定有莫大贡献"[②]，所以号召广大青年积极参与。9月3日则提到青年问题极其重要，"特邀沈雁冰、杨贤江等加入演讲。临时听者尚可发问云"[③]。同日下午1点，国际少年日纪念会召开，由团中央执行会书记俞秀松主持，"邀请李大钊、沈雁冰、杨贤江、高君宇、张国焘等发表演说"[④]。沈雁冰等人讲述了国际少年日的历史，介绍了列强与军阀对中国的武力压迫。高君宇提出，在9月3日当天希望"给诸君介绍一个最有关系的历史日子"[⑤]，即国际少年日，在这一天世界各国青年都在举行反帝示威运动。李大钊则在纪念大会上讨论了青年问题，提出："青年的群众运动，就是

---

① 《国际少年日纪念会》，《学生杂志》1922年第11期。

② 《北大教授李大钊讲演预志》，《民国日报》1922年9月2日。

③ 《今日青年问题续志》，《民国日报》1922年9月3日。

④ 胡献忠主编，共青团中央青运史档案馆编：《中国青年运动纪事长编》第1卷（上），中国青年出版社2019年版，第76页。

⑤ 《青年星期讲演会演讲记》，《民国日报》1922年9月4日。

社会革命的先锋。”[1]青年人要改变过去不关心政治的观念，积极参与到政治运动之中，打倒帝国主义和封建军阀的压迫。此外，李大钊在演讲中肯定了国民党的现实价值，指出“国民党的目标是民治的，所以比较上算是一个完全的政党”[2]。与此同时，会场中还散发了大量传单，宣传国际少年日以及青年运动，让青年学生更加了解国际少年日。会议结束之后，有人提议“由本日大会致一电报于北京民权运动大同盟、中国劳动组合书记部等团体，以响应劳动立法及争各种自由等运动”[3]，并且组织参与纪念会的青年成立民权运动同盟，以开展青年运动。

1922年的国际少年日纪念会是社会主义青年团成立后举行的第一个青年节日纪念会，纪念会中的演讲、发放传单等形式在以后的国际少年日纪念中都有所借鉴。从1922年开始，一直到1939年“五四”中国青年节成立前，社会主义青年团都会在国际少年日纪念当天举行集会、演讲、展览等多种形式的纪念活动，向广大青年介绍国际少年日，宣传团的政治主张，呼吁青年加入到社会主义青年团之中。

四、国际少年日纪念与“五四”纪念之对比

国际少年日作为国际青年的纪念日，在当时被看作属于青年自己的节日。而“五四”纪念日虽然在1939年才被正式确立为中国青年日，但在此之前也实际发挥着青年纪念日的作用。因此，1922年的“五四”纪念与国际少年日纪念的差异实际上可以看作是两个同为青年人的节日纪念对比。不论是“五四”纪念，还是国际少年日纪念，中国共产党和社会主义青年团都在报刊上登载了纪念文章，并举办了纪念大会；但由于两个纪念日所关注的群体略有不同，构建的纪念话语不同，纪念的内容也有所差异。

---

① 《在“国际少年日纪念会”上的演说词》，朱文通等整理编辑：《李大钊全集》第4卷，河北教育出版社1999年版，第115页。

② 《在“国际少年日纪念会”上的演说词》，朱文通等整理编辑：《李大钊全集》第4卷，河北教育出版社1999年版，第115页。

③ 《国际少年日纪念会》，《学生杂志》1922年第11期。

(一)关注群体不同

虽然国际少年日与“五四”都是属于青年的节日，但是在两个不同的节日纪念时，中国共产党与社会主义青年团所关注的群体不同。霍新宾指出，在建党前后，中共在“五四”纪念中构建了“学生运动”的纪念话语[①]，关注学生在纪念日中的作用。而在同年9月社会主义青年团纪念国际少年日时，希望发动的是“劳动的少年们”[②]，发挥中国被压迫青年的力量，特别是青年工人与学生的力量，纪念国际少年日。

(二)构建的纪念话语不同

不论是“五四”纪念还是国际少年日纪念，中国共产党和社会主义青年团都希望利用纪念日，宣传自己的理念，以期达成政治诉求。在“五四”纪念中，中国共产党纪念“五四”的新意义为“激发青年热情，‘复活五四精神’、‘到民间去’，动员群众走社会改造之路”[③]。1922年5月4日，沈雁冰在交通大学上海学校学生会主办的“五四”纪念会上作了题为《五四运动与青年们底思想》的演说。他反思了“五四”之后，运动并未深入民间，只是“普遍几个新名词”，在政治上并无多大意义，因此希望青年要“抱定一种相当的主义”——“马克思底社会主义”，来达成所追求的目标。[④] 同日，黄日葵在《晨报》刊文指出，如果“不认识五四运动的大精神的，不配纪念五四，纪念五四而不继续五四运动的事业，可以不必替他纪念”[⑤]，主张青年群体要复活五四精神，继续五四运动的事业；同时，他也呼吁青年同志要到民间去，开启“五四”纪念的第二幕。

“五四”之后不久，中共二大在上海召开，在《关于“民主的联合战线”的议决案》中，中共中央提出了“联合全国革新党派，组织民主的联合战线，以扫清封建军阀、推翻帝国主义的压迫”的政治目标，希望“先行邀请国民党及社会主义青年团在适宜地点开一代表会议，互商如何加邀其他革新团体，及

① 霍新宾：《中共早期五四纪念及其内在理路》，《历史研究》2020年第2期。
② 《第八次国际少年日》，《先驱》1922年第11期。
③ 霍新宾：《中共早期五四纪念及其内在理路》，《历史研究》2020年第2期。
④ 沈雁冰：《五四运动与青年们底思想》，《民国日报·觉悟(上海)》1922年5月11日。
⑤ 黄日葵：《怎样纪念“五四”?》，《晨报》1922年5月4日。

如何进行”。[①] 因此，到同年9月的国际少年日纪念中，社会主义青年团所构建的纪念话语与中共“五四”纪念时相比又有所差异：第一，在国际少年日纪念中，社会主义青年团更明显具体地向青年群体介绍社会主义，让广大青年了解社会主义。第二，由于纪念这一节日是受少年国际的影响，因此社会主义青年团特别提到了与世界青年相联系的内容，主张与世界青年相结合，共同开展青年运动。第三，在国际青年日时，社会主义青年团还提出了“打倒外国帝国主义的压迫”“消灭中国的武人封建政治”[②]等口号，这与中共二大提到的反对封建军阀、推翻帝国主义一脉相承。

由于中国共产党在中共二大上通过了《中国共产党加入第三国际决议案》，决定加入共产国际，成为“国际共产党之中国支部”[③]，而社会主义青年团在第一次代表大会召开时就已经加入少年国际，成为少年国际的一部分，“青年共产国际是属于共产国际的，所以共产国际所规定的团与党的关系，团便应服从”[④]，因此，在政治主张上，社会主义青年团与中国共产党保持一致。同时，青年团又有自主的权利，所以在国际少年日纪念时，虽然与“五四”纪念相似，都是主张宣传社会主义思想，并且根据中共二大增加了推翻帝国主义、反对封建军阀的内容，但是在具体的话语构建中，社会主义青年团也利用国际少年日，阐述了与“五四”纪念不一样的理念。

结　语

在《向导》发刊前，《先驱》杂志作为中国共产党的理论刊物和社会主义青年团的机关报，具有较强的政治倾向，在青年群体中的影响十分广泛。《国际少年日纪念号》作为《先驱》杂志刊发的第一个纪念专号，其重要性更是不言而喻。社会主义青年团利用《先驱》杂志，进行国际少年日纪念，刊登纪念文章，构建了宣传社会主义思想、关注青年工人的生活状况、宣传世界

① 《关于“民主的联合战线”的议决案》，中共中央文献研究室、中央档案馆编：《建党以来重要文献选编（一九二一～一九四九）》第1册，中央文献出版社2011年版，第139、140页。

② 《第八次国际少年日》，《先驱》1922年第11期。

③ 《中国共产党加入第三国际决议案》，中共中央文献研究室、中央档案馆编：《建党以来重要文献选编（一九二一～一九四九）》第1册，中央文献出版社2011年版，第141页。

④ 郑洸、叶学丽：《中国共产党与中国共青团关系史略》，中共党史出版社2015年版，第25页。

青年联合运动、开展中国青年运动等国际少年日纪念话语，反映了社会主义青年团成立后的政治倾向与政治动态，同时起到了唤醒青年的作用。上海社会主义青年团在国际少年日纪念当天举行了国际少年日纪念大会，邀请李大钊、高君宇等人演讲，散发传单，向青年学生介绍国际少年日，宣传青年运动。此后，社会主义青年团在中华职业学校继续宣传社会主义事业，于1923年成立了团支部，继续宣传社会主义思想。在中华职业学校召开纪念集会，也表明学校仍然是宣传新思想的最佳地点；而会上李大钊肯定了国民党的现实价值，认为国民党在当时算是一个完全的政党，这些都为国民革命时期国共第一次合作奠定了良好的基础。

1922年是社会主义青年团纪念国际少年日的开端之年，国际少年日在此时开始被社会主义青年团所了解、认识，到国民革命时期，青年团完全把国际少年日看作是中国青年自己的节日，此后一直到“中国青年节”成立之前，社会主义青年团几乎每年都会举行国际少年日纪念活动。通过杂志刊登纪念文章，举行集会宣传的纪念模式，也成为国民革命时期乃至苏维埃时期社会主义青年团举行国际少年日纪念的重要方式。社会主义青年团进行国际少年日纪念的原因不只是因为这是共产主义少年国际纪念的节日，更是希望通过节日纪念，向青年群体宣传社会主义青年团的政治主张，推动由社会主义青年团领导的青年运动，为实现民族独立贡献力量。

节俗观察

教师节的教育意义：基于Nvivo的质性分析*

王志荣　崔岐恩**

摘　要

运用Nvivo对50位中小学教师进行质性分析，获得三个发现：一是中小学教师对教师节的本质意义的理解呈现两种取向，即"个体教育意义"和"社会教育意义"；二是大部分教师认为教师节与教师职业幸福感关系密切，但是也有部分教师在节日中不能将外在因素转化为内生动力，所以节日幸福感低；三是教师节里教师会收到多方祝福，但在这个过程中也出现了一些问题，面临多重限制或挑战。

关键词

教师　教师节　教育意义　质性研究

1985年，我国正式将每年的9月10日确定为教师节。《人民日报》发表了题为《敬礼，光荣的人民教师》①一文，高度颂扬了教师职业的神圣价值。同年，全国各省、自治区、直辖市都分别举行了庆祝教师节大会。2018年9月10日，在全国教育大会上，习近平总书记代表党中央向全国广大教师和

---

* 本文系浙江省教育厅项目"小学生符号意识研究"（Y202043191）、2021年教育部产教融合协同育人项目"教学内容和课程体系改革研究"（202101147020）的阶段性成果。

** 王志荣，温州大学教育学院硕士研究生；崔岐恩，温州大学教育学院副教授。

① 《敬礼，光荣的人民教师》，《人民日报》1985年9月10日。

教育工作者致以节日的热烈祝贺和诚挚问候，并强调“教师是人类灵魂的工程师，是人类文明的传承者，承载着传播知识、传播思想、传播真理，塑造灵魂、塑造生命、塑造新人的时代重任。全党全社会要弘扬尊师重教的社会风尚，努力提高教师政治地位、社会地位、职业地位”①。截至 2022 年，一年一度的教师节已有 38 年的历史，每年的这一天全国各大中小学都会举行庆祝活动。

“教师节快乐”是对每一位教师给予其职业的肯定与鼓励。教师节的设立旨在形成全社会尊师重教的社会风尚。在当代社会，知识就是生产力，尊重知识被认为是增强国力的重要手段，因而教师节受到人们的普遍关注与重视。然而，我国教师节在发展过程中出现很大的挑战，其中最主要的是“师生之礼”的抉择②，以及关于“师生之礼”是一种师生关系的建构还是“物化”后的收受礼现象的讨论。因而，由此引发的教师节的教育意义则成为一个极具现实意义的问题，它不仅影响到节日意义生发的有效性，而且影响到教师的职业体验以及我国教育的长远发展。对此，本研究试图运用扎根理论以及 NVivo11 Plus 软件及其数据分析来探索中小学教师对教师节的精神感受，在此基础上，分析节日意义背后所蕴含的文化意涵。

一、研究设计

本研究采用质性研究方法，对研究现象进行深入的整体性探究，从原始资料中形成结论和理论，通过与研究对象互动，对其行为和意义建构进行解释性理解。在自然情境下，质性研究采用多种资料收集方法，通过访谈、观察或实物分析，以其独特的理论形成方式与理解视角进行研究。其中，扎根理论的主要宗旨是在经验资料的基础上建立理论。③ 研究者在研究开始之前一般没有理论预设，而是直接从实际观察入手，从原始资料中归纳出经验

① 《习近平：坚持中国特色社会主义教育发展道路　培养德智体美劳全面发展的社会主义建设者和接班人》，共产党员网，https://www.12371.cn/2018/09/10/ARTI1536580965577973.shtml，2018 年 9 月 10 日(2022 年 9 月 26 日)。

② 参见王录平、张茂聪：《“师生之礼”与师生之“礼”——基于“××中学教师索要教师节礼物事件”的思考》，《中小学德育》2014 年第 12 期。

③ 参见陈向明：《扎根理论的思路和方法》，《教育研究与实验》1999 年第 4 期。

概括，这是一种自下而上建立实质理论的方法。扎根理论基于后实证主义范式，依托经验证据，从经验事实中抽象出全新的概念与思想。其主要编码方式有三级：开放式、轴心式或关联式、核心式或选择式。NVivo 系列软件是由 QSR 国际提供的定性数据分析软件程序，于 1999 年首次由澳大利亚的汤姆·理查兹开发。其功能强大，能够有效分析多种不同类型数据，诸如文字、图片、录音、录像等，建立理论模型，获得研究问题的结论。本研究将运用 NVivo11 Plus 软件，对获得的访谈资料与数据进行深入的质性分析。

本研究采用非随机抽样中的目的性抽样，即研究者在选择研究样本时，根据已有的研究目的和现存的研究问题确定抽样标准，有针对性地选择具有最大信息量的研究样本。这种抽样方式不同于概率抽样，其通常选择研究现象中“极端”“不正常”的情况进行调查，也就是说样本可能是总体中的扭曲样本，所得结论不能推及总体。虽然结论不具有代表性，但就研究目的而言是可接受的，并具有一定的可靠性，具备参考价值。因此，本次研究抽取了来自 M 省不同城镇、乡村的 50 名中小学教师作为访谈对象。之所以选择来自不同层级的学校的教师，是因为城市和乡村的经济实力存有差距，不同规模的学校庆祝教师节的方式也不同，样本选择越广则结论涵盖度越高。这 50 名教师涵盖了中小学的不同学科，其中女教师 40 人，男教师 10 人。退休教师 3 人，兼职班主任的 38 人。样本平均年龄 35 岁。需要强调的是，由于这些样本不是通过概率抽样的方式获得的，因此不能把这50 位教师的观点武断地推论到更大的总体上。

本研究访谈了 50 位中小学教师并获得相关有效文本，随后借助 NVivo 11软件对文本进行编码和分析。在所有编码完成之后，研究者继续访谈了 12 位教师，结果显示并未出现新的编码，表明已获得的编码内容达到饱和，因此本研究具有一定的可信度和有效性。研究者综合考虑了研究目的、研究问题以及样本对象特征后，设计了半结构化访谈，并且在正式访谈前进行了预访谈，以确保其有良好的信度与效度。半结构化访谈大纲主要围绕三个问题：第一，您如何理解教师节设立的本质意义（如何解读教师节文化的价值与功能）？第二，您认为教师节的设立和提升教师幸福感相关吗？如果相关，关联度有多大？用 1～10 分表示，并说明理由。第三，您每年是如何过教师节的？在具体访谈的过程中，围绕但不限于这三个问题，根据受访者的回答灵活进行追问与控制，同时也根据受访者自己提出的问题进行深入交流。整个访谈活动持续了一个月，主要采取个人访谈的形式，访谈方式主要是“线上＋线下”。其中有两位教师出于个人原因进行了集体访谈，平均访谈时长为15分钟。此外，在征得受访者同意的情况下对访谈过程进行了录音，对受访者编号序列为A1～A50。

本研究借助NVivo 11软件对原始访谈资料进行编码，即将录音转换为Word文本资料导入软件，运用扎根理论进行自下而上的编码。首先，在开放式编码阶段，研究者以一种开放的心态，尽量“悬置”个人的偏见和研究界的定见，将所有资料按其本身所呈现的状态进行编码。找出教师对于教师节意义认识的相关概念，并进行初步命名，标记为自由节点。预编码后正式编码，最终形成了187个自由节点。其次，对已编码的自由节点作进一步分析，发现和建立概念类属之间的联系，类比整合之后将形成的9个节点标记为树节点。最后，在关联式编码的基础上进行核心式编码，在所有已发现的概念类属中经过系统的分析以后选择“核心类属”。最终确定了3个核心类属，即教师节的本质意义、教师节与教师职业幸福感、教师节的祝福与呈现的问题。

二、研究编码

对访谈材料进行编码后再结合资料进一步分析整理，并进行呈现。

（一）教师节的本质意义

在第一轮的开放式编码中，得到有关教师节的本质意义的51个节点。其中，排在前两位的是“尊师重教”和“尊重认可”，人数分别为48人（占96%）和46人（占92%）。在第二轮的关联式编码中，把所有节点分为两类，即“个体教育意义”和“社会教育意义”（见表1）。

表 1　　　　　　教师节的本质意义及其参考点数[①]

关联式编码	开放式编码
个体教育意义	尊敬认可(46);感恩感谢(45);满足感、获得感(43);自豪感(40);职业信心(36);奖励激励(36);工作总结(33);工作使命(31);认同感与责任感(28);陶冶情操(25);释放身心(22);激发教育热情(17);放松心情(16)
社会教育意义	尊师重教(48);传统美德(46);净化职业道德(40);职业认同(37);内部交流(36);文化传承更新(30);群体身份认同(25);教师形象(22);教师文化(21);文化气息(19);社会地位(18);教师体验(16);凝聚力、亲和力、向心力(10);对话交流合作(10)

从以上呈现的数据可以看出,教师对教师节本质意义的理解呈现两种取向,分别是“个体取向”和“社会取向”。“个体取向”是教师理解教师节教育意义的最重要的取向,编码参考点占该类全部编码的 56.6%,即超过一半的教师从个人层面理解教师节的本质意义。比如:“教师节是对勤勤恳恳努力付出的教师表达的感谢与感恩,提升教师的自豪感与幸福感”(A5);“教师节能够让大家尊重教师、理解教师,也能让学生尊重教师,拉近师生之间的关系,提高教师自身的满足感与获得感”(A45);“其意义在于对自己职业的一种自信,一种激励,对未来工作更有斗志,也是总结一年工作的好时机。认识到自身的不足,从而不断改进教学方法”(A36);“教师节这天会感到心情很放松,参加经验分享会或者表彰大会可以油然而生一种自豪感,激发教学热情”(A22)。“社会取向”是教师理解教师节教育意义的另一个重要取向,编码参考点占 43.4%,有不到一半的教师谈及社会层面的教育意义。比如:“国家通过设立教师节来肯定教师这一行业对国家教育建设作出的重要贡献,体现了我国对教育事业发展的高度重视;而且设立教师节,有助于引起社会对教师这一职业的关注,提高教师的社会地位,从而在全社会形成一种尊师重教的社会氛围”(A2);“教师节进行的表彰活动在潜移默化地提高

① 由于行文篇幅所限,此处仅显示参考点数值为“10”及以上的节点,下同。

教师的社会影响力，是对教师这一群体身份的认同”（A7）；“从另一个层面谈本质意义即规范职业道德，教师是人类灵魂的工程师，教书育人是本职但往往育人为先。一撇一捺的‘人’字不仅需要言传，更要身教，教师节举行一些活动的目的就是净化职业道德”（A16）。

（二）教师节与教师职业幸福感

关于教师节与教师职业幸福感之间的关系问题，88％的教师认为存在中度及中度以上的相关关系，他们选择了“6 分”及其以上，其中选择“8 分”的人数最多，12％的教师选择“5 分”及其以下（见表 2）。

表 2　　教师节与教师幸福感相关度及其参考点

关联式编码	开放式编码	参考点数	关联式编码	开放式编码	参考点数
高度相关	10 分	3	低度相关	5 分	3
	9 分	5		4 分	2
	8 分	17		3 分	1
中度相关	7 分	10		2 分	0
	6 分	9		1 分	0

就本研究所调查的教师群体来看，主流观点是教师节与教师职业幸福感之间密切相关，有一半的教师认为存在高度相关。例如：“教师节的设立很好地说明了社会对教师这个职业的认可度及尊重的程度，教师也能因为受到社会的尊重，看到自己作为一名教师的责任感与使命感”（A6）；“在这一天会收到学生的鲜花与问候，甚至还有毕业学生的祝福，这一刻不关乎任何外在因素，只单纯觉得自己亲手培育的小苗长大了，心底产生幸福感”（A44）。但是认为存在低度相关的教师的观点更值得关注。大部分认为教师幸福感的来源很多，而教师节占比很小，比如：“既包括内在认同感和成就感，如自身专业能力的提升，对教师职业的热爱，也包括学生的反馈、外部的奖励、薪资以及社会地位的提升；教师属于一种外部认同，但与此同时也带来了相应的责任和处在教师这个岗位上的义务”（A12）；“给 7 分而不是更高，是因为教师的幸福感还与工作时间、学生成绩等关联”（A34）。

（三）教师节的祝福与面临的问题

为确保访谈的顺利进行，同时保护受访者隐私，研究者在访谈过程中通过提问“通常是如何过教师节的”发现，教师在收到祝福的同时也面临着一些问题。在第一轮开放式编码中共得到32个节点（注：没有列出具体例子），其中，排在前两位的是“学生祝福”和“发慰问品”，人数分别是50人（占100％）和45人（占90％）。在第二轮关联式编码阶段，研究者将所有编码进行分类，最终得到四大类，即“物质支持”“精神慰藉”“条件限制”和“形式主义”（见表3）。

表3　　教师节的祝福与面临的问题及其参考点数

关联式编码	开放式编码
物质支持	发慰问品(45)；发生活用品(40)；发奖金(23)
精神慰藉	学生祝福(50)；表彰大会(40)；互赠贺卡(39)；祝福消息(38)；手工礼物(35)；经验分享会(30)；座谈会(22)；文体活动(20)；组织合唱(12)；组织旅游(10)
条件限制	待遇差(25)；工资少(22)；经济落后(20)；福利少(20)
形式主义	没有假期(26)；听报告会(23)；领导检查(20)；面子形象(16)

教师节的祝福分为“物质支持”和“精神慰藉”，比如：“在教师节这天收到最真诚的祝福就是上课开始前全班同学齐声喊‘教师节快乐’，这是觉得最幸福的时刻。除此之外，还有个别同学会手绘贺卡送给我们，稚嫩的文字与字体最能表情达意”(A10)；“学校会组织表彰活动，在会上表扬一些优秀的教师，让他们分享相关的经验。曾有幸当选为‘最受学生欢迎的教师’，那一刻觉得自己的职业是神圣的，得到了认可与肯定。而且学校每年都会给教师发慰问品，主要是一些生活用品和生活必需品之类的，也算是一种鼓励吧”(A25)。由教师节产生的问题主要有“条件限制”和“形式主义”。通过研究发现，提出“条件限制”这类问题的主要是农村教师，比如：“像我们农村教师过教师节很简单的，学校规模小，教师少，一般不开展庆祝式活动，也没有奖金之类的，条件好一些的学校会给油之类的以示嘉奖”(A3)。提出“形式主义”这类问题的主要是城市教师，比如：“每年教师节学校的慰问品不少，

但是检查活动也很多，需要提前好多天准备。班主任的责任更大，除了自身的事务需要做好，班级的日常更要打理好，千万不能出错。说实话，过节也挺累的。”（A34）

三、分析与讨论

本研究运用质性研究的方法，立足扎根理论，通过对50名中小学教师的访谈和深入研究，得出以下结论。

（一）关于教师节本质意义的理解

对于教师节本质意义的理解，我国学界主要基于教师节的历史变迁，从其内涵来讨论。早在1934年，《新闻报》上发表文章说：“纪念教师节，亦非在物质生活上着想，应知教师对于国家民族负极重要的使命。”[①]这种理解带有强烈的时代特征，与国家、民族等问题息息相关。国定教师节的宗旨是“鼓励教师服务精神、融洽师生感情并唤起社会尊敬教师之观念”[②]。教师节涵盖的意义更加广泛，建议教师承担起改良社会风气的责任，要求教师尊孔子为典范，自律自尊，提高自身的专业修养。[③] 教师节是一个主要由民间倡议发起，最终获得官方认可的特殊节日。[④] 诚然，教师节的本质意义与孔子的诞辰密不可分，发展到现在，提到教师节最先让人想到的就是“尊师重教”。教师在课堂上深入贯彻的理念是“以评促发展”[⑤]，而教师节实则对于教师也是一种促进发展的“评价”：回望过去，前瞻未来。

研究发现，本研究所调查的50名教师对教师本质意义的理解，其社会教育层面基本与学界的认识对应，此外，教师自身对教师节的个体教育意义涉及的是一线教师的工作体验和职业感受。诚然，本质的意义获得终究还是应该归结为教育。首先是对教师个体的教育意义——教师身份的塑造：规范的言行举止，积极正面的教师形象；其次是教育情操的陶冶：无声高雅的

① 书异：《教师节》，《新闻报》1934年6月7日。

② 任祖凤：《从职业困境到政治需求：民国时期教师节的国定化》，《教育学报》2015年第2期。

③ 参见《教师日谈尊师》，《中央日报》1945年8月28日。

④ 参见任祖凤：《从职业困境到政治需求：民国时期教师节的国定化》，《教育学报》2015年第2期。

⑤ 黄烈、黄晶：《我国课堂学习评价研究述评与展望》，《教育测量与评价（理论版）》2015年第4期。

教育文化,神圣庄严的教师使命,淳朴圣洁的教师心灵;最后是教育热情的激发:平等互动的身份认同,独特欢愉的非日常教育生活。这些意义对教师是有成长价值的,这些价值的上升就是社会教育意义。社会教育意义包括:(1)教师文化传承:通过表彰教师业绩、尊师重教的宣传、论坛讲座的举办塑造教师行业的功能,向教师传达一种新的教育话语与时代要求[①];(2)群体身份认同:教师节是教师群体的存在象征与身份认同,突出意义,展现价值,讴歌重要性,是社会对教师群体身份的确认和社会铭刻;(3)凝聚教师群体:加强教师间的沟通交流与合作,放下"身份包袱",增强亲和力、凝聚力、向心力。最后受益的是教育行业。百年大计,教育为本。教育是实现中华民族伟大复兴历史重任的根基,办好教师节的每一次活动,从教师群体入手构建高质量教育体系,建设教育强国。[②]

(二)关于教师节与教师幸福感关联的理解

基于儒家经典的教育引领文化,对教师职业幸福感产生的影响是决定性的。[③] 大多数教师认为,教师节与教师幸福感关系密切。但是还有部分教师认为影响教师职业幸福感的因素有很多,教师节的影响占比很小。分析发现,认为关联度低的教师只是将教师节当作外部因素,并没有产生灵魂触动。

教师幸福感与教师价值、教学效能感等密切相关[④],而其本身也有内在因素和外在因素。学界一致认同,职业认同是影响教师幸福感的内在因素,因为认同是教师在社会生活中对自己所从事的职业的内在接纳。[⑤] 英国心理学家贝特·汉莱密认为,"认同由三个层次展开,即从群体认同经过社会认同到自我认同"[⑥],即通过某种认同获得一种归属,从所在群体获得一种信

① 参见龙宝新:《论教师节日文化的功能与建设》,《宁波大学学报(教育科学版)》2012 年第 4 期。

② 参见石中英:《中国共产党关于教育性质问题的百年探索》,《重庆高教研究》2021 年第 1 期。

③ 参见王文静等:《教师幸福感提升的路径探寻——基于儒家经典的教育干预研究》,《重庆高教研究》2020 年第 11 期。

④ 参见郝国强:《教师职业理解与认识的质性研究——以中小学骨干教师为例》,《重庆高教研究》2016 年第 3 期。

⑤ 参见孙钰华:《教师职业认同对教师幸福感的影响》,《宁波大学学报(教育科学版)》2008 年第 5 期。

⑥ 转引自李素华:《对认同概念的理论述评》,《兰州学刊》2005 年第 4 期。

仰系统，通过这个所在的群体参与社会，得到某种社会认同感，而个人在获得某种社会认同后达到自我认同，这直接影响到个人的自我参与。教师节的本质属性是节日，无论就其社会生活中的约定俗成而言，还是从其以共同体的表现形式来看，都只能是外部因素。但不可否认的是，教师节是职业认同到教师幸福感的重要桥梁。正是这种具有仪式感的庆祝活动，成为教师连续日常生活中的一个转折点，成为教师文化的有机部分。在节日里，教师自身所理解的职业本质意义得到最大限度的彰显，文化传承、社会地位、身份认同、释放身心、激发热情等都成为幸福的印记。而导致那些教师认为关联度低的原因之一，就是在节日中由于外部条件限制和自身认知感觉的偏差而不能进行很好的内在转化。幸福感属于人的精神世界，无法外在强制，只能辅助，只有内发才能达到真正认同。

（三）关于教师节的祝福与面临的问题

礼物与祝福的交换是人类文化最古老的交际形式之一，无论哪一种文明，都有自己约定俗成的交换体系。[①] 从内容到形式，其携带与表达的意义不言而喻。教师节中的礼物与祝福也被认为是传承尊师重教理念的重要方式。从总体上来看，教师对教师节持积极态度，对发展前景也是充满希望的。但与此同时，少数存在的问题也不容忽视，比如形式主义严重、充满条件限制、违规收受礼品礼金等。

其实，教师是教师节的第一主体，学生是最直接的客体，学生的祝福首要功能是让教师个体的教育价值得到发挥。礼物都有交际功能，具有意动性，但当“非熟人”给予的礼物所含有的价值恰恰成了意动性的标签，暗含着接受者要做出相应的反馈性动作。[②] 而对于教师，所有美好祝愿的接受和反馈，既要符合公序良俗，更要遵守教育部门的相关纪律要求。毋庸置疑，来自学校、社会和国家的祝福，是教师节日文化建设的开始。但是在面对一线教师反馈的真实问题时，社会宣传与舆论关注要尊重教师的自觉参与，只有汇聚真实的力量才能形成强大的合力，才能发生由国家外在立法向民众内

① 参见赵星植：《礼物交际的符号修辞及其表意特征》，《福建师范大学学报（哲学社会科学版）》2014 年第 3 期。

② 参见赵星植：《礼物作为社会交流符号的诸种类型》，《江苏社会科学》2013 年第 6 期。

在立法、从外在强制向社会自觉的转变。① 与此同时，教师节才能与完美的“教书育人”教师行业形象、高尚纯洁的教育意图意象相关联。节日的教育功能只有在真挚的祝福和相对稳固的载体中才能发挥到淋漓尽致。面对挑战，应当用新鲜的主题引领节日，如2022年教育部发布的第38个教师节主题为“迎接党的二十大，培根铸魂育新人”②。有机结合“四史”学习教育、师德专题教育，做好相应表彰，营造浓厚尊师氛围。充实文化意蕴，用鲜活的教育话语主导教师节日的象征空间，使教师节焕发其应有的活力，折射出全新的文化意蕴。

结　语

教师节关涉对其本质意义的理解、教师职业幸福感的领悟以及教师节日祝福的交换。综合分析以上类属，教师节的教育意义实则体现教育与教师的“博、爱、雅、艺”情怀。“博、爱、雅、艺”——“好学、兼容、同情、关怀、儒雅、豁达、通艺、创新”，教师节无论以什么形式展开，做怎样的礼物交换，教育意义终究是基于此。

对教育本质意义的理解应为“博”。教师是优良学风的酿造者，是人才培养质量的决定者。个体与社会层面的教育意义皆在学校这个特定的场域中生发，学生亦是通过与教师的频繁接触使教育在自己心中逐渐具体化，兼容学生的情怀，让学校的生命因学生能从教师课堂内外的影响中获得知识、掌握思维的方法、养成高尚的品行而凸显勃发的生机。教师职业幸福感为“爱”的另一重定义。教育的范围指向一种特殊的人际关系，在这种特殊的人际关系中，教育的一方——教师以经过选择的内容、恰当的方式与另一方进行互动，并通过这种良好而有效的互动，使学生能够尽可能地发展。同样，学校在与师生互动的过程中也极尽可能地表达爱的需求。节日中的互动传达的主旨要义是“爱”，这必然是教师职业幸福感的源泉。节日祝福的

① 参见龙宝新:《论教师节日文化的功能与建设》,《宁波大学学报(教育科学版)》2012年第4期。

② 《教育部关于做好庆祝2022年教师节有关工作的通知》，中国政府网，http://www.moe.gov.cn/srcsite/A10/s7002/202208/t20220823_654756.html，2022年8月18日(2022年9月16日)。

表达可概括为“雅”，通过一些高雅、不落俗套的活动，让节日的祝福真正传达尊重知识、尊重教育、敬爱教师的情感态度。总之，教育是一门艺术，教师节所有的意义生发都兼具艺术性与文艺性的特质。从教师节日出发，小到节日之中的礼物或祝福，延伸到教师对职业幸福感的体验，大至对教育节本质意义的理解，管中窥豹，环环相扣，赋予教师节日艺术的灵魂，使教育文化永葆生机活力。

消失的边界:20世纪40年代川南庙会与乡村共同体的形成

何点点　张诗尧*

摘　要

清代以来,川南地区清溪镇的移民陆续修建、修缮移民会馆和佛教、道教宫庙,至民国时期,已形成"九宫十八庙"的盛况。20世纪40年代,当地频繁举办的庙会活动,超越移民边界成为面向全镇的节日,是对清溪镇内部社会关系与文化结构的反复展演。从会馆、宫庙的祭祀对象、庙会活动以及参与者的变化中,可推演乡村共同体的形成机制:移民群体通过助推其乡神公共化,增祀佛、道神祇,促使自身融入本地;各个庙会中作为慷慨互惠的"吃会酒"环节,更不断推进着社会整合;同时,随着社会内部有效整合,个人、家庭主体性的苏醒和发展成为新趋势。

关键词

庙会　移民　信仰　乡村共同体

清初,因战乱而人口锐减的四川,注入了大批来自不同地域的移民,由这些文化相异的移民构成的四川社会,也因之经历了一个漫长的整合过程。

---

* 何点点,中国艺术研究院助理研究员;张诗尧,山东大学儒学高等研究院民俗学专业博士研究生。

对于这一过程,学者们分别从社会组织[①]、地权清丈[②]、宗教信仰[③]等不同的视角展开研究,试图解释移民社会的整合是如何形成的。其中,宗教信仰研究作为一个重要的面向,其研究对象主要为乡神信仰及作为其承载空间的“会馆”。到四川后,移民“久犹怀其故土,往往醵金为公产建立庙会,各祀其乡之神望,有若其地名宦乡贤”[④]。这些庙会作为各省移民会馆,一方面因强化了移民们的原籍认同,被视为移民融合的阻力。如刘正刚等认为,“清代各省移民会馆在四川的普遍建立,使移民在社会关系方面普遍地被纳入以原籍地缘关系为纽带的各个相对独立的社会群体之中,这就使原籍观念在相当长一段时间内被强化和保持,使得各省移民之间以及移民和土著之间的融合过程相当缓慢”[⑤]。另一方面,各省移民在四川扎根后,通过在会馆中供奉“公共神”建构本土化认同,会馆开始转为一个社会整合的空间。如林移刚论述了移民通过在祭祀“乡神”的祠庙或会馆中附祀、兼祀甚至改祀川主[⑥],来表达己身对新“四川人”身份的认同,而改祀、兼祀在各省普遍具有信仰基础的关羽则体现出移民社会走出了狭隘乡土的局限[⑦]。王东杰认为“乡神”是一个非常模糊且未必符合实际的概念,会馆兼祀如佛、道二教这样的“公共信仰”呈现了超出地域性的开放特征,为移民突破原乡的族群界限并构建新的家乡认同提供了可能。[⑧] 作为移民身份认同象征的“乡神”,是特定历史语境下被建构的对象,其本身具有多元性和模糊性,因而可在新的语境中被解构与重构,进而变成新的地域认同象征。同时,多省融合的移民会馆的修建也推动了文化整合。如清代重庆的八省会馆、彭县九尺镇的五省会馆都是作为多省的总会馆出现,这表明会馆的性质在逐渐向地方福利团体

① 参见杨文华:《清代四川民间义渡的社会功能整合》,《求索》2016 年第 7 期;唐燕:《清代四川慈善组织与移民社会探究》,《宜宾学院学报》2018 年第 2 期。

② 梁勇:《清代四川的土地清丈与移民社会的发展》,《天府新论》2008 年第 3 期。

③ 参见王东杰:《“乡神”的建构与重构:方志所见清代四川地区移民会馆崇祀中的地域认同》,《历史研究》2008 年第 2 期;林移刚:《民间信仰与四川移民社会整合》,《云南民族大学学报(哲学社会科学版)》2014 年第 2 期。

④ 民国《富顺县志》卷四“庙坛”,《中国地方志集成·四川府县志辑》,巴蜀书社 1992 年版,第 280 页。

⑤ 刘正刚、黄启臣:《清代四川的广东移民社会组织》,《中山大学学报论丛》1994 年第 3 期。

⑥ 参见林移刚:《川主信仰与清代四川社会整合》,《西南大学学报(社会科学版)》2013 年第 5 期。

⑦ 参见林移刚:《民间信仰与清代四川移民社会整合》,《云南民族大学学报》2014 年第 3 期。

⑧ 参见王东杰:《“乡神”的建构与重构:方志所见清代四川地区移民会馆崇祀中的地域认同》,《历史研究》2008 年第 2 期。

或自治事业团体转化。[①] 上述学者重在讨论信仰对象本身的多元与转变对于社会整合的意义，但并未从具体的实践层面来解释这种转变发生的动力及其凭借。而张志全虽从巴蜀地区的“迎神赛会”仪式出发，指出袍哥组织依托行商坐贾的财力，整合各方势力，促成赛会的娱乐化蜕变，揭示其“世俗化”趋势[②]，但未进一步分析“世俗化”背后，赛会所代表的原乡认同消解、本土认同渐强的社会融合趋势及其发生机制。

“迎神赛会”，是乡神祭祀中最为重要的环节，也是各会馆一年中最大型的仪式，其初衷是通过举办大型活动，进一步凝聚地缘或乡缘群体，并通过“赛”这一行为，暗示当地各行会、社之间的博弈。随着社会历史进程的推进，“迎神赛会”具有着更加丰富的社会意义。本文以清溪镇本地人关于20世纪40年代川南清溪镇庙会的口述历史[③]为基础材料，通过对承载信仰、表现观念的“迎神赛会”这一节日仪式的分析，呈现川南地区社会整合方式嬗变的具体语境，揭示乡村共同体有机形成的文化逻辑。

一、民国清溪镇的宗教空间与多元信仰

清溪镇隶属于四川省乐山市犍为县，从明末至民国时期，经历了人口锐减至恢复发展的历史过程。因战乱、灾病等，明末犍为县人口“仅五千一百三十七丁”，与明万历时的“二万二千丁”[④]相比，人口大幅度锐减，致使耕地荒废。在此情况下，清政府鼓励各地军民填川，以湖广为主，包括广东、广西、福建、江西、贵州等10多个省份的移民陆续迁入，为四川注入了大量的人口。[⑤] 民国二十六年(1937)《犍为县志》载，犍为县人口数量已达92158户、476682人，仅清溪镇就有3925户、17826人。[⑥] 移民给清溪镇增添人丁的同

① 参见刘正刚、黄启臣：《清代四川的广东移民社会组织》，《中山大学学报论丛》1994年第3期。

② 参见张志全：《明清巴蜀地区迎神赛会的演进轨迹》，《宗教学研究》2018年第3期。

③ 本文的田野访谈材料皆来自笔者于2018年1月、2019年2月在清溪镇的田野调查。

④ 《犍为县志》卷四“食货志”，清嘉庆十九年(1814)刻本，第2页。

⑤ 相关研究参见胡昭曦：《“张献忠屠蜀”考辨：兼析湖广填四川》，四川人民出版社1980年版；彭雨新：《四川清初招徕人口和轻赋政策》，《中国社会经济史研究》1984年第2期；孙晓芬：《清代前期的移民填四川》，四川大学出版社1997年版等。

⑥ 参见民国《犍为县志》卷三“居民”，《中国地方志集成·四川府县志辑》，巴蜀书社1992年版，第134～135页。

时，其文化也随着移民群体传播到此，其中就包括各地移民的原乡信仰。

初到清溪镇的移民们在清初期经历了恢复生产、重建生活的过程，大致在康熙、雍正、乾隆时期，各省移民为了便于联谊乡情，相互帮持，处理内部纠纷以及与其他移民的关系，以同乡人为单位结成联盟，陆续开始修建自己的会馆。会馆中供奉"乡神"，因此，会馆也多以宫和庙等宗教场所的名字来命名，而不直接叫某省会馆，如福建会馆叫作"天后宫"、四川本地的会馆叫作"川主庙"。此外，移民们还新修或修缮了10余座具有公共性色彩的佛教、道教寺庙。到民国时期，清溪镇共有佛教、道教、本土信仰的宫、庙、祠、寺20余座，在镇主街道上就有10余座。这些宗教场所被本地人统称为"九宫十八庙"。"九宫十八庙"并不只是清溪镇人独有的记忆，而是川渝地区普遍存在的集体记忆。宜宾市李庄古镇，重庆市磁器口古镇、安居古镇等地尚保存有相对完整的"九宫十八庙"遗迹和相关的民间记忆，另外，在四川自贡市富顺县、射洪市、遂宁市等地也都或多或少保留了一些这类宫庙建筑。民国时期，清溪镇有记载的会馆有6座，最早的一座建于清雍正时期，详见表1。

表1　　民国清溪镇会馆①

宫庙名	会馆名	位置	初建时间	增建时间
万寿宫	江西会馆	万寿街	清雍正年间	清乾隆二十年、清光绪十七年
禹王庙	湖广会馆	不详	清乾隆初	—
南华宫	广东会馆	万寿街	清乾隆二十四年	清道光八年、清光绪二年
天后宫	福建会馆	中河街	清乾隆三十二年	—
川主庙	四川会馆	中河街	清乾隆年间	—
荣禄宫	贵州会馆	万寿街	不详	—

会馆修建之初，供奉乡神，强调同籍人网络，"同籍团体以会馆为集中地，各处会馆之建筑物崇宏壮丽，可为其团结力最富之明征"②。而后，随着清溪镇乡民基于地缘基础上的政治、经济、社会连接逐渐加深，文化不断碰

① 参见民国《犍为县志》卷二"建置"，《中国地方志集成·四川府县志辑》，巴蜀书社1992年版，第88～94、100～103页。

② 民国《犍为县志》卷三"居民"，《中国地方志集成·四川府县志辑》，巴蜀书社1992年版，第133页。

撞与交流，特别是乡神相关传说的演述和庙会的不断表演，乡神信仰的人群范围逐渐超越了单一移民团体，乡神被“公共化”，成为庇佑整个移民社区的“新地方神”。首先，川主信仰的“公共化”，是外省籍移民认同迁入地，并期望通过信仰川主以从边缘参与中心的策略。① 川主是四川本土信仰对象。20 世纪 40 年代，清溪镇流传的一起川主显迹事件，表明川主已成为广泛信仰的对象。湖广移民后代李正湘老人至今还记得父辈讲述的这则传说：

犍为县孝姑镇有一个叫石缸坪的地方，一位清溪镇的木匠坐在石缸里从县城漂到此地，途中河边山上的沙子滑下来打着他，他便抬掌对落沙处回击了一个掌心雷。突然，天上回应他道“我是川主”，他猛然一惊，才知是川主从那里经过，踩下了沙子。他知晓自己侵犯了川主，命不久矣，回家后没过多久就去世了。②

这则传说表明作为本土信仰对象的川主已被外省移民接纳，并在清溪镇具有了普遍的影响力。其次，外省籍移民的乡神信仰也日渐“公共化”，被构建为社区共享的本土神。20 世纪 40 年代，清溪镇的禹王庙、萧公祠、天后庙等供奉的信仰对象已被纳入其他移民群体的信仰实践中，受到其他人群的祭拜。乡神成为清溪镇人普遍信仰、祭祀的神灵，是移民群体融入迁入地的结果。

清溪镇移民也从康熙时期开始修建或修缮佛教、道教以及其他供奉民间信仰对象的寺庙，详见表 2。

表 2　　民国清溪镇其他宫庙③

宫庙名	其他名称	位置	初建时间	增建时间
五皇祠	—	花园街	明天顺二年、明崇祯九年	清乾隆三十二年、清道光二十年、清光绪十四年

① 林移刚：《川主信仰与清代四川社会整合》，《西南大学学报(社会科学版)》2013 年第 5 期。

② 访谈人：何点点；访谈对象：李正湘；访谈时间：2018 年 1 月 12 日；访谈地点：清溪镇三山村。

③ 参见民国《犍为县志》卷二“建置”，《中国地方志集成・四川府县志辑》，巴蜀书社 1992 年版，第88～105 页。

续表

宫庙名	其他名称	位置	初建时间	增建时间
三教寺	—	贵家坡	明弘治年间	清乾隆二十九年、清同治十三年
东皇宫	—	万寿街	清康熙五年	清嘉庆二十四年、民国十二年
三圣宫	—	上河街	清乾隆九年	清道光十八年、清宣统二年
炳灵宫	太子庙	乾河咀	清乾隆五十年	—
梵音寺	—	洛江坝	清乾隆年间	—
华光祠	—	斌相街	—	清道光二年
朝阳寺	—	二里	清道光四年	—
白马庙	牛王庙	土坝老	清道光年间	—
观音庙	—	乾河咀	民国九年	—
文昌宫	红庙子	程家渡	—	—

佛教、道教寺庙几乎与会馆在同一时期开始修建，并在后来被多次增建。佛教、道教寺庙供奉的具有跨地域性和“公共性”的神，成为打破移民社区文化区隔的突破口。位于今天清溪镇五龙村的佛寺真觉寺[①]，被老人们公认为民国时期清溪镇信众最多、香火最鼎盛的寺院，正如李正湘老人所说：“那时候吃斋拜佛的都在真觉寺。真觉寺是香火最旺的，我的大姨每天都去那儿拜。”[②]真觉寺始建于宋朝，明末倾颓，后分别于清康熙十四年(1675)、民国十一年(1922)修缮。[③] 民间传说，明代时当地官吏奉旨修建，朝廷还派来一位太监亲自监工，建成后他的塑像也被立于寺前。更有传说认为真觉寺是用寺内一口水井里拉出的木头一夜建成，这口井里的木头取之不尽、用之不竭。朝廷的参与和神圣色彩的加持是真觉寺广受民间追捧的原因之一。真觉寺供奉了观音、四大天王、十八罗汉等菩萨。而民间信仰中直接服务于农耕文明的职能神同样是各省移民共同构建的新“地方神”，如清溪镇道光

① 民国《犍为县志》载，真觉寺位于五龙乡，即今清溪镇五龙村。

② 访谈人：何点点；访谈对象：李正湘；访谈时间：2018 年 1 月 12 日；访谈地点：清溪镇三山村。

③ 参见民国《犍为县志》卷二“建置”，《中国地方志集成 · 四川府县志辑》，巴蜀书社 1992 年版，第 96 页。

年间(1821～1850)修建的白马庙供奉的牛王菩萨。

到民国时期,原本只供奉乡神的会馆也都供奉了更具"公共性"的佛教、道教神,以吸引更多的信众,扩大会馆生存空间与影响力。几乎每座宫、庙都供有送子观音,南华宫、东皇宫、真觉寺里都供有燃灯古佛。任田秀老人回忆起儿时随母亲去南华宫的燃灯古佛前点灯,以求哥哥手臂上的疮痊愈的事:"许多庙都有燃灯古佛,我们家比较信南华宫的,其他人家也因为各种缘分有自己觉得更灵验的寺庙。"[①]人们不再视会馆为承载浓厚原乡乡神信仰的场所,而成为可以满足个人宗教诉求的神圣空间时,意味着会馆本身完成了从乡神庙到本地庙的转化。

民国清溪镇"九宫十八庙"盛况不仅体现了乡神的泛信和跨地域的佛教、道教神和职能神在蜀地的再构,更见证了文化多样性背后人群迁移与融合的历史过程。

二、全镇的节日:20 世纪 40 年代庙会实践

据民国《犍为县志》记载,每个会馆都会由会首带领会员定期举行庆会,一般是在会馆主祀对象的寿辰那天举行(见表 3)。同时,观音庙、白马庙、三教寺等不作为会馆的宫庙也会在主祀对象生日时举行庙会庆典,这类庙会多由乡民们,特别是其中的商贾大户独资或合资举办。

表 3　　清溪镇各会馆庙会详情[②]

庙会名	场所	时间(农历)	会首名	会员	资金来源
禹王会	禹王宫	正月十三	值年、会首、客长	湖广人	各有底金、产业
六祖会	南华宫	二月初八	客长	广东人	各有底金、产业
天后会	天后宫	三月二十三	客长	福建人	各有底金、产业
川主会	川主庙	六月二十三	乡约	本省人(四川人)	各有底金、产业

① 访谈人:何点点;访谈对象:任田秀;访谈时间:2019 年 2 月 8 日;访谈地点:清溪镇三山村。

② 参见民国《犍为县志》卷三"居民",《中国地方志集成·四川府县志辑》,巴蜀书社 1992 年版,第 158～159 页。

续表

庙会名	场所	时间(农历)	会首名	会员	资金来源
萧公会	万寿宫	不详	客长	江西人	各有底金、产业
荣禄会	荣禄宫	不详	客长	贵州人	各有底金、产业

庙会是清溪镇除集市外另一项覆盖全镇的自发性社会活动，如同清晰地掌握清溪镇和周边镇赶集的时间那样，当地人也熟知一年中每次庙会的日期。庙会当日极为热闹，散居全镇的人聚集到现场，或看热闹，或参与活动。其间有唱戏、灯会等集体娱乐活动，也有三朋四友约在茶馆、河边空地打牌、下棋等个人娱乐活动，还有乡民和商贩售卖农产品、熟食等物资的商贸活动。形式多样的活动体现了从“酬神”到“娱人”的世俗化变迁。庙会仪式主要由祭祀仪式和“吃会酒”组成。祭祀仪式分为两种：一种是将主神抬到宫庙外游神，另一种是只在宫庙内祭神。这两种仪式都必须在上午举行，历时半天。五皇祠是要游神的宫庙之一，这里供奉着五个得道成仙的兄弟，每年庙会当天，祠中五尊泥塑神像都会被恭敬地抬出去巡境。除五皇外，需要巡境的神还有送子观音、川主、玉皇等。不采取游神的方式，仅在庙里祭祀的神灵也不少，如牛王菩萨。1941 年出生的清溪镇三山村的李正湘老人依然记得白马庙庙会的盛况。在 20 世纪 40 年代的 10 年中，该庙会连续四五年都由他的伯父个人出资筹办。民间所称的牛王庙，即是民国《犍为县志》中记载的白马庙。该庙有七八十平方米，木结构内架，坐北朝南，神台上正中间的神像是一头伏地的彩泥塑公牛，被称为“牛王菩萨”，是农业社会中常见的崇祀对象。每年农历十月初一是牛王菩萨的生日，一年一度的庙会在这天举办。李正湘老人在幼年时也曾参加了几次：

> 我的伯父长期个人出钱办会酒。他喜欢做好事，因为他家都是女儿，没有儿子，他就做善事积德，希望下世有儿子。牛王庙因为在他家旁边，所以他就选择办牛王庙的会酒。当天上午是祭祀仪式，在早饭后开始，大伯请了一位道士念祭文。这个道士是大伯的亲戚，平时靠给去世的人开路为生。菩萨塑像前放有两个蒲团，道士坐在上面念祭文，我端着文书坐在他旁边，文书就是供果，是一盘牛奶酥。道士要念一上午，我也要端一上午。念的内容主要是感谢牛王，大意是：牛王帮人们

耕地，带给了好处，带给了食物……整个过程中很多人围着观看，其间香火不能断，来看的人会不时上前烧香。祭文念完后，就可以吃会酒了。

祭祀仪式结束后，所有乡民都可自发前往会馆、宫庙的院坝或附近的开阔地带吃斋饭。吃斋饭，又称“吃会酒”。“吃酒”是川南方言中对参加宴席的称呼方式，庙会的“会酒”上并没有酒，主食为米饭，伴以菜籽油炒豆腐等各种菜食，以流水席的方式源源不断地供应来宾，直至人们全部散去方结束。这一活动极大地扩充了庙会的公共性，把庙会仪式推向高潮，当地人因此常常直接用这一环节的名称来指代整个庙会，即把参加庙会称为“去吃会酒”。牛王庙庙会的会酒也是由李正湘老人的大伯负担：

因为庙里空间太小，大伯家又在旁边，便都在大伯家的院坝里吃饭。只要是去庙里的人都可以来吃，人们相互之间并不认识。会酒往往摆上十几桌、二十几桌，一桌 8 个人，流水席，坐不下的就端着碗站着或蹲在旁边吃。①

1940 年出生的清溪镇任田秀老人虽非广东移民后代，但她清楚地记得小时候跟父亲去南华宫、东皇宫吃会酒的情形：

我爸爸爱热闹，我跟着爸爸去过南华宫、东皇宫，这两个宫都在河边的那条街上。会酒那天，爸爸约好朋友一起去河边打牌，到了吃饭时，要先去拜庙里的菩萨，然后才去吃饭。两个宫的会酒都是在各自院坝里置办，烧火做饭也在院坝里。做好的饭菜事先放在盛具里，开饭前桌上也摆好了饭菜，一般一桌六七个菜。前一桌吃完后，帮工的人立马收拾干净桌子，再摆上饭菜供后面的人食用，来吃的人也可以自己去盛具里取。如果庙会恰逢三六九赶集的日子，参与的人就更多，很多人都得站着吃。

除了乡邻，乞丐也可以来吃会酒：

斋饭也会给乞丐准备，把给他们准备的饭菜提到一边由他们自己

① 访谈人：何点点；访谈对象：李正湘；访谈时间：2018 年 1 月 13 日；访谈地点：清溪镇三山村。

打来吃，有些筹办人会单独给乞丐准备饭菜。[①]

与民国《犍为县志》记载“每年庆神演戏，同籍诸人，长幼咸集，酒食宴会，无虚日”[②]不同，庙会的参加者并不限于“同籍人”，正如民国宜宾市李庄镇东皇会“每岁三月，乡人办东皇会于此，架设棚楼，出神演戏，全镇男女游观不绝”[③]一样，清溪镇庙会也是全镇男女老少皆参与其中。而且，参与不仅是“游观”，乡民还会祭拜神灵和吃会酒。李正湘老人的母亲曾告诉他：“去庙会时，要先把那座庙里的每个菩萨都拜一遍，因为每个菩萨管的内容不同。”这表明乡神从独佑一方移民的外乡神转化为各司其职的本地神。祭拜后的吃会酒，更加体现了人们对整个社区的集体认同。从“同籍诸人，酒食宴会”到全镇乡民共享会酒的转变始于何时，虽还无法确定下来，但从20世纪40年代人们的历史记忆来看，庙会作为全镇人的公共节日，已然承担起共同体整合的社会功能。

三、从仪式到社会：庙会的共享机制

20世纪40年代盛行于清溪镇的庙会是以镇为单位的、社区成员普遍认可并深度参与的公共仪式。这套公共仪式的展现，实际上是地方社会运行的一个缩影。对庙会的观察和分析，是理解地方社会的有效途径。

（一）社会关系的展演

庙会作为人群聚集的节庆活动，关联着促成仪式运行的各种社会关系，是一种社会互动形式，同时也是一种情境化的实践，永远根植并产生于具体的情境（situational context）中，并伴随着情境而转变。[④] 在清溪镇庙会随着移民社会从分裂到形成稳定的共同体的情境变化中，其形式、功能和意义也

---

① 访谈人：何点点；访谈对象：任田秀；访谈时间：2019年2月8日；访谈地点：清溪镇三山村。

② 民国《犍为县志》卷三“居民”，《中国地方志集成·四川府县志辑》，巴蜀书社1992年版，第158页。

③ 民国《南溪县志》卷一“坛庙寺观”，《中国地方志集成·四川府县志辑》，巴蜀书社1992年版，第499页。

④ 参见杨利慧、安德明：《理查德·鲍曼及其表演理论——美国民俗学者系列访谈之一》，《民俗研究》2003年第1期。

都发生了转变。

会馆庙会最初暗含了不同移民群体之间的竞争关系，各群体意在将庙会作为群体博弈的象征资本，通过对乡神信仰进行展演向社区表达群体身份、体现群体势力。但从民国时期清溪镇的庙会仪式来看，彼时庙会的参与者已扩大为全镇的乡民，其他移民群体不仅是观看，而是实际参与到庙会的祭神、吃会酒之中。这反映了最晚在民国时期，清溪镇移民边界已经消解，新的稳定的共同体关系已然建立。20 世纪 40 年代的庙会正是对这一现行秩序的演练和强化。

举例来讲，“天后”信仰随着移民群体在四川各地广建天后宫，逐渐融入四川宗教文化中，这位原本代表了海洋文明的“天后”妈祖，随着移民身份认同的转变和新的社会连接的形成，“其功能转为侧重于农业神和作为移民联络乡谊的纽带”[①]。随着社会整合度的提高，天后宫联络乡谊的功能不断衰弱，农业神功能愈加凸显。正如清溪镇乡民所言：“妈祖是一个做了很多善事的人，拜她保风调雨顺。”虽然天后宫平日里香火不如佛教寺院鼎盛，但清溪镇每年农历三月二十三天后会时，依然聚集了来自全镇的乡民。这种显著事件的背后，其实是社会关系结构在特定日期里的集中展现。一方面，20 世纪 40 年代的天后会延续且再现了广东移民前期与其他移民群体构建良好关系、融入当地的手段。在脱离了原生土壤的情况下，广东移民们借助一年一度的庙会把天后信仰持续向整个社区进行展示，通过神圣性的仪式与世俗性的宴席使其在当地被接受、被认可，构筑该信仰在本地的“合法性”[②]，从而成为地域共同体中宗教文化的一部分。“天后”作为象征符号的“合法化”，也就是其背后的移民们在社区中的“合法化”。虽然通过庙会展演融入当地的目的在 20 世纪 40 年代已不存在，但它作为一种表象，可以帮助后人理解文化融合的形成过程。另一方面，20 世纪 40 年代的天后会具化了当时和谐一体的社会关系，各移民群体后代在庙会构筑的空间中充分展示了共融的社会特点，庙会不再是反结构的“阈限”，而是再现结构的短时空间。

---

① 谭世宝、胡孝忠：《略论清代至民国时期四川的天后信仰》，《莆田学院学报》2007 年第 4 期。

② 关于社会团体与仪式的合法性问题，参见高丙中：《社会团体的合法性问题》，《中国社会科学》2000 年第 2 期。

庙会是反映清溪镇内部社会关系与结构的一个窗口。社会关系本是无形的、抽象的，但是通过庙会，包括其中的祭神仪式、吃会酒等活动，人们实现了社会关系的具化，达到了对社会关系的理解。乡神信仰的共享，将清溪镇的社会生活引入了稳定的、超越个人的、有组织的道路上。神是象征化的社会，社会则是实体化的神，清溪镇诸神职能的归位，就是移民群体本身在更大的社区中的归位，20 世纪 40 年代的庙会，表征着政治、经济、文化等多方面交融的乡村共同体完全形成。

（二）互惠助推整合

“吃会酒”展示了一个社区中存在的，由少数人出资、多数人消耗的慷慨互惠行为。互惠是物品流动与社会关系之间的一种联系，萨林斯根据行动者的目的不同，把互惠分为慷慨互惠、等值互惠和消极互惠[①]。慷慨互惠是一种不等值的、以利他为目的的交换过程。“这个过程谨守着惠及他人的路径，如果可能或着必要的话，他人也会报以回馈，但回报可能永远不会兑现”，这意味着慷慨互惠是“持之以恒的单向流动。回馈之不及，不会导致物品赠与者停止馈赠：物品单向流动绵长持久，惠及穷苦大众”。[②] 慷慨互惠的一方通常是社区中有身份、地位、财富的人，另一方通常是穷苦大众。传统中国作为一个相对封闭的农业社会，社区中的富人往往以筹办公共仪式、修建公共空间、帮扶救济穷人等“做功德”的途径来完成慷慨互惠，他们通过将财富还于公共事业来消解财富的聚集带来的隐患。

庙会作为清溪镇最大的公共活动，正是当地乡绅进行慷慨互惠的最佳时机。乡绅、富人在庙会期间筹办会酒大宴宾客，普通乡民则参与庙会并免费享用这些会酒。可以认为，移民后代也是通过吃会酒完成了慷慨互惠，从而实现社会的有机整合。一方面，体现在身体实践中，认同观念在吃斋饭时得以贯彻。当地人回忆：“去吃会酒时，要拜了庙里的菩萨才能吃庙会的斋饭，不然就会肚子痛。”对于吃会酒前要先祭拜的习惯，乡民的合理性解释是

---

① 参见[美]萨林斯：《石器时代经济学》，张经纬等译，生活·读书·新知三联书店 2009 年版，第 215～226 页。

② [美]萨林斯：《石器时代经济学》，张经纬等译，生活·读书·新知三联书店 2009 年版，第 225 页。

“不祭拜会肚子痛”，这套说辞对于在这个社区成长起来的孩童来说，具有简单、直接的效力，自然增强了外省籍人对他者乡神的接纳和信奉。另一方面，在庙会构筑的时空中，吃了会酒的乡民往往对会酒的主办者留下慷慨大方的良好印象，也因此会淡化不同籍贯人们的区隔意识，为彼此的友好往来提供观念基础。这样的“慷慨互惠”作为“非等值交换”或者说“延迟交换”，其交换人群范围越大，乡神信仰获得的认可也就越广泛，通过年复一年的庙会展演，举办庙会的同籍人群与参与庙会的他籍人群身份之差异逐渐消弭，成为一个不辨你我的和谐群体。

20 世纪 40 年代，清溪镇的乡民们不再有意地区别宫庙，全都积极地参与祭祀和吃会酒。这一时期各会馆的庙会并非旨在强化差异，也无意展示会馆间的竞争，而是区域内部整合意愿的体现。各同籍群体借助庙会把本土信仰持续向整个社区进行展示，通过神圣性的仪式与世俗性的宴席使其在当地被接受与认可。特别是吃会酒参与者的范围超越同籍之限，体现出作为移民社会的清溪镇的社会结构的转变，即清溪镇移民们完成了从以抱团生存的“同乡”认同到以“镇”为单位的地域认同的转变。庙会期间的慷慨互惠在同乡集团与本地乡民之间进行，同籍群体与地域中其他集团的乡民达成互惠的同时，群体自身也获得了被地域接受、信任、肯定的机会，长此以往就形成了 20 世纪 40 年代的清溪镇所表现出的同籍观念淡化、地域高度整合的局面。慷慨互惠对推动一个由移民组成的社区的整合十分重要，即使这种互惠精神只是出现在庙会这样短暂而特定的时空中，但它却为我们理解共同体在不同的社会历史条件下的运行机制提供了一个清晰的路径，而这样的路径必然也会随着社会历史条件的变化而出现不同的样貌。

（三）个体自主性的回归

费孝通认为，中国传统社会的社会结构是一种以自我为中心，像水波纹一样一圈圈推出去的关系网络，关系愈推愈远，也愈推愈薄。这样的逻辑，形成了我们所认知的中国传统社会的“差序格局”。[①] 可以进一步推理，当移民群体初到四川时，在移民群体构成的社会结构中，面对不同于自己的他乡

① 参见费孝通：《乡土中国》，生活·读书·新知三联书店 1985 年版，第 21～28 页。

人，自我认同的范围从个人和家庭扩展到了同籍之人，移民们纷纷采取依附于小集体的行为策略，形成一种聚拢于“同籍”集团的自我主义。随着几代人在本地生存、与他人不断建立联结，社会整合逐步完成，人们对新家乡产生认同感，不再刻意强调祖籍，正如李正湘老人所说：“我们就是清溪镇人，小时候并不知道祖辈是清初从外省迁来的，父母也没有说过，那时候就像现在一样，没有人说自己是哪里迁来的，也不知道别人来自哪里。我也是因为近些年重编族谱才得知的。”正所谓“自家人的范围是因时因地可伸缩的，大到数不清，真是天下可成一家”①。县志中对此亦有体现，乾隆《犍为县志》用“五方”流民与“土著”来分别指代“二十年来楚粤流民纷纷入籍”者和四川本省人。② 而在民国《犍为县志》中，则不见这样的区别性称谓，而是更多使用“邑人”一词，如称呼撰写《重修三教寺记》碑记的同治年间进士、清溪镇人宁廷弼为“邑人宁廷弼进士”③。从“土著”与“五方流民”的区别称谓到“邑人”的统一称谓，词汇用语上的变化，也体现了民国时期原先同籍层面的自我主义已被消解，新的认同格局已然形成。

移民认同从“同籍”到“本地”的变化，预示同籍认同被更大的本地认同兼容，从而个人意愿与家庭福祉逐渐脱离集体意志，得以在公共活动中自由彰显。当各自抱团的局面被打破，以家庭和个人为首要出发点的行为逻辑再度支配社会成员在公共领域的行动。更大范围内的认同的形成，反而助推着更小范围内的自我主义的回归。在信仰方面，表现为原先用来构建“同籍”认同的诸神的角色不再被需要，诸神转化成信众为实现个人利益、家庭利益的祈求对象。各省会馆兼祀送子观音、燃灯古佛等公共化程度更高的神灵的情况，也即为满足愈加多样的个人和家庭的信仰诉求而采取的融合策略，进而个人所做的功德不再借助集体实现，以至于出现个人独自筹办的、为自己做功德的庙会。在清溪镇，这类庙会被视为“大功德”，筹办人通常都是当地有钱的鳏、寡、无子嗣的乡绅或善人，他们出于修来世、补今世的愿景，期望通过多做功德实现自己的祈愿。湖广省移民后代在离家近的牛

---

① 费孝通：《乡土中国》，生活·读书·新知三联书店1985年版，第26页。

② 乾隆《犍为县志》卷六“风俗”，乾隆十一年(1746)刻本，第27～28页。

③ 民国《犍为县志》卷二“建制”，《中国地方志集成·四川府县志辑》，巴蜀书社1992年版，第99页。

王庙筹办庙会，选择“公共神”作为做“大功德”的对象，而不是到禹王庙（亦即湖广会馆）办庙会，即是乡民对本地地缘的看重超过了原籍地缘的表现。由此，牛王庙庙会体现了在更大范围的社会整合完成后，个体意志的苏醒，庙会也成为寄托个人情感与满足家庭需要的仪式空间，而不再是表征集体身份、具化移民界限的空间。这种消耗大量财力、物力的个人行为，只有在一个稳定的后移民社区才可能得以实现。

在20世纪40年代，作为清溪镇一员的个体已经从某个移民群体的集体身份中脱离出来，以个人身份广泛参与到社区的公共活动中。为求来世摆脱无子嗣、丧偶等境况的个人或家庭筹办的庙会，以及满足私人目的的祭拜行为均体现了个体自主性①和主体性的苏醒和发展，个体及核心家庭成为和命运抗争、与生活博弈的独立单元。

结　语

移民群体迁徙他乡，总要经历从自我抱团到与新的社群接触，进而和谐共生的过程，这个过程必然伴随着移民认同的变化。清初从各个省份迁徙到四川，带着各自的生活习惯、文化信仰的移民群体，也经历了从分散到整合的变化。移民群体真正有机地整合为一个乡村共同体，除政治、经济、人口再生产等方面的调整，还必须实现文化上的整合，各个移民群体之间信仰与观念的交融与共享是其中重要的推力。庙会作为一种“文化展演”，在移民群体信仰交融与共享的过程中，表征着不同的意涵。初期，清溪镇各移民群体意在将庙会作为群体博弈的象征资本，通过举办庙会在社区中进行身份表达，体现群体势力，暗含移民群体之间的竞争关系。而后，随着群体之间基于地缘的政治、经济等社会联系的加深，从庙会展演，特别是在“吃会酒”环节中，可见庙会从彰显原籍身份到强化本地联结的象征变迁，清溪镇开始共享乡神信仰，移民边界逐步消解，推动并最终实现了群体的共融，移民群体真正有机地整合为一个共同体。伴随着乡村共同体形成的，是原子

① 本文的个体自主性与阎云翔在《私人生活的变革：一个中国村庄里的爱情、家庭与亲密关系（1949～1999）》（上海书店出版社2006年版）中提到的自主性不同，阎云翔更多强调脱离于家庭的“作为独立主体的个人的出现和发展”，本文则更强调代表家庭观念与行为的“自主性”。

化家庭脱离集体认同的纽带，其成员成为生于斯、长于斯的本地人。人们不再需要通过乡神的公共化来满足社会整合的需要，乡神、地方神作为个人信仰及述求的表达，寓于求平安、求子嗣的个体性的民俗活动中。从属于同籍认同的个体，在新的社会历史语境中重新找回自我，可以说个体主义盛行是稳定的人群共同体的基本特质，也是出于各种历史原因而形成的异质的移民社群内部有效整合之后的必然回归。

从清溪镇的乡神信仰及庙会实践中也可以看到，信仰是缠结于宗教与非宗教的制度之中的，即信仰“嵌入”社会。清溪镇的庙会不仅是宗教的、仪式性的活动，也是当地人们同时开展联谊、集会、物品交换的场合，庙会的运行是包含文化的、政治的、经济的社会关系的综合运行，宗教信仰无不受制和从属于社会中的各种制度与结构。

景观叙事圈层的建构——以骊山人祖庙为个案

李银平*

摘　要

女娲神话延续至今已经不仅是神圣的叙事文本，还表现出与地方风物结合的景观叙事特征。以骊山人祖庙为中心向外延伸，区域内遍布的景观建构了仁宗女娲山景观带，具有较为明晰的景观叙事层级。根据“景观存在时间”“与伏羲女娲传说相关度”“外部宣传采纳度”三个标准，可将现有景观有序划分为五个圈层，进一步可整合为三个层级，即景观叙事圈层。景观叙事圈层可以呈现出在不同诉求的传播链上，以及在民间传统节俗实践的基础上，共享地方神话资源的群体对于传统神话的选择、改编甚至新创的时空布局。

关键词

骊山　人祖庙　景观叙事圈层　叙事资源　文化记忆

本文的研究区域在中国西北的骊山山脉，当地以女娲神话为资源创造了“景观带”，通过神化自然景观、营建新的景观传承和创编一系列的地方性叙事，将女娲神话通过景观叙事与生产，转化为地方节日、庙会、遗产旅游等方面的资源，在同类现象中颇具代表性。通过田野调查，在田野点搜集仍在

* 李银平，天津市河东区教育局试用期干部。

民间讲述的神话以及对外讲述传播的神话，并在查阅地方文献中相关神话记载的基础上，笔者提出一个概念模型——“景观叙事圈层”，目的是凸显在不同诉求的传播链上，共享地方神话资源的群体对于传统神话的选择、改编甚至新创的动机和结果。使用圈层图示来展示，能够比较清晰地呈现神话资源景观转化的过程和层级特征。另外，这个圈层不仅可以呈现神话传说叙事与景观的转化关系，还可以用来分析景观附载节日、庙会、祭祀等地方文化记忆的过程。

一、景观叙事研究

本文使用“景观叙事”这一概念来指称此区域神话、传说与景观的互动。在民俗学界，从景观视角切入叙事、记忆和功能的研究，柳田国男堪为代表。他在《传说论》中指出：“传说的核心，必有纪念物。无论是楼台庙宇，寺社庵观，也无论是陵丘墓塚，宅门户院，总有个灵光的圣址、信仰的靶的，也可谓之传说的花坛发源的故地，成为一个中心。”[①]柳田国男指出的“传说纪念物”往往表现为地方具有代表性的物质景观。

在国内，这些景观在与非物质文化遗产的同构过程中发挥着愈发重要的作用。近年来，一大批依托于地方文化遗产的景观和旅游场所被创造出来，形成了遗产旅游、新节俗等风尚。其中，以神话为遗产资源进行转化利用的区域较为广泛，根本原因在于神话具有信仰和群体认同的功能。目前国内学术界对于神话资源转化的研究成果颇丰，如杨利慧等关于神话资源转化范式的探讨，包括重构神话叙事的语言文本、表演性呈现、景观叙事与景观生产等方面。[②] 万建中在阐述非物质文化遗产与“物质”之关系时指出，民间传说的产生和传播依附于某些物质形态，缺少物质的客观基础，传说便无从生发和建构。具象、直观的物质形态对认识非物质文化遗产具有重要意义，是促使其得以流传，使之成为遗产的不可缺少的因素。[③] 毛巧晖在研

① ［日］柳田国男：《传说论》，连湘译，中国民间文艺出版社1985年版，第26页。

② 参见杨利慧、张多：《神话资源创造性转化的探索之路》，《长江大学学报（社会科学版）》2019年第1期。

③ 参见万建中：《非物质文化遗产与“物质”的关系——以民间传说为例》，《北京师范大学学报（社会科学版）》2006年第6期。

究湖北嫘祖传说与地方景观的互构时发现，民众对传说的记忆只留存于某些“地名”的碎片式口传叙事、信仰场域的“神像”抑或是庙会场域当中。在非遗保护中，这些场域往往重构为地方标志性的“景观”。[①] 对于民间传说而言，“物质”在很多情况下表现为传说的景观载体。余红艳将“景观叙事”理论引入传说学领域，并通过对“白蛇传”三处具有代表性景观的分析提出“传说的景观生产”概念，认为景观的叙事功能可以推动景观的生产，反过来景观生产又在强化景观叙事特征。[②]

在神话学研究领域，“景观叙事”与“景观生产”同样构成了神话资源转化利用的范式之一。孙正国认为，当代社会存在三种神话资源转化的范式，即文学范式、景观范式和影像范式。“景观范式”是指“神话资源进入现代生活空间，以景观的形态参与文化建构”[③]。在景观范式下，神话资源转化的载体便从普遍性的文本转移到地方空间的景观之上，甚至在多元主体的参与下，营建出与神话叙事相关的景观，此时景观便承担起叙事和记忆的功能，普遍性的神话文本也在景观的标定下具有了地方传说的特质。实际上，神话资源转化为景观，这些景观在某种程度上等同于“传说纪念物”，发挥着和“传说纪念物”同等的价值和功能，其与景观的联系甚至比传说更为直接。因此，本文以“景观叙事”这一概念来统称区域神话、传说与景观的互动。关于神话资源转化的景观叙事与景观生产路径研究，霍志刚[④]、杨琼艳[⑤]等均为笔者的研究提供了有益的参照。

20 世纪 80 年代，致力于骊山女娲风俗研究的地方文化学者张自修对骊山女娲风俗进行了介绍[⑥]，编著了具有地方志文献性质的专著，认为骊山人祖庙是女娲信仰的中心地[⑦]。杨利慧的《女娲的神话与信仰》曾简要提及骊

① 参见毛巧晖：《民间传说与文化景观的叙事互构——以嫘祖传说为中心》，《贵州民族大学学报(哲学社会科学版)》2018 年第 3 期。

② 参见余红艳：《景观生产与景观叙事》，华东师范大学博士学位论文，2015 年。

③ 孙正国：《激活认同：神话资源现代转化的关键路径》，《长江大学学报(社会科学版)》2019 年第 1 期。

④ 参见霍志刚：《凋敝的神园：神话资源转化中多重力量的博弈》，《长江大学学报(社会科学版)》2020 年第 3 期。

⑤ 参见杨琼艳：《意义空间的互动表达：论神话资源的景观转化》，《长江大学学报(社会科学版)》2021 年第 3 期。

⑥ 参见张自修：《骊山女娲风俗与关中民间美术》，宁宇、荣华编：《陕西民间美术研究》第 1 卷，陕西人民美术出版社 1988 年版，第 31～60 页。

⑦ 参见张自修编著：《骊山古迹名胜志》，骊山旅游读物编委会，1985 年。

山这一区域的境况[1]，而后未有出现针对性的田野研究，本文可在一定程度上丰富对女娲神话展开的区域性田野研究。当前骊山女娲神话资源的转化和利用正在开展并不断修正，正是观察其信仰、神话、传说、节俗与景观互构过程的有利时机。本文的田野资料来自笔者2020～2021年在骊山区域展开的田野调查[2]，为保护受访者个人隐私，文中提及的受访者均为化名。

二、地方文化记忆：仁祖庙与人祖庙

骊山是秦岭山脉支脉，位于陕西省西安市临潼区城南，西起灞桥区界，东至浠河，北临渭水，南至蓝田，东西绵亘25公里，海拔1302米。骊山在唐代一度改名"会昌山"和"昭应山"[3]，唐后期多称"骊山"，在唐代文人墨客笔下多有记载，如著名的《阿房宫赋》曰："骊山北构而西折，直走咸阳。"[4]清代毕沅《关中胜迹图志》仍延用，记作"骊山"[5]，骊山之名由此延续至今，为民众称之。

早在1961年，骊山北麓的秦始皇陵被国务院公布为第一批全国重点文物保护单位，自此之后临潼便开始广泛发展旅游业。1982年，骊山成为全国第一批重点风景名胜景区之一，目前骊山景区还包括华清宫。在秀美的自然风光之外，骊山还是一座神话色彩和道教色彩浓厚的神山与仙山，既是神话传说中女娲氏一族生活过的空间，又被视为道教著名的洞天福地。清代《临潼县志》云："骊山崇峻不如太华，绵亘不如终南，幽异不如太白，奇险不如龙门，然而三皇传为旧居，娲圣纪其出治，周秦汉唐以来，代多游幸，离宫别馆，既入遗编，绣岭温汤，皆成佳境。"[6]

人祖庙位于骊山山脉的最高处，主殿中央供奉伏羲和女娲，当地人习惯将他们称为"人祖爷"和"人祖婆"，左右分立轩辕黄帝之神位和神农大帝之

---

① 杨利慧：《女娲的神话与信仰》，中国社会科学出版社1997年版，第136、161页。

② 本文的撰写依托于2020～2021年笔者在骊山区域展开的三次田野调查，具体时间为2020年8月、2021年4月、2021年7月。

③ (宋)宋敏求：《长安志》卷十五，三秦出版社2013年版，第272～273页。

④ (唐)杜牧：《阿房宫赋》，《樊川文集》卷一，陈允吉校注，上海古籍出版社2007年版，第1页。

⑤ (清)毕沅：《关中胜迹图志》，三秦出版社2004年版。

⑥ (清)史传远纂修：《临潼县志》卷一，清乾隆四十一年(1776)刊本，第12页。

神位。每年农历七月十五，四方民众聚集于此，举行祭仪，纪念这一对远古的祖先，“人祖庙会”已然成为地方稳定的传统节俗。2020 年 8 月，笔者前往骊山进行田野调查时，人祖庙正在开展重建工作，正殿暂未被拆除，保存尚好，笔者幸得一观重修前的人祖庙院内形制和主殿样貌。

实际上，人祖庙作为一处民间信仰的庙宇，其名称、传说与主神身份均有异说。笔者查阅地方文献后发现，历史记载中的人祖庙至迟在清末民初确立了伏羲、女娲信仰的空间性质，庙宇曾多次转换敬拜的对象，体现出地方文献传统的强大影响力。

文献记载的“人祖庙”多被释为露台或露台祠的俗称。史书可见汉文帝欲做露台的传说。

《史记·孝文本纪》：

> 孝文帝从代来，即位二十三年，宫室苑囿狗马服御无所增益，有不便，辄弛以利民。尝欲作露台，召匠计之，直百金。上曰：“百金中民十家之产，吾奉先帝宫室，常恐羞之，何以台为。”①

《汉书·文帝纪》：

> 赞曰：孝文皇帝即位二十三年，宫室苑囿车骑服御无所增益。有不便，辄弛以利民。尝欲作露台，召匠计之，直百金。上曰：“百金，中人十家之产也。吾奉先帝宫室，常恐羞之，何以台为！”
>
> 师古曰：“今新丰县南骊山之顶有露台乡，极为高显，犹有文帝所欲作台之处。”②

由此，“露台”便被史学家认定为汉文帝仁德的象征，且考证此处位于骊山之顶。至于此处是否乃至何时建成祭拜的场所，无从得知。关于“露台祠”的文字记载见宋代编撰的《长安志》以及元代的《类编长安志》：

《长安志》卷十五：

> 露台祠　在县东南三十里，即秦始皇祠也。《三秦记》曰：骊山颠有始皇祠，不斋戒而往，即风雨迷道，强即死之。《两京道里记》曰：到彼即

---

① （汉）司马迁：《史记》卷十，中华书局 2014 年版，第 547 页。

② （汉）班固：《汉书》卷四，中华书局 2012 年版，第 134～135 页。

下视诸山，有羲、轩已降形。[1]

《类编长安志》卷五：

露台祠　《唐余录》云：在昭应县南三十里。《三秦记》曰："骊山颠有人祖庙，不斋戒而往，即风雨迷道，强即死之。"《道里记》曰："到彼，即下视诸山，有羲、轩已降形。"唐王玙请于昭应县南三十里骊山顶置大华山宫、灵台、天池婆父祠。今置庙，塑伏羲、神农、黄帝三后，谓之三皇庙。又呼人祖庙，俗呼阿婆父庙。[2]

《类编长安志》称，露台祠"又呼人祖庙"，这是对"人祖庙"俗称最早的记载。由是可知，"人祖"在宋元两代很可能指伏羲、神农、黄帝等上古帝王，"俗呼阿婆父庙"，或与汉文帝无涉。

另外，结合笔者田野访谈和文献所得，人祖庙很可能在明朝永乐年间(1403～1424)进行过一次较大的修缮，并在此次修缮过程中塑造了女娲、伏羲的神像。塑造神像的是华清宫道士李纪仙。据人祖庙周边村落仁宗村的老人回忆[3]，1967年"文革"期间，有人推倒神像时在神像胸口部位发现了一个木条，上书"华清宫道士李纪仙"，时间落款是"明永乐年间"。清代编修的地方志将"人祖庙"追溯至汉文帝的"露台"，名称转换为"仁祖庙"，庙宇再次因历史记载转换敬拜的对象。

赵于京纂修《临潼县志》卷二：

露台　由老母殿之南转而东二十五里，至此下视蓝田如畦，终南少华，历历可览。昔汉文帝欲起露台，匠计值百金，曰：百金，中人十家之产。何以台为？即此。上有汉文帝庙，俗称为人祖，南面冕旒，与后夫人并坐前殿。[4]

赵于京纂修《临潼县志》卷三：

露台祠　在骊山东南二十里，祀汉文帝，帝欲作露台，惜百金，中人

---

① (宋)宋敏求：《长安志》卷十五，辛德勇、郎洁点校，三秦出版社2013年版，第460页。

② (元)骆天骧：《类编长安志》卷五，三秦出版社2006年版，第153页。

③ 访谈人：李银平；访谈对象：李自申，仁宗村原大队书记，"文革"后管庙者；访谈时间：2020年8月27日；访谈地点：仁宗村李自申家中。

④ (清)赵于京纂修：《临潼县志》卷二，清康熙四十年(1701)刻本，第21页。

产而止，民感之，为立祠，俗呼仁祖庙。[1]

史传远纂修《临潼县志》卷三：

露台祠　即仁祖庙，骊山东二十里汉文帝庙也，帝欲作露台，惜百金，中人十家产而止，民感之，为立祠，其地有露台故基。[2]

直至清道光年间重修庙宇之时，因刻录碑文者不清楚庙宇历史由来，遂将人祖庙改称为“仁祖庙”，一度将庙宇内伏羲、女娲像传为汉文帝与窦皇后，有人祖庙内所存碑刻为据。现于人祖庙院内的清道光年间立碑，碑体已严重风化，除碑额“仁祖庙”三字和落款中“道光”寥寥数字可辨识，其他文字则漫漶不清。幸得庙内资料《临潼史类编》，上载此碑内容如下：

重修仁祖庙碑记

仁祖庙不可知其始基，邑乘云：

汉文帝欲于其起露台，继以百金之费焉，北人怀其德，立祠报享，称仁祖焉。己丑岁，北社绅士筹欲谋重修，而远近踊跃，不约而同，是可见帝之德泽在人心者，迄于今犹不朽也。鸠工庀材，殿宇、神像焕然一新，庶几有成凭依而人心永焉。古庙旧有南北二门，而堪舆家谓北门尤一县文脉所关，故于北门外增修魁星楼一座，以振文风。东两傍增修社房三间，以便会事。越癸巳岁工竣，既告于神而妥之也。又勒诸石，以志之后之君子，亦将奉守于勿替云。

大清道光十三年癸巳八月谷旦[3]

据碑文可知，清道光十三年(1833)的庙名作“仁祖庙”。从以上方志和碑刻文字记载，我们大致可以推测，至少从康熙至道光，修志及撰写碑文者更愿意将此地强调为感念汉文帝仁德而祀。至于后来，人祖庙经历了一番怎样的变迁，以致今日被周边民众坚定地认定为此处是祭祀伏羲、女娲的神圣场所，且从未间断在固定节日举办庙会，历史没有留下痕迹，对民众记忆的追索似乎也已经无法重现。

---

① (清)赵于京纂修:《临潼县志》卷三，清康熙四十年(1701)刻本，第5页。

② (清)史传远纂修:《临潼县志》卷三，清乾隆四十一年(1776)刻本，第13页。

③ 赵康民编:《临潼史类编》，三秦出版社2011年版，第163页。

不过，在这段历史进程中，人祖庙应当是经历了破败与重启的反复。笔者通过对祖祖辈辈居住在仁宗村村民的访谈中得知，清末民初，村中有户人家便住在人祖庙里。其后代的回忆中仍清晰地记得当年祖父讲给他的故事，便是关于在这庙内供奉的伏羲、女娲的传说。“最早在清朝时代，我爷爷就在庙上面住着。我在庙上住着的时候给人家看庙、管庙，那庙已经烂了、坏了，有人出钱修理。最后听人家传说，这供的是女娲、伏羲。”[①]可见，人祖庙至迟在清末民初便成为祭祀伏羲、女娲的场所，此后伏羲、女娲成为当地民间稳定的信仰对象。据相关资料记载和周边村落老人的回忆，新中国成立之前人祖庙的形制颇具规模，三进院落，分为前殿、中殿和后殿，前殿供奉土地神和药王孙思邈，中殿供奉“无量”（村民称谓，或即“无量寿佛”）和韩湘子，前殿和中殿的偏殿分别供奉关帝老爷和送子娘娘（当地称“娘娘婆”），后殿是主殿，人祖爷和人祖婆端坐中间。

1949年以后的人祖庙仍处于空间被反复占用、神灵安置不得其所的境地。1950年5月，临潼县仁宗乡人民政府成立，人祖庙成为人民政府所在地。“文革”期间，庙内塑像全部被损毁，只留下一个牌位。1969年，微波通讯站在人祖庙设立，人祖庙成为信息通讯的站点。改革开放之前的人祖庙，其空间一直被压缩，但据笔者调查，民间信仰始终没有断绝。据仁宗村村支书回忆，即使是在“文革”期间，仅存一块牌位之时，也仍有村民烧香祭拜。[②]改革开放之后，人祖庙才逐渐恢复其作为信仰祭祀空间的属性，人祖庙庙会逐步恢复，四方信众陆续上山敬香朝拜。20世纪80年代的人祖庙归属于仁宗村，由仁宗村的8户人家轮流看管，组织庙会活动。90年代初，西窑村村民赵守华来到人祖庙修道，今已及耄耋之年。据他介绍，他自幼跟随骊山三元洞的老道士学道入道，来到人祖庙后，不忍看到庙宇破败不堪，遂自费进行修缮，重塑了伏羲、女娲像。直至2020年人祖庙重建，人祖庙还保留着赵道长修缮后的形制。

90年代以后，陆续有地方文化人士前往人祖庙开展调查，前文提及的张

---

① 访谈人：李银平；访谈对象：刘孝全，仁宗村村民，幼时曾随祖父居住在人祖庙；访谈时间：2021年7月26日；访谈地点：仁宗村刘孝全家中。

② 访谈人：李银平；访谈对象：李自申，仁宗村原大队书记，“文革”后管庙者；访谈时间：2020年8月27日；访谈地点：仁宗村李自申家中。

自修先生便是坚持挖掘骊山女娲文化的代表性学者。随着各地非物质文化遗产保护运动的开展,2006年,“骊山女娲风俗”成功申报为陕西省非物质文化遗产代表性项目,在申报材料中将骊山人祖庙确立为女娲信仰的主要场所。2015年10月,人祖庙依法登记为道教活动场所。直至2020年,人祖庙开启重建工程,欲恢复至20世纪60年代前的规模和建置。人祖庙的宣传扉页上写着:“按照人祖庙的历史渊源,始祖信仰及骊山景区整体规划,人祖庙的设计将按照天人合一、道法自然,打造圣境的宗旨进行,基本定位为‘华夏第一人祖祠’。作为‘人祖始祠’,骊山人祖庙将打造成为华夏民族追根溯源的文化圣地,集朝拜祭祀、园林生态、道教养生、观光旅游等各项功能于一体的综合性宫观。”2021年,笔者再次前往骊山开展田野调查,人祖庙的重建工程已经完成大半,庙宇初现规模。

如今看似确定的信仰空间和祭拜对象,在历史上却存在着反复质疑和论争,以至于笔者仍能在一些文化程度较高的附近民众口中听到关于“仁祖庙”的说法,可见地方文献对当地信仰叙事的影响之大,但这种历史造成的影响正在被另一种建构祛除。围绕人祖庙打造的“仁宗女娲山景观带”通过景观生产与叙事,不断凝聚和强化女娲神话和信仰的影响力,这股力量既内化作用于骊山区域的信众,又在遗产旅游的展示过程中延伸至外界的民众,实现女娲神话的传承、扩布和神话资源的转化与利用。与此同时,“仁祖庙”的说法因与女娲叙事无关,则渐渐淡化,很少被主动提及了。

虽然庙宇空间在数十年间发生了巨大的变迁,但庙会节俗活动从未断绝。从地方民众对于庙会活动的记忆可知,地方的人祖信仰具有深厚的民众基础,庙会等节俗互动已经固定成为地方的传统节日,融入日常生活。同时,正是在庙会传统节俗的基础上,关于景观的叙事才有在内部生发并向外部传播的场域和动力。

三、景观叙事圈层

以人祖庙为中心向外延伸,不少形状怪异的山石陆续被附会上伏羲、女娲的神迹,演绎出神性叙事,成为系列景观,景观覆盖的范围被称为“仁宗女娲山”。如今人祖庙外的广场上设立着一组景观宣传展板。这些展板上标记着分布于“仁宗女娲山”各处的景观，如磨子沟、女娲洞、蟒蛇、石鱼、石兔、蟒蛇洞、五彩石、女娲伏羲石、子孙洞等。附会在景观之上的叙事，经过民众的讲述与传播，既内化作用于地方信众，又在遗产旅游的展示过程中延伸至外界民众，不断扩大人祖庙作为伏羲、女娲信仰空间的辐射范围。

人祖庙宣传资料的内页中记载着：“相传远古时期，人类遭遇了洪水滔天的灾难，大洪水持续了七天七夜，地球上所有生灵灭绝。唯有伏羲、女娲由神龟驮浮而幸存。洪水退去之后，伏羲和女娲停留在骊山之巅，他们滚石下山，以天地为媒，兄妹成婚，繁衍了华夏民族。”[①]在后续的调查中发现，大多数村民能够讲述的伏羲、女娲滚磨成亲的传说都依托于“磨子沟”，“伏羲和女娲在骊山顶滚磨成亲繁衍后代，因而他们被尊为人类的祖先”是当地几乎所有人的共识。在当地人的讲述中，总能听到这样几个关键情节，比如“洪水咆天”“伏羲女娲逃难到骊山顶”“人类灭绝”“滚磨成亲”“繁衍后代”。实际上，在当地人的认知中，他们已经将伏羲、女娲神话视为地方传说，并在代际讲述中不断强化地方色彩，景观叙事与生产便是指征地方性的主要途径，关于伏羲、女娲的叙事常常在庙会场域中被讲述和传播。

围绕着人祖庙中敬奉的伏羲、女娲的功绩，周边的景观陆续被附会上与之相关的神迹，而这些依附于自然景观的传说，其来源、叙事形态、传播渠道和实际影响等方面的情况非常复杂。有些已经内化于民众的日常讲述中，有些则是伴随着庙宇的开发和景区化的转向在后来附加或创造的，其目的是通过生产景观转化神话资源获得经济资本，这类景观往往难以凝聚区域内部民众的认同，目前仅具有对外展示的功能。

为清晰呈现实物景观、地方广泛流传的口头叙事以及作为遗产旅游宣传的口径三者之间的关系，笔者提出“景观叙事圈层”概念，并根据本文研究个案的现实情况设定三个维度作为标准，划分出五个圈层。作为标准的三个维度分别是“景观存在时间”“与伏羲、女娲传说相关度”“外部宣传采纳度”。“景观存在时间”指该景观在当地存在时间的长短，目的是划定景观生产的时间维度。“与伏羲、女娲传说相关度”表述的是附会于景观之上的叙事与“伏羲、女娲滚磨成亲”这一地方性核心叙事的关联度。一般情况下，距

① 摘录自人祖庙内获取的宣传内页文字。

离中心圈层愈远，关联度愈弱，但在当下遗产旅游的背景下，最外围圈层同样能够突破圈层的界限，与核心叙事建立直接而紧密的关联。“外部宣传采纳度”旨在区分景观叙事对外传播的叙事口径，呈现内部与外部、传统叙事与现代叙事之间的张力。需要说明的是，各圈层的景观在现实地理空间中并非如此均匀地分布，从中心到外围的圈层分布是通过对维度标准的设定来确定的。换句话说，这个圈层不是地理空间的排布，而是一种逻辑排列。如图 1 所示：

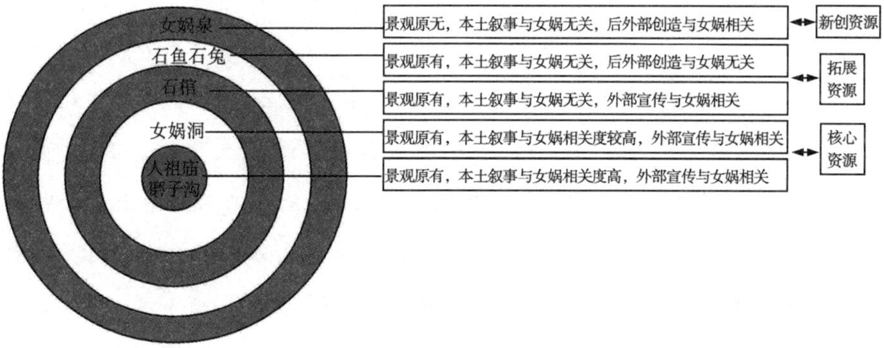

图 1　“仁宗女娲山”景观叙事圈层图示

（一）围绕人祖庙、磨子沟讲述的景观叙事，内部原有，与伏羲、女娲相关度最高，外部宣传采纳，当地民众广泛接受

人祖庙和磨子沟里的两块磨盘石，一直存在于这一信仰空间当中。人祖庙是祭祀伏羲、女娲的庙宇，磨子沟是伏羲、女娲滚磨成亲时磨盘滚落的地方，其自身的存在直接与女娲神话相关。生活在人祖庙附近的民众对于伏羲、女娲滚磨成亲的传说记忆相当深刻，同时也相信人祖庙周边的磨子沟便是当时两扇磨盘合在一处的地点。他们向笔者讲述这则神话传说时，总不忘手指着磨子沟的方向，但对于其他石头景观的传说，大部分的村民便不能清楚讲述了。可见，此信仰空间的核心传说是伏羲、女娲滚磨成亲，繁衍人类。正是核心传说的存在，以及在传统庙会中的反复讲述，一代代的民众得以确认人祖庙作为信仰空间中心的神圣性。对外遗产旅游宣传口径，也延续了这一相关性的表述，对外传播比较畅通。

（二）围绕女娲洞、五彩石讲述的景观叙事，内部原有，与伏羲、女娲相关度较高，外部宣传采纳，当地民众广泛接受，拥有世俗化的解释

与磨子沟常常一同讲述的景观便是女娲洞，因为这个自然形成的山洞被视为伏羲、女娲结婚时的住所。官方宣传的文字介绍："女娲洞，也叫夫妻洞，伏羲、女娲拜过天地，二人回到栖息的山洞，开始了夫妻生活的新纪元。今天结婚的新房称为洞房应源于此。"①当地民众常常在讲述伏羲、女娲兄妹婚的传说时提及并指向磨子沟和女娲洞的方向。一位仁宗村村民讲述了这段传说：

> 记得当时发了水灾的，就这个山（指着人祖庙）是最高的，就是人祖爷、人祖婆兄妹俩往山上逃命，逃难到这来。这世上没人了不是，人都淹死了。他们是兄妹俩，兄妹俩怎么能结亲，兄妹俩不能结亲。于是他们就找了两个磨扇，一个从这边滚（指向一个山头），一个从那边滚（指向另一个山头），最后看这两块磨扇能合到一块就能结个亲，合不到一块就结不成，这是请示地神。还有天上的神，天上的神干吗呢，在那边山上烧一炷香，在这边山上烧一炷香，看两炷香的烟能不能合到一块。结果这都通过了，香的烟合到一块去了，滚的石头也合到一块了，最后就是天神、地神都允许他俩结亲了，于是他们兄妹俩就成了亲。成亲以后他们在下边女娲洞（手指着远处的石洞）入洞房，现在有这句话吧，入洞房，他们就在洞房里结了亲，才创造了人，一代传一代，才有了世上所有的人，故事就是这样说的。世上本来没有人类，他俩创造了人，所以他俩是人祖，人祖爷、人祖婆，一代传一代，是这个道理。②

实际上，针对伏羲和女娲之间的关系是否为亲兄妹，在其他村民处仍有分歧。如一位村民认为，伏羲和女娲本来不是亲兄妹，他们不认识，因为发洪水逃难相聚到骊山上，后来因为人类灭绝需要繁衍后代，他们才结婚了。在有的村民的讲述中，伏羲、女娲结婚之前不只询问了天神和地神，还问了

---

① 摘录自人祖庙外宣传图片上的文字。

② 访谈人：李银平；访谈对象：周石经，仁宗村村民；访谈时间：2020 年 8 月 27 日；访谈地点：人祖庙外农贸市场。

一位石神，也同意他俩结婚。[①] 笔者认为，关于“石神”的讲述或许与当地石头景观的形态有一定关系，民众的讲述加入了对自然景观的想象。依托独特的景观，此地的伏羲、女娲传说叙事具有更加显著的地方性和个人演绎的色彩。

另外，“五彩石”传说成为当地关于饮食风俗的一种解释。传说五彩石是女娲补天时剩下的石头，被弃置在骊山顶上，称为“五彩石”，也叫“补天石”。为了感念女娲补天的功德，每年农历正月二十骊山周围的民众，包括临潼及蓝田一带的民众都要吃“补天饼”。由于要将面团擀成薄薄的圆片，所以也俗称“擀馍”。由家中长辈抛向房顶象征“补天”，然后扔入井中或者放在地上，象征“补地”。现在虽然不刻意言说仪式的意义，但饮食风俗延续至今，成为传统庙会之外的新节俗。

（三）围绕石棺、鹰嘴石等讲述的景观叙事，内部原有，与伏羲、女娲无关，外部宣传相关，当地民众未广泛接受，拥有世俗化的解释

随着21世纪非物质文化遗产保护运动的兴起，当地文化学者积极探寻发掘骊山人祖庙的女娲文化及相关遗迹。据人祖庙赵道长回忆，自2010年开始，不断有人上山来向他了解有关伏羲、女娲的历史和传说故事，而他本人作为较早发掘周边景观的人，自然成了景观叙事的传播者。这也使得这些叙事较大程度上指向对外的宣传，对地方民众的影响较小，并未得到广泛认可和接受。显然，这一系列的叙事是由于创建遗产旅游景观的需要，近些年才陆续出现并被附会到景观之上。

以石棺、鹰嘴石为代表的石头景观原本是位于人祖庙周边的形状怪异的石头，民众对这些景观的认知和认可仅停留在对形状的联想上。比如，民众普遍认为石棺像人死后安葬的棺材，鹰嘴石就像一只雄鹰，这种关于地方风物的零散传说是民间早有的，但是这些民间旧有的传说并不涉及与伏羲、女娲相关的神性叙事。如今石棺被阐释为伏羲、女娲死后所安葬的棺椁，因风雨冲刷，得以显露。形状似鹰的鹰嘴石则被视为伏羲、女娲在此山沟里驯

① 访谈人：李银平；访谈对象：刘孝全，仁宗村村民；访谈时间：2021年7月26日；访谈地点：仁宗村刘孝全家中。

养的动物。而上述传说在地方民众内部并没有得到认可，在他们口中代代相传的叙事并不包括上述说法，甚至有些村民非常直接地指出，上文宣传展板不可信，“那些墙上的说法，有些是真的，有些是没有的”①。

（四）围绕石鱼、石兔等讲述的景观叙事，内部原有，与伏羲、女娲无关，外部宣传无关，当地民众未广泛接受，只认为是自然景观

这一类景观，与伏羲、女娲的神话传说并无直接关联，在对外宣传上也并未阐明关联，在当地民众眼中更是作为自然景观的存在，它们是作为“仁宗女娲山景观带”中的系列景观被生产出来并建构了叙事。虽未在讲述中与女娲直接关联，但从整体而言是对“仁宗女娲山”这一叙事谱系神性资源的一种丰富，比如石鱼和石兔。“石兔”是一块形状像兔子的石块，由于地处高崖，所以在景观展示中其被阐释为“眺望的野兔正在为自己无限自由和放荡像家兔炫耀”。“石鱼”的阐释更加显露出主观的想象，“这条鱼不守规矩跃出水面后如梦方醒，来不及往回跳，变成了石鱼”。实际上，这些没有被附会上伏羲、女娲神迹的景观不仅不被当地人认可，也不具有向外界宣传的价值，因为自然风景的奇观不能最大限度地映衬出地方文化的独特性，加注在景观之上的人文意涵才是吸引观众的关键。因此，笔者认为这类景观未来或许会逐渐退出整个叙事的圈层，被人遗忘。

（五）围绕女娲泉讲述的景观叙事，内部原无，新创，与伏羲、女娲无关，外部宣传高度相关，当下民众不接受，只认为是吸引游客的景观生产

最外圈的景观，虽然出现的时间最晚，但是这类景观极力与核心传说建立关联，以求可持续存在。比如近几年才出现的“女娲泉”景观。据知情人透露，当地人为了吸引游客，在人祖庙外修建了一口泉，并宣称此泉便是伏羲、女娲成亲之后日常用水的地方，以伏羲、女娲的神迹赋予泉水神圣性。但在当地人看来，这一口泉以及相关叙事大抵是出于经济目的而创建的。虽然没有得到地方民众的认可，但满足了前来参观游客对神迹探寻的好奇

① 访谈人：李银平；访谈对象：周石经，仁宗村村民；访谈时间：2021年7月26日；访谈地点：周石经家中。

心。所以，当下“女娲泉”这类景观对建构信仰空间的神圣性，能够发挥较大的作用。笔者认为，随着其他自然景观的风化消亡，未来此类景观会逐渐靠近信仰空间的中心，并在广泛传播的过程中逐渐达成内部与外部的一致认可，成为遗产旅游景观展示的重要部分。

四、景观叙事资源的三个层级

上述景观叙事的五个圈层还可以进一步合并为三个层级：核心资源、拓展资源和新创资源。第一、二两个圈层可以视为景观转化的核心资源。由于出现得早，依托信仰空间内部的核心传说，也紧靠信仰空间的中心，地方民众认可并维护这一类景观，景观叙事也便融入了他们的庙会与日常叙事，对代际的信仰维系和传承起到了至关重要的作用。另外，由于这一类景观叙事往往依托普遍性较强的神话传统，比如兄妹婚、女娲造人、女娲补天的神话等等，因此外部传播路径也会比较顺畅。

第三和第四个圈层可以看作是在核心资源基础上的一类拓展资源。它们在流传时间和空间上都与中心相差较远，在传说内容方面与核心传说相关度减弱，且渐渐出现地方世俗化的阐释。这一圈层的景观往往是外部人士围绕核心资源的拓展性发掘，将不局限于本地流传的传说附会在营造的景观之上，作为核心传说的延伸，目的是丰富发展当地的传说谱系，对外创造更大的影响力。这类景观处于景观生产的过渡阶段，具有较强依附性，变动性也较强，最易独立成说。久而久之，当这类景观消失在人们的视野中时，关于景观的叙事也随之在民众的记忆当中渐渐淡化。

最外围的圈层，与前四个圈层的不同之处在于，这一圈层的景观原本并不存在于信仰空间中，在地方传统中也不存在相关叙事，却新创出了与之相应的景观。这类景观在生产营造的同时，其景观叙事会更加刻意地贴近核心传说，尽力凸显景观的重要性。在未来，这一类新创景观具有突破圈层向中心靠近的可能性。因此，这一圈层的景观可以视为神话资源转化利用的一类新创的资源。

通过对这一个案的分析解读，笔者旨在提炼一个可以呈现地方神话传说叙事与景观之间融合互动的层级分布模型，通过设定不同维度和标准来阐释某一个地域的神话传说与当地景观的生产与叙事关系，具有鲜明的地方性的传说叙事与当地景观建立的层级关系，展现传说在不同时空、不同背景下的生产和传播特征。

五、应　用

景观叙事圈层也可以用来呈现景观承载地方文化记忆的过程，呈现地方实物与民众节俗记忆和实践之间的关联。正如“仁祖庙”向“人祖庙”的名称转变过程，随着“仁宗女娲山传说景观带”的建立，长时段的“仁祖庙”历史记忆逐渐被“人祖庙”取代，成为现时地方民众的共识。在景观叙事圈层中，我们可以看到地方文化记忆在现实诉求和目标导向下的转变过程。以中国民间四大传说之一——白蛇传为例，这则在全国各地广为流传的传说，其地方化的过程伴随着景观生产与景观叙事的建构，正如余红艳所认为的，“‘白蛇传’的传播史便是其不断与地域景观、风物相结合，生产出新的景观的历史过程……它们以丰富多样的景观群的形式，书写着‘白蛇传’的传播与发展演化”①。如果将杭州西湖视为白蛇传之一景观带，那么可以将“西湖三塔”“雷峰塔”“断桥”这三处景观嵌入景观叙事圈层模型，呈现“白蛇传”传说在不同历史时期的核心景观与核心情节之间的生产与叙事关联，针对此圈层可设置三个维度：“作为核心景观的时间”“叙事发展阶段”“景观功能”（如图 2 所示）。

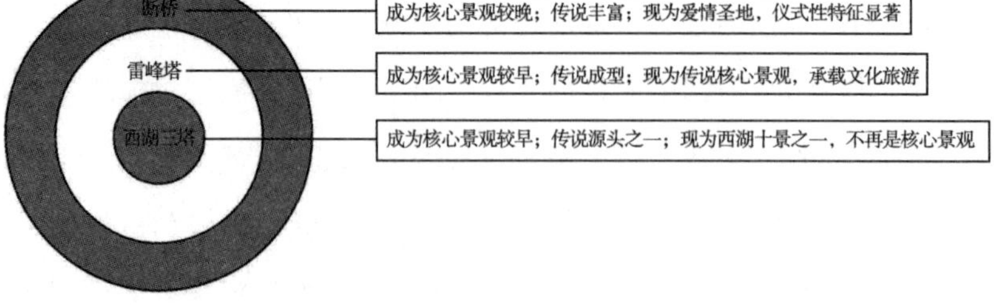

图 2　杭州西湖“白蛇传”传说景观叙事圈层图示

“西湖三塔”是“白蛇传”在西湖景观生产与叙事黏附的源头之一，彼时

① 余红艳：《景观生产与景观叙事》，华东师范大学博士学位论文，2015 年。

传说仅有雏形，后来随着三塔的景观变迁，“雷峰塔”取代“西湖三塔”，成为“白蛇传”的核心景观，传说逐渐成型。而“断桥”作为传说的空间场景，成为整个传说的背景性烘托，连缀起前后的情节叙事，使得“白蛇传”传说具有了更加丰富完整的叙事形态。从这一模型中，我们可以看到“白蛇传”传说在不同历史阶段依附于地方景观，并伴随着地方景观的变迁而不断与现实匹配，丰富其情节和功能的过程。另外，此模型能够呈现民众对附会于景观之上的传说叙事的记忆建构和更新的过程。目前，民众对于“白蛇传”的记忆更多地聚集在“雷峰塔”和“断桥”这两处景观，因此“雷峰塔”和“断桥”便成为传说景观资源转化的重点，深受文旅部门和文艺创作者的青睐。

总之，这一理论模型的圈层和划分圈层标准的维度，可以根据研究目标灵活调整进而拓展应用，既可以俭省，也可以丰富和细化。笔者希望该模型能够得到更多实例的检验。

结　语

英国历史学家西蒙·沙玛曾在他的著作《风景与记忆》中这样描绘传统文化与景观的现代性意义发掘之路：“一个地方突然显露出它与古来而独特的森林、山脉或者河流的联系。对传统文化充满好奇的挖掘者总会被突起于日常生活表面的那些东西绊到。他扒开表层，发现了残圭断璧的文化图案，它们似乎无法形成一个一以贯之的整体，但这只会引他前往历史的更深处……从我们习以为常的事物开始，深入层层的记忆和表象，通向深埋于几世纪前甚至是几千年前的最初基岩，并再一次地激活它，使它重获现代社会的认知。”[①]人与景观之间的关系是天然的，自然景观始终存在于民众的生活之中，通过层层累积建构了人类的记忆层，因而景观叙事对于神话资源的创造性转化具有天然的优势。神话与地方风物之间的关系不仅显露于现代社会，甚至在神话产生的同一时段便与地方景观产生了些许关联，只不过在文化遗产被发掘的过程中，景观叙事成为传统文化在当下得以激活和建构文化记忆、凝聚文化认同力量的导引。通过营建和生产景观，利用神话文本关

---

① [英]西蒙·沙玛：《风景与记忆》，胡淑陈、冯樨译，译林出版社 2013 年版，第 17 页。

联和创编景观叙事，将神话传说附会于景观之上，景观便具有了叙事和记忆的功能，成为具有代表性的地方景观的标志性符号。

本文通过对田野现象的分析，总结出当代民间叙事资源转化的景观范式路径之一，即通过地方核心资源进而拓展甚至新创资源来进行的景观生产和叙事。在这一过程中，景观成为地方文化的显著标志，它不仅具有承载记忆的功能，在民众代际传承中层累记忆，而且有建构记忆的功能，通过景观的外显不断强化叙事，维系信仰的稳定和延续。景观叙事联通了景观与现实世界，激发了神话传说等传统文化再造的活力。

2021年贵州省石阡县说春调查报告*

陈刚　方上源　胡婷**

摘　要

石阡说春作为一项意义深远的人类非物质文化遗产，目前主要通过影像和展演的方式广泛流传，却少有对其进行深入翔实的田野调查。有鉴于此，石阡说春调查报告借鉴田野作业、口述史等的理念方法，采用非物质文化遗产与民间的对比视角，对说春的社区、历史与演变、仪式与过程进行调查，力图还原民间说春的历史根源、生存现状和发展趋向，进而思考非遗保护与民间说春之间的异同。曾在大地上抑扬欢快的民间说春已近消失，春官的口述史应该是非物质文化遗产抢救和采录的重要内容，而不仅仅是热衷于说春的舞台展演与影像传播。

关键词

民间说春　非物质文化遗产保护　春官　口述史

石阡说春调查可谓一波三折，惊喜交加。调查团队在2019年接受了调查任务，原计划在2020年立春前后访谈说春国家级非物质文化遗产（以下简称"非遗"）传承人封万明，后因新冠肺炎疫情肆虐而未能成行。封万明当时

---

* 本文系国家社科基金特别委托项目子项目"中国节日志·立春"（JRZ2018002）的阶段性成果。本次调查得到石阡县文化馆饶莉副馆长的大力帮助，在此表示衷心感谢。

** 陈刚，贵州民族大学教授；方上源，贵州民族大学硕士研究生；胡婷，贵州民族大学硕士研究生。

已患重病，2021年立春之前离世，这令人无比痛惜与无奈。2021年，新冠肺炎疫情得到有效控制，说春调查终于可以正常进行，而这也是立春课题结题之前的最后一次调查机会。

调查的前期准备颇为顺利。陈刚、方上源、胡婷组成说春三人调查小组，搜集整理资料，联系春官，确定调查重点，制定调查计划。在石阡县文化馆饶莉副馆长的热情帮助下，调查小组联系到说春项目省级非遗传承人包正明和封武，长期说春的彭恩国、彭可喜、娄礼财等春官。参与调查的方上源来自石阡，通过熟人关系联系到方门勤等春官。我们计划把包正明和封武作为说正春的代表，把彭恩国、彭可喜、娄礼财等作为说野春的代表，进而将两者进行比较，互相阐发，整体描述说春的内容、形式和特色等。2021年2月1～4日立春前后，说春三人调查小组前往贵州石阡县进行调查。

来到石阡后，调查计划又一次被迫改变。当时包正明和封武都在录制CCTV－4“年的味道”节目，中途又因天气状况不得不改变拍摄计划，推迟录制。如果跟随说春拍摄，我们只能作为某种剧本的观众，不能与传承人直接交流，难以了解说春的真实境况。拍摄计划中的说春仪式也已成定式，与其他地方的立春仪式有诸多相似之处。与其被动地观看省级非遗传承人的展演，不如到乡村访谈长期说春的春官，于是我们调整了调查的重点和计划。失之东隅，收之桑榆，我们前往李家寨、花桥、周家湾村、枹木村进行调查，访谈了方门勤、彭恩国、彭可喜[①]、娄礼财[②]等春官，有了意想不到的收获。

一、社区概况介绍

石阡县位于贵州省东北部，是著名的“热泉之乡”，现归属铜仁市。“县境东西相距80.6公里，南北间距47.6公里。东邻江口、岑巩县，南接镇远、施秉县，西连凤岗、余庆县，北交思南、印江土家族苗族自治县，总面积2173

① 彭可喜因病在2021年5月22日离世。在访谈时，他谈笑风生，滔滔不绝，讲述了许多说春的内容、形式、轶事、经历等，并在堂屋前焚香烧纸，庄严地把珍藏多年的春牛和春帖模板送给我们。当时情形仍历历在目，而他已驾鹤西游，带走了那段声韵悠扬的说春经历，也带走了几十年说春的酸甜苦辣。

② 娄礼财是他所刻春帖的署名，娄礼才是他身份证上的名字，征得他同意，本文用春帖所刻名字。

平方公里。”[①]现今石阡的区域与明清时期大体一致：“石阡南通镇远，北距思南，东抵铜仁，西达遵义，地在诸郡中，不与他省接壤。”[②]

梳理石阡的历史，有助于理解说春的背景与渊源。石阡县源自石阡军民长官司，“元置石阡军民长官司。本朝洪武初，去‘军民’字，止称‘石阡长官司’”[③]。明朝洪武初年，石阡军民长官司改为石阡长官司，又在明永乐十一年(1413)改为石阡府，“本朝永乐十一年改石阡府，隶贵州布政司”[④]。《明史》也有类似的记载：“石阡府，本思州宣慰司地。永乐十一年二月置石阡府。”[⑤]明永乐十二年(1414)，石阡成为石阡府治所在地：“元石阡等处军民长官司，属思州安抚司。洪武初改置，属思州宣慰司。永乐十二年三月为石阡府治。”[⑥]据《大明一统志》《明史》记载，石阡军民长官司在元朝已作为国家机构出现，这标志着石阡进入国家行政体系，加强了石阡与中央政府的相互联系。“元代，石阡地方政权实行土司制度，设长官司，土官由朝庭委任世袭。明永乐十一年(1413)设石阡府，由朝廷委任官员，府下仍保留长官司，土官世袭与委任流官并用。清雍正八年(1730)改土归流，府下行政机构为1县7里。”[⑦]从中央任命土官，到土流并用，再到改土归流，体现出石阡与中央政府的关系日渐紧密，也反映了石阡政治、社会、文化等的变迁。

石阡历史悠久，是各民族聚居之地，民族文化丰富多彩。“县内除汉族外，有仡佬、侗、苗、土家、蒙古、瑶、壮、布依、彝、回、满等12个少数民族。”[⑧]随着与中央政府联系逐渐密切，石阡在思想文化方面也受到中原文化的影响。“自明之《一统志》成而阡志备矣，历二百年余，人莫不家珍户袭，各有一册，以为居今稽古之用。”[⑨]各家各户都有石阡志，说明中原文化的涌入与广泛流传日益影响着石阡各少数民族的思想文化。“土著夷民，其俗各异，涵

---

① 贵州省石阡县地方志编纂委员会：《石阡县志》，贵州人民出版社1992年版，第1页。

② 故宫博物院编：《故宫珍本丛刊》第222册，海口出版社2001年版，第305页。

③ (明)李贤等：《大明一统志》卷八十八，三秦出版社1990年版，第1354页。

④ (明)李贤等：《大明一统志》卷八十八，三秦出版社1990年版，第1354页。

⑤ (清)张廷玉等：《明史》卷四十六，中华书局2013年版，第1213页。

⑥ (清)张廷玉等：《明史》卷四十六，中华书局2013年版，第1213～1214页。

⑦ 贵州省石阡县地方志编纂委员会：《石阡县志》，贵州人民出版社1992年版，第363页。

⑧ 贵州省石阡县地方志编纂委员会：《石阡县志》，贵州人民出版社1992年版，第1页。

⑨ 故宫博物院编：《故宫珍本丛刊》第222册，海口出版社2001年版，第294页。

濡日久，可拟中州”，“淳庞朴茂，不离古习，服食婚丧，悉效华风”。[①] 在思想文化、风俗习惯等方面，石阡各民族既传承着传统文化，也吸收、融合了中原文化因素，形成“你中有我、我中有你”的文化格局。

二、石阡说春的历史发展与演变

在中华民族五千年的漫长历史中，农业历来都是国民经济的基础，长期处于主导地位，不仅直接影响着黎民百姓的温饱与生活，而且关涉王朝政权安危，因此历代政权都十分重视农业。据目前可见的资料，《大明一统志》应是较早记载石阡建制变迁的古籍，因体裁宏大和内容广泛，并未记载与说春相关的内容。

与说春相关的习俗最早见于清乾隆《石阡府志》。编纂者并非如实记载所有事物，而是以“经世致用”为标准，侧重记录与社稷民生关系密切之事。“迁谪、流寓、亭馆、寺观、古迹，修之，仅供骚客之凭吊；不修，无损政治之纯全。”[②]农业影响黎民温饱与政权安危，应被高度重视和详细记述，“非若劝农之南北二亭，为治政之不可少此”[③]。故与农业相关的事物和习俗备受编撰者关注，如农业生产、农事占验、劝农亭、先农坛、迎春等，“石阡民风淳朴，素重农业，全境之中，田土各半，田宜稻”[④]。“（劝农亭）一城南五里，一城北五里，万历三年郡守郑信建，今废，即接官亭。”[⑤]民国《石阡县志》沿用了乾隆《石阡府志》的记载：“一城南五里，一城北五里，明万历三年郡守郑信建，即接官亭。”[⑥]据此可知，至迟在万历三年（1575），石阡已修建了劝农亭，亦有与劝农相关的习俗，只是并未留下文字记载。此外，《石阡府志》还详细描述了

① 《中国地方志集成·贵州府县志辑》编委会编：《中国地方志集成·贵州府县志辑（47）》，巴蜀书社2016年版，第504页。

② 故宫博物院编：《故宫珍本丛刊》第222册，海口出版社2001年版，第293～294页。

③ 《中国地方志集成·贵州府县志辑》编委会编：《中国地方志集成·贵州府县志辑（47）》，巴蜀书社2016年版，第416～417页。

④ 《中国地方志集成·贵州府县志辑》编委会编：《中国地方志集成·贵州府县志辑（47）》，巴蜀书社2016年版，第508页。

⑤ 故宫博物院编：《故宫珍本丛刊》第222册，海口出版社2001年版，第341页。

⑥ 《中国地方志集成·贵州府县志辑》编委会编：《中国地方志集成·贵州府县志辑（47）》，巴蜀书社2016年版，第416页。

雍正五年(1727)修建的先农坛。“城南门外,南坛之南,温泉之上,雍正五年奉文建。正殿三楹,供先农神。主祭日,设主于殿前台上,行三献九叩礼。东西房各二楹,神仓一所,围墙四周,正门一,东西门各一。每年收坛租、粢盛谷京斗五石。春祭二石,秋祭三石,尚不敷。银二两六钱二分,于藩库请领。计坛田地各一卡,塘坳田一坋,大小八坵,犵塞田一坋,大小五坵,一府衙后城外,田一段,共载粮四升九合七勺。”[①]民国《石阡县志》也有类似记载:“在城南门外社稷坛之温泉之上,清雍正五年奉文建。正殿三楹,奉先农神。主祭日,设主于殿前台上,行三献九叩礼。东西房各二楹,神仓一所,围墙四周,正门一,东西门各一。计坛田三处,一卡塘田一坋,大小八坵;一花塞田一坋,大小五坵;一府衙后城外田一坋,共载粮四升九合七勺。”[②]

石阡迎春习俗的最早记载见于乾隆《石阡府志》:“每岁于立春前十日,像塑芒神、土牛。至立春前一日,郡府率僚属各具朝服,陈香案,排执事、春花、农具,鼓乐导前,迎春于东郊。扶犁行耕毕,随以土牛、芒神入陈于仪门外,同僚属大堂筵宴。至日,祭芒神以牲酒。至时,行鞭春。礼毕,送芒神供土地祠。岁支销春鞭银陆两,土司领办。”[③]由此可知,迎春应是当时大事,在立春前十天就要塑造芒神、土牛。在立春前一日,郡府和僚属穿着朝服,隆重地到东郊迎春,举行扶犁行耕的仪式。在仪式结束后,把土牛、芒神放在仪门外,在大堂摆宴庆贺。在立春当天,以牲酒祭祀芒神,在特定时刻举行鞭春牛的仪式。此后,芒神被送回土地祠供奉。迎春准备时间长,仪式繁复,隆重而热闹,郡府和僚属亲自参加。不过,乾隆《石阡府志》并未提及石阡所特有的说春、春官等传统,更未提及说春的内容、仪式、器具与过程等。

相对于典籍的少有记载,说春传说则丰富多彩。在民间传说中,说春源自唐朝。“相传唐朝开国初年,大封功臣,封氏兄弟封福兴、封福宪立下战功,当朝天子问他们要封什么官,二人异口同声说要当‘子孙官’。古时候分封到外地的诸侯王,各霸一方,都是子孙世袭。于是唐天子封他俩为‘春官’,并且解释说:‘春官’就是掌管一个地方的礼节,每年向封地内百姓讲一

① 故宫博物院编:《故宫珍本丛刊》第222册,海口出版社2001年版,第336页。

② 《中国地方志集成·贵州府县志辑》编委会编:《中国地方志集成·贵州府县志辑(47)》,巴蜀书社2016年版,第419页。

③ 故宫博物院编:《《故宫珍本丛刊》第222册,海口出版社2001年版,第335～336页。

讲农事季节，一年之计在于春，不违农时就行了。兄弟二人想：这样的官子子孙孙都做得，于是‘谢主隆恩’，封到黔地来了。沿袭至今，封氏讲春的范围是镇远、施秉、天柱、八拱（三穗）、剑河五县。坡背封家只讲镇远、三穗二县。”①“唐朝差我送春人，特来贵府开财门”的俗语，也传达了说春源自唐朝的历史“事实”。

说春起源的传说虽然大致相似，但在每位春官的讲述中又多有不同。如在彭可喜的讲述中，说春虽也起源于唐朝，与封姓先祖密切相关，但增添了拯救天下的宏阔叙事背景，被赋予了保国安民的使命：

观音菩萨一算，不行，云南、四川、贵州、湖南、广西这五个省，有三十六位天煞星，降在这五个省扰乱朝廷，要一个人去收拾这三十六个人回转天庭，唐朝江山才能稳固。这观音菩萨就变一个男的老者，年纪不是很大，在花桥，就走这里的坡背去，到了一户封姓人家家里。这一家人，家庭又不很见得好，但他硬要在人家家里休息。休息的时候，京城贴出布告，要招官。老者让这家的封成去当状元。封成说我虽然读了很多年书，怕不行。老者说我这里有支笔，保你去当状元。封成就问能行吗？老者说，我保你行，我给你点盘缠，需要多少银子我拿给你，你一定要去，但我有个要求……你去的话，不管封你什么官，你都不要做，你要做万年官，要做子孙官。

封成一去，这支笔是神笔，提起做文章也好，什么都好。皇上一见他的文章，硬是高兴得很，点为状元，第二天打马游街。他这个人，文武双全，高兴得很。果不其然，第二天，皇上就在钦点金科状元，说封你为云南、四川、贵州、广西、湖南五个省的都督，公主赐亲于你，日期选好，三个月上任。封成就跪下，公主赐亲就罢了，封官要封我万年官，要做子孙官。皇帝想招他为驸马，封他为都督，他要做万年官、子孙官，这怎么封呢？其实观音菩萨就在这里做了手脚，做春官，那就封你做春官，万年官，代代讲春，子孙当官。还给他赐了一把尚方宝剑，先斩后奏，上斩昏君，下打三十六地灵，就有这种威力。

① 杨雪编辑：《贵州省第二个人类非物质文化遗产项目——石阡说春》，多彩贵州网，http://tea.gog.cn/system/2017/11/14/016215034.shtml，2017年11月14日（2022年9月9日）。

那个时候讲春不是家家户户去，他喜欢在讲春那天，就去县衙讲。他去讲春，就是坐三天，去当三天县长，真正的县长不能执政，不能审案。他去省里面讲，他是省长，也是要坐三天，在州里面也是三天。他喜欢在哪里就在哪里。他在这十九年，判了三十五个当官的、地痞死刑，都是天煞星降在凡间，对朝廷有罪的。观音菩萨一算，还有一个，他不行，因为调查不清楚，他就去讲春，去农村看哪个行，哪个不行，一调查，把这些材料整起，才挖出这三十五个人判了刑。观音菩萨说还有一个，他收服不了。观音菩萨又来，说春官老爷，你讲了多少年了？封成答：我讲了十九年了，明年过了年我要去回复皇上，就二十年了。菩萨又问：你找到接班人了吗？封成说这个难找，要找到一个能断案的，这种人（在农村）找不到。观音菩萨说你拿笔来，我送你六个字。就在一张纸上写"各家各户去讲"，然后就腾一朵云走了，把笔也收走了。封成一望，是个女的，才晓得，原来是观音菩萨变的。最后，他没有神笔了，断不了案，第二年他就把尚方宝剑交了。最后，就开始到各家各户讲。[①]

说春之人被称为"春官"。石阡县内说春的春官，分为说正春和说野春两种，全是农民。花桥乡坡背村封姓春官被认为是唐朝开国年间受封的，属于说正春，其他春官被认为是说野春。说春传说表明春官具有很高的威望和地位，并象征性地反映了说春的历史变迁：从官府统一组织的活动向民间习俗转变。[②]

春官多才多艺，现今仍具有较高的威望。说春虽然可以带来一定的收入，却因其季节性和短期性，难以支撑春官一家的生活，这迫使春官往往身兼数职。在不说春的时间中，春官也从事其他工作，拥有多样的身份。由于能说会道、知识丰富、识字读书等，春官所从事的其他工作也往往不同于纯体力劳动。以娄礼财为例，他还是村中颇有名望的赤脚医生。在说春和农忙之余，娄礼财年轻时利用自己识字的优势，自学了医术，为周围的人治疗常见疾病，收取少量费用，补贴家用。彭可喜、方门勤、彭恩国等都做过"大

① 被访谈人：彭可喜；访谈人：陈刚、方上源、胡婷；访谈时间：2021年2月2日；访谈地点：石阡县花桥镇彭可喜家中。

② 参见杨雪编辑：《贵州省第二个人类非物质文化遗产项目——石阡说春》，多彩贵州网，http://tea.gog.cn/system/2017/11/14/016215034.shtml，2017年11月14日（2022年9月9日）。

发老师”“算命先生”。“大发老师”是当地丧礼上通宵唱孝歌、打鼓以超度亡灵的人员。“算命先生”，即在日常生活中为百姓提供取名、姻缘、建房、安葬等建议的人员。这些职业大多与春官能言巧辩的口才、丰富的文化知识、较高的社会名望密切相关，也进一步提升了春官的声望与影响。

图 1　娄礼财衣服上的“一品当朝”

（拍摄者：方上源；拍摄时间：2021 年 2 月 3 日；拍摄地点：石阡县黄板镇枹木村娄礼财家中）

说春曾有统一安排和相关仪式。“春官们‘说春’前要聚集一起，举行仪式，由领事春官交代规则，统一安排每个人的说春区域，四散去说春。”①说春仪式一度消失。“封伏元说现在他们已经不举行出行仪式了，春官越来越少，大家都是互相约着出门‘说春’，并没有‘打马游街、大排宴席’的热闹场面，但是春牛和春帖两个道具是一定要有的。”②说春仪式虽然一度中断，但仍依稀体现着以往的隆重与热闹。随着非遗保护运动的开展，说春及相关仪式迎来了新的生机。2007 年，石阡说春被列入贵州省第二批非物质文化遗产代表性项目名录；2011 年，又成功入选第三批国家级非物质文化遗产代表性项目名录。2016 年 11 月 30 日，“二十四节气”成功入选联合国教科文组织人类非物质文化遗产代表作名录，石阡说春被列入该遗产项目的扩展名录，成为贵州省第二个人类非物质文化遗产项目。

立春为二十四节气之首，说春是一项具有民族和地域特色的立春民俗

① 杨宇浩：《石阡“说春”：传承千年的“国字号”名片》，《教育文化论坛》2018 年第 1 期。

② 王小梅：《石阡“说春”列入世界非物质文化遗产名录扩展名录》，多彩贵州网，http://culture.gog.cn/system/2016/12/30/015316249.shtml，2016 年 12 月 30 日（2022 年 9 月 9 日）。

活动，受到社会各界的关注和保护。2014年5月，在文化和旅游部非物质文化遗产司的直接领导下，由中国非物质文化遗产保护中心作为协调单位，中国农业博物馆作为牵头单位，协同相关社区、群体成立了二十四节气保护工作组，联合制定了《二十四节气五年保护计划（2017～2021）》，并共同约定彼此的责任和义务。石阡县政府非常重视说春，采取种种措施，努力保护和传承说春这一人类非遗项目。2017年6月21日，石阡县在甘溪乡坪望民族文化村举办了首届“石阡说春”大赛，邀请来自全县各乡镇（街道）的30名春官参赛。[①] 经过两轮精彩的比赛，来自花桥的包正明、彭恩国获得了一等奖。

现今只有获得“春官证书”的春官才被允许在石阡县的18个乡镇说春，并且要身着政府统一配备的服装。每年腊月二十七，春官们统一到县文化和旅游局抽签，抽选前往说春的乡镇。春官要走遍乡镇的每个村寨，并要由村委签字盖章来证明。说春期间，春官所获得的财物合法合理，归春官个人所有。由于地域范围广、农户数量多、春官数量少，春官不能走遍村寨的每家每户，往往不去偏远难行的人家，只到交通便利的人家说春。

石阡县还采取了其他措施保护和传承说春，如非遗进校园等活动。花桥中学开设少年宫班，编写了专门的说春教材，邀请说春国家级、省级、县级等传承人讲述说春历史、传授技艺，学校也积极组织学生参加县级或市级的各项比赛。彭恩国的孙女彭雨在花桥中学上学，她说同学们大多都会几句春词。由于爷爷常年说春，她耳濡目染地学会很多春词，并在学校举办的比赛中获奖。春官们非常喜爱、珍惜说春，认真思考如何让说春延续下去，积极参与保护说春的活动。此外，石阡县还拍摄了说春纪录片，让更多人知道、了解说春。

在种种保护措施的作用下，一度中断的说春仪式得到恢复，屡屡被央视等媒体录制成视频，广泛传播。毋庸讳言，部分仪式虽被恢复，但日渐趋向舞台化和表演化，逐渐与现今的民间生活疏离。说春正在失去原有的功效与意义，慢慢不再是民间的低吟浅唱。

说春是一种热闹而欢快的活动，深受人们喜爱。很多村寨地处偏远，分

① 参见赵来睿：《“石阡说春”大赛：传承经典 展现特色》，贵州文明网，http://gz.wenming.cn/zt/20170630_sqsc/20170630_sqscwz/201707/t20170726_4358377.shtml，2017年7月26日（2022年9月9日）。

布零散，交通不便，与外界交往不多，春官则一年一度为村寨带来喜庆、热闹与欢乐。春官的祝福、丰富多彩的吟唱、主客一问一答、主人时常的“刻意刁难”以及春官的随机应变，既热闹欢乐又紧张有趣。春官每次到来，既是迎春祈福的仪式，也是热闹欢乐的聚会，因此许多老人喜欢说春，每当临近立春就盼望着春官的到来。春官所赠的春帖记载着月份和节气，是民众简单而实用的日历，是一家之中的必需品。随着交通的日渐便利，尽管在如今的集市上也能买到，但一些老人仍喜欢春官所发的春帖和黄历。

现今说春虽备受关注和保护，仍呈现逐渐衰微之势。农业已不再是现今的主导性产业，说春也不再像以前那样可以成为一种谋生方式，春帖的计时功能日渐被其他事物取代，因此能说春的春官越来越少，年轻人很少愿意学说春。说春以前可以作为一种谋生手段，一些人会选择说春。以彭恩国为例，他原本是民办教师，后出于种种原因而不得不另谋职业。由于当过老师，他知识丰富，善于表达，又难以靠做农活为生，于是无奈之下开始说春养家，至今已经几十年。2021 年 2 月 2 日，当调查组到彭恩国家访谈时，他刚从台江县说春回家，并恰逢他 78 岁生日。他认为说春能持续两个多月，收入并不算低。

彭恩国：那时候感觉干其他行业不行了，他（同行）就带着我去，他当时不敢去，所以他要拉着我一起去，我们大概去了 40 天才回来。去了 40 天才得了八十几块钱，那个时候打发的钱都是 1 角、5 分、8 分，要是谁打发一块二都是了不起……像现在来说，不低于 12 块，有些是 24 块，或者有些爱好的是 120 块钱。

方上源：像以前别人家有白事，拿多少钱呢？

彭恩国：以前像我们学的时候最多是一块二角钱，那时候我们几角钱也可以打发了。

方上源：有些白事，他给钱给不起了，就给粑粑和米这些？

彭恩国：粑粑是这样子的，有一些讲究。有一些又给粑粑，又给钱，钱少了就拿两个粑粑，粑粑一般拿 4 个、8 个和 10 来个，12 个是元宝，这都是有讲究的。现在就很少，我们那几年就是，粑粑有一两百斤。我记得有一次我们去那个老板家，我们去江口，他硬是拿着大水缸给我们装起。我们在江口讲半个月才转，转来他那个水缸装了一两百斤的粑粑，我们拿不到一半就送他家，老板高兴得很，他一直喊我们去他家。①

据彭恩国回忆，20 世纪七八十年代经济困难，大多数农户没有多少钱给春官，常常把一捆米粑（巴掌大小，8 个、10 个或 12 个作一捆）、一碗包谷、一碗米等粮食作为报酬送给春官。春官说过的农户多了，收到的粮食就多了，会想方设法把不能及时带回家的粮食换成钱，通常边走边卖，或者在进村前找关系较好的人帮忙储存，回家时再一并带走。后来随着经济越来越好，很多农户不再给春官粮食，而直接给一两块钱。

说春需要丰富的知识储备、良好的表达能力以及随机应变的头脑，也具有明显的季节性，一年只能说几个月，不如打工简单、稳定。现今大多的年轻人感觉说春难度大，宁可外出打工也不愿意说春。在计时方面，年轻人大多用便捷的现代工具替代了春帖。

说春依靠春官，而春官人数急剧减少。20 世纪五六十年代，石阡全县封氏“春官”有二三十个，“野春官”几百人，说春范围遍及三穗、镇远、德江、思南、余庆等地。现今，年轻人大多外出务工，不愿说春，这使得说春出现传承断层、后继无人之窘境，组织说春难度加大。全县的“野春官”也仅有十几人还是在县内小范围活动。② 现在的春官主要是六七十岁的老人，几乎没有年轻人。年近八十的彭恩国仍在说春。方门勤 2021 年 1 月初因驾驶农用车扭伤脚骨，调查组到他家访谈时已卧床半月有余，刚刚能勉强拄着拐杖下床走动，2021 年难以外出说春。彭可喜因身体状况，近几年已不再说春，并于 2021 年 5 月去世。娄礼财因新冠肺炎疫情 2020 年没有出去说春，2021 年因帮着小儿子养猪，也没有出去说春。他年近七十，难以再外出说春。八十多岁的娄国柱也已有十多年不说春了。因为子女大多在外打工，一些春官要帮忙照看小孩，也没有时间和精力外出说春。与多位六七十岁春官的交谈得知，现在很少有春官在民间说春了。

---

① 访谈人：陈刚、方上源、胡婷；访谈对象：彭恩国；访谈时间：2021 年 2 月 2 日；访谈地点：石阡县花桥镇周家湾村彭恩国家中。

② 参见赵来睿编辑：《探秘贵州石阡“说春”年味 寻找“我”的乡愁》，贵州文明网，http://gz.wenming.cn/zt/20170630_sqsc/20170630_sqscwz/201707/t20170726_4358390.shtml，2017 年 7 月 26 日（2022 年 9 月 9 日）。

三、说春仪式与过程

2020年因新冠肺炎肆虐，石阡县政府没有组织公开的说春活动。2021年初，新冠肺炎疫情得到有效控制，石阡县政府组织了以非遗为主题的相关活动，石阡文旅局开展了“非遗过大年 文化进万家——视频直播家乡年”活动。2021年1月底，CCTV－4“年的味道”栏目摄制组专程到石阡录制说春、毛龙节等。摄制组计划在石阡拍摄四天，其中用两天半时间拍摄说春，精心策划和拍摄说春的准备、仪式、说春大赛、传承人的年俗生活等。

说春分为说正春和说野春。说正春是官方统一组织、众多春官参加的固定仪式，隆重而盛大；说野春仪式一般是春官个人举行的仪式，简短而规模小，有时甚至不举行。CCTV－4“年的味道”所展现的是现今流传的官方仪式，更具仪式性与展演性。春官个人仪式则是民间说春的体现，简洁实用，多种多样，更具生活性与烟火气。

对民间传说整理后发现，说春仪式曾发生过重大变化，从官方统一组织的活动，演变为春官个人的民间活动。“改朝换代后，有的官员不执行旧礼制，对封氏说：‘你们封家既是春官，知礼知春，就应该去说给百姓知道，不能坐收钱粮。’封氏想：当初唐天子也是这样封过的。于是说：‘要去说春可以，但是你们这些当官的吃五谷，靠人民养活，也要带头犁田，劝农行耕。’”[①]彭可喜讲述的说春起源也反映了该习俗的这种变迁。在民间传说中，说春从官方行为变为民间习俗，说春仪式隆重而热闹。在说春入选非遗代表性项目名录后，相关的仪式又得到了恢复。

在民间，说春过程主要分为三个阶段：准备、说春和结束。

（一）说春准备

在准备阶段，春官要大致确定说春的区域，准备好说春用具、生活用品等。每位春官都有相对固定的说春区域，并不是想去哪儿就去哪儿。说春

① 杨雪编辑：《贵州省第二个人类非物质文化遗产项目——石阡说春》，多彩贵州网，http://tea.gog.cn/system/2017/11/14/016215034.shtml，2017年11月14日（2022年9月9日）。

区域不是任意选择的，而是春官经过常年说春逐渐形成的。特定区域的民众往往只接待他们认可的春官，不再接待其他春官。春牛与春帖是说春的必需之物，春帖每年都要换新的；春牛与说春过程密切相关，不需要每年都换。

传统春帖既有固定的内容，又不完全相同，分为两种：一种是印有月份和节气，称为“节气帖”；另一种印有财神，称为“财神帖”。节气帖不断变化，又可分为两种：一种是春官印制的节气帖，另一种是湖南望星楼印制的黄历。两者同时存在，并行不悖。

春帖的制作沿用中国古老的雕版印刷技术。印刷春帖，先要雕刻两块模板：一块二十四节气模板，一块财神模板。在模板上刷黑墨，再用红纸印刷春帖。有的春官自己雕刻模板，有的请人雕刻。彭恩国请一个老雕版师傅雕刻模板。这位老师傅已八十多岁，现已很少接雕刻的活，而徒弟并未完全掌握他的手艺。

望星楼通书于2009年入选湖南省隆回县县级非物质文化遗产代表性项目名录。望星楼通书，主要根据明清《数理精蕴》《历象考成》《协记辨方》《紫微斗数》《河洛理数》《罗传烈》等历法历书，用八卦、十二宫、二十八宿演算而成，同时还参照了西方历法、弧角算法，考虑了经度、纬度因素，具有较高的精确度与科学性。通书时日明晰，节气分明，还有占卜吉凶、选时择日等作用，是从前农村生产生活的常备之书。有些春官也通过通书来掌握卜算知识。在说春时偶尔会遇上一两家需要占卜的，春官们也会根据通书和自己的知识尽力相助。

目前可见的文献并未记载春官所穿之服饰。据娄礼财提供的照片，1988年他父亲外出说春时身穿黑色长褂，头戴黑色头巾，手持“春棒”——杵路棒，脚穿解放鞋，没有特定的春官服饰。“春棒”一般是春官根据自身喜好而准备的，用着顺手就行，没有特殊的要求，主要作用是在走村串寨遇到狗时防身，因此也叫“打狗棒”。鞋与普通百姓穿的一样，一般为草编鞋、布鞋、解放鞋等，以耐穿舒适为主。在近几年政府统一春官服饰之前，各地春官与普通百姓穿着基本一样。

图 2　身穿统一春官服饰、手持春杖的方门勤（中）

（拍摄者：陈刚；拍摄时间：2021 年 2 月 3 日；拍摄地点：石阡县）

（二）说春过程

准备好之后，春官就要外出说春了。说春过程包括出门仪式、进门、唱诵春词等。民间说春仪式较为简单。由于春官越来越少，现在春官外出说春已经基本不再举行出门仪式，大家都是互相约着出门“说春”，并没有“打马游街、大排宴席”的热闹场面，但是春牛、春帖和春棒三个道具还是一定要有的。[①] 据彭恩国、彭可喜、娄礼财讲述，在出门说春之前，他们只是在自家神堂前焚香烧纸，祈求顺利，并没有举行其他仪式。

说春时，春官一手端春牛，一手拄春棒，身背春帖，走村串寨。每到一家，都要分发两张春帖：一张节气帖、一张财神帖。春牛和春帖意在告知四季节气，劝农行耕，并为人们招财消灾。春官来到一家门前，先唱“唐朝差我来送春”等春词。主人如果想接待，就会打开门来迎接。春官会把春牛头朝门口摆放在神堂前，主人点香，把香插在春牛旁边的竹管中，还会在牛头上挂线或挂麻，象征把主人家的五瘟等灾疠带走。春牛也叫土牛、芒牛，是说春必不可少的器物，牛身披红布和麻线。春牛形式各样，材质不一，并没有统一的要求，旁边有可以插香的竹管。有些农户偶尔需要扫圈，春牛也是扫

① 参见王小梅：《石阡“说春”列入世界非物质文化遗产名录扩展名录》，多彩贵州网，http://culture.gog.cn/system/2016/12/30/015316249.shtml，2016 年 12 月 30 日（2022 年 9 月 9 日）。

圈必不可少的器物。扫圈，就是主人认为自家的牲畜遇上某些不干净的东西，无心吃食、疾病缠身或长得不好，需要“懂行的人”拿着能带走五瘟的春牛到牲畜圈中走一圈，以赶走那些不干净的东西。春官在为农户扫圈之后，往往会得到少许钱财作为酬谢。因此，在说春的过程中，春官不仅仅说春，有时也为民众做一些祛灾祈福的仪式。彭恩国介绍：

就是把那个香纸点起，在他家喂猪喂牛的那个地方烧了之后，拿着隋炀太子（春牛）到他们家里走一圈，它（猪和牛）就会自然而然地听话。这是一个解交（帮助性）的，不一定百分之百地管用，因为有些呢，碰到这个情况，因为我们去解交了以后，他喂猪自然而然就顺了。有些人买个猪来，一年喂 800 斤（饲料）就是不长。我记得有一年我们去了一家，是一个退休的老公公……他说听说你们那个隋炀太子，能给猪扫圈。我就说行啊，只要你信我们，我们就给你扫，但是我们不能说这个是百分之百（管用），能达到多少我们不能说这个话，只是解个交。他说我们买猪是一样买的，人家卖了又去买来了，我家还是一个小猪。后来我们就给他整了，第二年我们又去，我跟我老表说去看一下，我们去年做的那个事情怎么样。怪了，两百多斤的三个大肥猪睡起，这边的人就问你们是春官师傅对吧，我们问他主人去哪里了，回答说去砍柴了，马上就来了。他回来后说，哎呀，你们来了，来得好，来得好，确实你们这个是灵验了，那么多年喂猪都不灵验，去年你们在我家走了以后，你们去我猪圈里面看到没有？我都卖脱一个了，卖了一个大的，还有三个。我们这边初一那天，也是听了这个情况，隋炀太子烧这个圈喂猪不得了，我们初二就去，去办了以后，我们第二年再去，也是碰到了。我问他如何，他说你们的这个真的灵验。[1]

① 访谈人：陈刚、方上源、胡婷；访谈对象：彭恩国；访谈时间：2021 年 2 月 2 日；访谈地点：石阡县花桥镇周家湾村彭恩国家中。

图 3　2021 年仍在民间说春的市级非遗传承人彭恩国

（拍摄者：陈刚；拍摄时间：2021 年 2 月 2 日；拍摄地点：石阡县）

民间流传着多姿多彩的春牛传说。许多春官把春牛与隋炀太子联系在一起，但也往往因人而异。据娄礼财藏手抄本《讲春根源》：

春是春来春是春，春是唐朝起的根。

说起春来有根生，关今无古不成经。

水有源头树有根，从头一二讲几声。

说春本是王呈相，报春本是王惠英。

三年之上打一忍，隔年难逢两年春。

父亲本是隋炀帝，柳氏娘娘是母亲。

一娘所生三姊妹，春牛排行第二名。

咸丰元年生下地，四月初八丑时生。

父亲立他为天子，国号取叫许详真。

他管天下十八寨，每日贪花色色新。

抢培姊妹为婚配，戏弄堂上老母亲。

母亲当时心打恕（怒），焚香祝告上天真。

玉皇大帝倒了子，封他青山变畜生。

各洲（州）府县报新春，春牛根生表不净。

还有二句表分明，君王请吃三杯酒。

各洲（州）府县村寨送新春，到每家每户吉言吉语。

打发春官出门去，恭喜主家人也发财来也兴。[1]

据此传说，隋炀帝因淫荡不羁，甚至与后母乱伦，故被贬为春牛。

春词是说春唱述的内容，实际上不是说，而是唱，伴有简单的曲调，一般称为“说唱读春”。春词和曲调丰富多彩，并不相同。说正春有固定春词，主要是唱述“二十四个农事节气”“渔樵耕读”，内容涵盖历史、地理、人文等方方面面。说野春又称“说耍耍春”“说花花春”，内容更加丰富，形式灵活多变，不拘一格，春词主要有《开财门》《颂主人》《说茶》等。[2] 据封万明介绍，正春的春词一共只有 4 首，如《四大布周》《渔樵耕读》《二十四节气》《牛根生》等，这些都是老祖宗传下来的，不能随意变化。说野春的春词则灵活多变，虽然也有范本，但春官不一定非要照本宣科，会根据实际情况进行增减。来到一户人家，看到新奇的事物或者好吃的东西，春官也往往会抛开词本，即兴说一段春词，俗称“见子打子”。

我们讲春是见哪样讲哪样，进门（发现）人家是木匠，你就要讲木匠，人家是石匠，你要讲石匠，人家是大发老师，你要讲大发老师。假如说遇到红事，接媳妇，你进屋去你的讲法又不同；假如是死了人的家里，这个规矩死了人不开财门，就是步步登高踩进去，他讲究的（人家）也要接（春官），就送白纸印的，不拿红的（给主人家），那种（遇到）最少。假如说你遇到寨子上一家人有白事，不能家家都拿白的，但是你要准备起。[3]

说春虽有固定春词，却又灵活多变，体现了春官的知识、口才与随机应变，也表现了主人的刨根问底和美好愿望。主客一问一答，内容丰富，热闹欢快，已经不仅仅是送来春帖、提醒春耕了，而是一种传统、生活、希望相互交织的娱乐。

（三）说春结束

说春结束的时间基本一致，就是立春之前，而关于说春的持续时间则有

---

① 娄礼财藏手抄本《讲春根源》。

② 参见《石阡说春》，中国非物质文化遗产网，http://www.ihchina.cn/solarname_details/6999.html，2018 年 11 月 16 日（2022 年 9 月 9 日）。

③ 访谈人：陈刚、方上源、胡婷；访谈对象：彭恩国；访谈地点：访谈时间：2021 年 2 月 2 日。石阡县花桥镇周家湾村彭恩国家中。

不同看法。有的认为说春在春分时结束,一般只有十几天,最多不超过一个月。“封万明回忆,他一天平均能说40来户人家,一般能够收入40～50元钱。他去年有一次收了120元,是他‘说春’以来收入最多的一次。一整年中‘说春’的周期也就十多天,最长不过一个月。”①根据彭恩国的说法,八月之后,春官就可以外出去说春,能一直说到春分前,可以说几个月。春官每次外出都离家较远,又要带着春牛、春帖等,不能随时回家,风餐露宿,十分不易,一般一个月左右回家一次,报平安、换洗衣服等。在一个村寨说春结束后,春官不能把主人挂在牛角上的麻和线留在村寨中,而要把象征灾疠的麻和线带到村寨之外的无人处扔掉或烧掉,再前往下一个村寨。

结 语

本次调查是“中国节日志·立春项目”结项前的第一次调查,也是最后一次调查,虽有意外的收获,但也有明显的缺憾。调研小组虽然前期做了认真准备,查阅了相关资料,通过饶莉副馆长联系上数名春官并了解了有关情况,但还是没赶上民间的说春过程。官方说春仪式是为了配合CCTV－4的拍摄,我们即使全程参与,也仅是看客的角色,难以真正参与进去。民间说春本来就少,我们去时恰逢彭恩国说春归来,而他春节前已不准备再外出说春。彭可喜因身体状况已经几年不说春。娄礼财自2020年新冠疫情以来,也没有外出说春。调查说春而没有亲自参与民间说春过程,是本次调查最大的遗憾。

遗憾之外,本次调查也有一些收获。我们并未局限于官方说春的安排,而临时决定进入乡间村里,找到几位在当地颇有影响的春官并进行了访谈,初步掌握了说春的内容、形式、过程等真实形态,深切感受到说春曾有的热闹、喜忧参半的现状以及模糊不明的未来,也体谅到春官的忧伤、无奈与期盼。

① 王小梅:《石阡“说春”列入世界非物质文化遗产名录扩展名录》,多彩贵州网,http://culture.gog.cn/system/2016/12/30/015316249.shtml,2016年12月30日(2022年9月9日)。

成为“遗产”的节日

——非物质文化遗产的本土化与欧洲公共仪式中的文化和身份运筹*

亚历桑德罗·泰斯塔 著　齐龙飞 姬中龙 译**

摘　要

几十年来，节日、文化遗产等话题一直受到学界密切关注。“遗产”一词不断缓慢渗透进社会各个领域，甚至超越了其本身意义。本文通过民族志田野调查的典型案例，着重探讨成为“遗产”的节日。节日成为遗产，往往源于多种因素，其过程涉及本土化、博物馆化等，也与商品化和旅游化等紧密相关。此外，节日背后的身份认同，同样不容忽视。节日遗产的“典型性”和“独特性”，对当地特色文化及地方身份认同的建构产生了极其深远的影响。①

关键词

节日　遗产　身份认同

---

* 原文出版信息为 Alessandro Testa, “Events that Want to Become Heritage: Vernacularisation of ICH and the Politics of Culture and Identity in European Public Rituals”, *Heritage and Festivals in Europe: Performing Identities*, Edited by Ullrich Kockel, Cristina Clopot, Baiba Tjarve and Máiréad Nic Craith, London: Routledge, 2020, pp. 79-94。

** 亚历桑德罗·泰斯塔(Alessandro Testa)，捷克布拉格查理大学社会学研究所高级研究员和助理教授。齐龙飞，齐鲁师范学院外国语学院讲师；姬中龙，齐鲁师范学院外国语学院讲师。

① 文章摘要为译者添加。——译者注

参与式节日既非纯粹的醉酒狂欢，亦非远古仪式的神秘遗存，而是当地社会应对全球危机发出的集体共鸣。(Noyes 2003:12)①

近几十年来，关于节日、节日遗产以及在此基础上的文化和身份运筹的相关学术研究日益增多。囿于篇幅，本文无法对上述学术关切现状一一详述，笔者将理论思考与搜集的民族志田野调查证据相结合，集中探讨其中的部分问题。

本文标题中提到的"节庆活动"(events)乃是集体活动的结构形式②，即早已经历了"遗产化"(heritagisation)(或"打造文化遗产")过程的表演③。更确切地说，笔者专注于"公共仪式"(public rituals)的案例，相当于"节日"或"公共节日表演"类别范畴——笔者倾向使用"公共仪式"一词，用以强调节日仪式这一维度，而其他仪式或表演未必涉及节日相关内容④。事实上，至少在欧洲，此类现象一度被视为典型"民俗"现象，在当今术语和本体论转变之后，这些现象本身就极具研究价值⑤，往往被联合国教科文组织认定为非物质文化遗产(ICH)。

---

① 原文为"Participatory Festivals are neither Simple Drunken Revels nor Mystical Survivals of Ancestral Rites but Resonant Forms of Collective Action in Response to a Global Crisis of Local Communities", D. Noyes, *Fire in the Plaça: Catalan Festival Politics After Franco*, Philadelphia: University of Pennsylvania Press, 2003.

② D. Handelman, *Models and Mirrors: Towards an Anthropology of Public Events*, 2nd ed. New York: Berghahn, 1999; D. Noyes, *Fire in the Plaça: Catalan Festival Politics After Franco* Philadelphia: University of Pennsylvania Press, 2003.

③ V. Hafstein, "Cultural Heritage", in R. Bendix and G. Hasan-Rokem (eds), *A Companion to Folklore*, Malden, M.A.: Wiley, 2012, pp. 500-519; D. M. Hemme, Tauschek and R. Bendix (eds), *Prädikat "Heritage": Wertschöpfungen aus Kulturellen Ressourcen*, Münster: LIT, 2007; L. Smith, and N. Akagawa (eds), *Intangible Heritage*, London: Routledge, 2009; W. Logan, U. Kockel and M. Nic Craith, "The New Heritage Studies: Origins and Evolution, Problems and Prospects", in W. Logan, M. Nic Craith and U. Kockel (eds), A *Companion to Heritage Studies*, Malden, M.A.: Wiley, 2015, pp. 1-25; A. Testa, "From Folklore to Intangible Cultural Heritage. Observations about a Problematic Filiation", *Ö sterreichische Zeitschrift für Volkskunde*, vol. 119, no. 3-4 (Januarg 2016), pp. 221-243.

④ A. Testa, "Rethinking the Festival: Power and Politics", *Method & Theory in the Study of Religion*, vol. 26, no. 1 (February 2016), pp. 44-73.

⑤ A. Testa, "From Folklore to Intangible Cultural Heritage. Observations about a Problematic Filiation", *Ö Sterreichische Zeitschrift für Volkskunde*, vol. 119, no. 3-4 (Januarg 2016), pp. 221-243.

早期，学者常常密切关注欧洲节日/遗产化。[①] 这一研究传统截取并建立在对过去、对地方传统、对社会记忆构建和表达新模式的社会横向新兴趣基础之上，还与仪式化、再魅化和博物馆化的交织叠加有关。[②] 此进程大致发生在20世纪60年代至80年代末之间，并于90年代达到顶峰。这其中表明了特定的发展趋势，在后福特主义时代和现代晚期影响欧洲社会的一系列相当复杂的社会文化因素中，有其自身存在的缘由。[③]

类似民俗现象自20世纪90年代开始走向制度化，从21世纪初开启"遗产化"时代，因此有必要对此进行新的批判反思，重点关注欧洲、欧洲身份认同和非物质文化遗产之间的现有关系。研究不仅关注"顶层"和"客位"层面（机构和机关、官员和学者），也关注"底层"和"主位"层面（当地社会、"当地人"或"传统风俗传承人"），而且还需注意上下层、主客位之间的交际、互动和角力。[④] 这一系列研究成果现已在欧洲人类学的更大范围内获得认可。

关于文化遗产和欧洲的批判性研究，或关于欧洲文化遗产的批判性研

① J. Boissevain (eds), *Revitalizing European Tituals*, London: Routledge, 1992.

② A. Testa, "'Fertility' and the Carnival 1: Symbolic Effectiveness, Emic Beliefs, and the Re-enchantment of Europe", *Folklore*, vol. 128, no. 1 (March 2017), pp. 16-36.

③ J. Boissevain (eds), *Revitalizing European Rituals*, London: Routledge, 1992; M. Hodges, "Disciplinary anthropology?: Amateur Ethnography and the Production of 'Heritage' in Rural France", *Ethnos*, vol. 76, no. 3 (July 2011), pp. 348-374; S. Macdonald, *Memorylands: Heritage and Identity in Europe Today*, London: Routledge, 2013; A. Testa, *Il Carnevale Dell'uomo—Animale. Le Dimensioni Storiche e Socio—Culturali di una Festa Appenninica*, Napoli: Loffredo, 2014b; A. Testa, "'Fertility' and the Carnival 1: Symbolic Effectiveness, Emic Beliefs, and the Reenchantment of Europe", *Folklore*, vol. 128, no. 1 (March 2017), pp. 16-36.

④ S. Macdonald, *Memorylands: Heritage and Identity in Europe Today*, London: Routledge, 2013; M. Nic Craith, "Intangible Cultural Heritages: The Challenges for Europe", *Anthropological Journal of European Cultures*, vol. 17, no. 1(March 2008), pp. 54-73; C. Shore, *Building Europe: the Cultural Politics of European Integration*, London: Routledge, 2000; L. Wilken, "Anthropological Studies of European Identity Construction", in J. Frykman, M. Nic Craith and U. Kockel (eds), *A Companion the Anthropology of Europe*, Chichester: Wiley-Blackwell, 2012, pp. 125-144; D. Taylor, "Saving the 'Live'? Re-performance and Intangible Cultural Heritage", *Études Anglaises*, vol. 69, no. 2(November 2016), pp. 149-161.

究，在集体身份认同/身份构建和表达方面普遍存在问题[①]，同时也有“嵌套性”问题[②]，这是民族志有趣的一面，可在不同层面（当地、区域、国家、欧洲）横向观察到。这有助于形成一种特定的“记忆—遗产—身份认同情节”理论[③]，尽管国家、区域和地方有所不同，其结合方式也各有殊异，但这是欧洲社会的共性特征。

笔者的阐释基于对上述问题的批判性和反思性研究，旨在了解打造文化遗产的关联性和过程性、熟悉遗产诗学和话语的出现以及在各级（从地方到全球、从上层到基层以及这些概念目标之间所有梯度、交叉点和间隔内）遗产运筹和实践过程的确立。为了达成这一目标，笔者选择了布鲁曼（Brumann）[④]理论的“方法论不可知论”这一方式，即“对遗产的‘不可知论’研究——它没有预设遗产是一个空洞符号，一种完全任意的、由社会决定的归属，而是十分重视人们的遗产经验和信仰”[⑤]。目前来看，物质与非物质这种人为设定的差异可谓一目了然，笔者试图重新综合考量二者区别[⑥]；因此，笔

① G. Delanty, “Die Transformation Nationaler Identität und die kulturelle Ambivalenz europäischer Identität. Demokratische Identifikation in einem Post-nationalen Europa”, in R. Viehoff and R. Segers (eds), *Kultur. Identität. Europa. Über die Schwierigkeiten und die Möglichkeiten einer Konstruktion*, Frankfurt am Main: Suhrkamp, 1999, pp. 267-288; R. Johler, “Local Europe. The Production of Cultural Heritage and the Europeanisation of Places”, in J. Frykman and P. Niedermüller (eds), *Articulating Europe. Local Perspectives*, Copenhagen: Museum Tusculanum, 2003, pp. 7-18; K. Kuutma, “The Politics of Contested Representation: UNESCO and the Masterpieces of Intangible Cultural Heritage”, in D. Hemme, M. Tauschek and R. Bendix (eds), *Prädikat: “Heritage”: Wertsch ö Pfungen aus Kulturellen Ressourcen*, Münster: LIT, 2007, pp. 177-196; M. Nic Craith, “Intangible Cultural Heritages: The Challenges for Europe”, *Anthropological Journal of European Cultures*, vol. 17, no. 1 (March 2008), pp. 54-73; P. Niedermüller and B. Stoklund (eds), *Europe: Cultural Construction and Reality*, Copenhagen: Museum Tusculanum, 2001.

② G. Herb and D. Kaplan, *Nested Identities: Nationalism, Territory, and Scale*, Lanham: Rowman & Littlefield, 1999.

③ S. Macdonald, *Memorylands: Heritage and Identity in Europe Today*, London: Routledge, 2013.

④ C. Brumann, “Heritage Agnosticism a Third Path for the Study of Cultural Heritage”, *Social Anthropology*, vol. 22, no. 2 (May 2014), pp. 173-188.

⑤ C. Brumann, “Heritage Agnosticism a Third Path for the Study of Cultural Heritage”, *Social Anthropology*, vol. 22, no. 2 (May 2014), p. 180.

⑥ A. Testa, “From Folklore to Intangible Cultural Heritage. Observations about a Problematic Filiation”, *Ö Sterreichische Zeitschrift für Volkskunde*, vol. 119, no. 3-4 (January 2016), pp. 183-204; A. Testa, “‘L’ impact de la Création du Patrimoine Immatériel dans les Différents Domaines de la vie Sociale: le cas des Carnavals et les ‘fêtes de transition’ en Europe”, Forthcoming in the Proceedings of the Association of Critical Heritage Studies Biennial Conference, no. 2-10 (June 2016), Montréal, Canada.

者完全赞同遗产融合或“共生”理念，“将物质与非物质相结合，从而强化遗产的不可分割这一特性，超越传统的二元论”[①]。

有了将节庆活动打造为文化遗产的思路，笔者意在强调各类社会团体及代理人（当地人、组织者、表演者、公职人员、爱好者、游客、民族志学者等）遗产意识的出现过程，意味着他们实际上在打造一个节日，或直接参与其中，或以某种方式间接参与。谈到节日，笔者指的是那些正处于遗产化进程中的节日和早已以某种形式正式确立为遗产的节日。这种遗产意识是经过联合国教科文组织非物质文化遗产申请和认可的特点。然而，正如下文将要述及的，此种遗产意识也可作为外界承认或官方认可的特点（如列入国家或非政府组织名单），还可表现为节日活动和公共仪式构想的非正式或“本土化”的方式，它们可与当下归类非物质文化遗产的方式相提并论，二者彼此兼容，或多或少有所关联。

当提到文献其他案例时，为了进行一种批判性的比较（即差异型、关系型和类比型的比较），笔者尤其关注三项案例研究，这也是此前十年笔者基于历史学和民族志调查的核心所在。

一、案例研究

在亚平宁半岛中部一个叫作沃尔图诺新堡（Castelnuovo al Volturno）的小村庄[②]，鹿人（deer-man）狂欢哑剧焕发生机，打造文化遗产的过程拥有

① M. Nic Craith and U. Kockel, “(Re-)building Heritage: Integrating Tangible and Intangible”, in W. Logan, M. Nic Craith and U. Kockel (eds), *A Companion to Heritage Studies*, Malden, M. A.: Wiley, 2015, p. 429.

② A. Testa, *Il Carnevale Dell'uomo—animale. Le Dimensioni Storiche e Socio-culturali Di Una Festa Appenninica*, Napoli: Loffredo, 2014b; A. Testa, “‘Fertility’ and the Carnival 1: Symbolic Effectiveness, Emic Beliefs, and the Re-enchantment of Europe”, *Folklore*, vol. 128, no. 1 (March 2017), pp. 16-36; A. Testa, “‘Fertility’ and the Carnival 2: Popular Frazerism and the Reconfiguration of Tradition in Europe Today”, *Folklore*, vol. 128, no. 2 (May 2017), pp. 111-132; A. Testa, “From Folklore to Intangible Cultural Heritage. Observations about a Problematic Filiation”, *Ö Sterreichische Zeitschrift für Volkskunde*, vol. 119, no. 3-4 (January 2016), pp. 183-204; A. Testa, “‘L'impact de la Création du Patrimoine Immatériel dans les Différents Domaines de la vie Sociale: le cas des Carnavals et les ‘fêtes de transition’ en Europe”, Forthcoming in the Proceedings of the Association of Critical Heritage Studies Biennial Conference, no. 2-10 (June 2016), Montréal, Canada.

了一种与众不同的形式。鹿人狂欢哑剧体现了一些十分古老的特征，其中包括一套特色面具、伪装成鹿的人及对他（它）的仪式化追捕。与欧洲山区许多节日类似，该节日在20世纪50年代和60年代一度受到忽视，直到70年代末至90年代初才得以重生，重新焕发光彩，并被赋予全新的形式、意义和功能。这一节日得以重振旗鼓，与各种形式的制度化不无关系，也与围绕节日振兴的遗产话语发展有关，此前几十年，它早已成为该地区的"文化品牌"、身份标志和旅游景点之一。这一节庆活动与某种尚古主义、神奇魔力和异教徒的幻想交织成片，培养了真实可感、极具典型的情愫，需要借助遗产化来进行保护、推广。"为何一个'古老'节日在建设和维护当地方面能够发挥更有效的作用？因为节日时间深度的延伸意味着其象征密度和层次的扩大。"①在过去几年里，就能否向联合国教科文组织提交申请，各界已进行了广泛讨论。

近五十年来，位于西班牙加泰罗尼亚中部地区的索尔索纳每年都会举行一场别具一格的狂欢节。② 佛朗哥时期③，这个节日一度遭到禁止，直至20世纪70年代初，它变成了加泰罗尼亚人反抗政权的载体之一，同时也是其政治和文化解放的真实象征，可谓加泰罗尼亚主义的自由宣泄——它类似于在贝尔加举行的帕土姆节（后者名气更大）④，并在2004年成为联合国教科文组织承认的第一个西班牙节日。1979年，西班牙政府宣布索尔索纳的狂欢节为"国家旅游节"，尽管它当时正显露出（如今更是毫无遮掩）反卡斯蒂利亚立场。索尔索纳的狂欢节，获得西班牙官方认可已有半个多世纪，它甚至能与欧洲早期列入遗产名录的其他民俗活动或者节庆活动相媲美，经过必要改造后，可视为联合国教科文组织跨国类非物质文化遗产计划的

---

① F. Faeta, *Questioni Italiane. Demologia, Antropologia, Critica Culturale*, Torino: Bollati Boringhieri, 2005, pp. 151-170.

② N. Vilaseca and M. Trilla, *El Carnaval de Solsona*, Solsona: L'Associació de Festes del Carnaval, 2011; A. Testa, "'L'impact de la Création du Patrimoine Immatériel dans les Différents Domaines de la vie Sociale: le cas des Carnavals et les 'fêtes de transition' en Europe", Forthcoming in the Proceedings of the Association of Critical Heritage Studies Biennial Conference, no. 2-10 June 2016, Montréal, Canada.

③ 佛朗哥时期：西班牙在1930～1975年由弗朗西斯科·佛朗哥实行独裁统治的时期。——译者注

④ D. Noyes, *Fire in the Plaça: Catalan Festival Politics After Franco*, Philadelphia: University of Pennsylvania Press, 2003.

国家先例。索尔索纳的狂欢节相关节庆活动得到认可后，20世纪80年代，当地又成功举办了一系列仪式演出和其他表演，形成了当时的节日雏形。此前几十年，当地狂欢节的发展可谓突飞猛进，呈指数级增长，现已扩大为一项群众活动，不仅有不少市民和周边地区游客参与其中，而且还涌现出了巴塞罗那游客的身影。今天，索尔索纳的这一节日，加上其本身的仪式，前后持续长达七天时间，堪称狂欢周。其间，参与人群完全挤占了公共领域。该节日对当地社区来说意义非凡，参与人数众多，参加人群热情高涨、欣喜若狂。通过创造和复制"Coles"和"Compses"(狂欢节期间为节日运作的两种具体网络)，这一节日有助于社会结构优化配置，构建和形成一整套人际和群体关系。更重要的是，通过节庆活动，索尔索纳居民能够在加泰罗尼亚中部地区清晰地亮明自己"加泰罗尼亚人"这一身份。

捷克赫林斯科的狂欢节(捷克语 Masopust)以"哑剧"为特色(即蒙面男子挨家挨户游行，进行舞蹈和其他伪仪式表演，以期带来好运和促进生育)。[①] 赫林斯科狂欢节与捷克共和国、斯洛伐克和中东欧等地的狂欢节有许多共同之处。但其不同点在于，尽管捷克斯洛伐克共产党对该节日的官方立场令人沮丧，但它在捷克斯洛伐克社会主义时代既不曾受到公开谴责，也并未被明令禁止。[②] 虽然该节日在20世纪80年代也一度遇冷，但至90年代，随着捷克斯洛伐克共产党垮台，随后国内政治经济转型，其实用性逐渐增强，并自此越发流行开来。这种人气上升或者说二次增长可视为一个重要认可：赫林斯科和周围三个村庄的狂欢节在2010年被列入联合国教科文组织人类非物质文化遗产代表作名录。教科文组织的到来，加上赫林斯科的遗产化发展态势，引发了节日内部一系列变化，也极大地改变了节日发

① J. Blahůšek, and I. Vojancová, *Vesnické Masopustní Obch zky a Masky na Hlinecku*, Strážnice: Národní ústav Lidové Kultury, 2011; A. Testa, "'Fertility' and the Carnival 1: Symbolic Effectiveness, Emic Beliefs, and the Re-enchantment of Europe", *Folklore*, vol. 128, no. 1 (March 2017), pp. 16-36; A. Testa, "'Fertility' and the Carnival 2: Popular Frazerism and the Reconfiguration of Tradition in Europe Today", *Folklore*, vol. 128, no. 2 (May 2017), pp. 111-132; A. Testa, "'L'impact de la Création du Patrimoine Immatériel dans les Différents Domaines de la vie Sociale: le cas des Carnavals et les 'fêtes de transition' en Europe", Forthcoming in the Proceedings of the Association of Critical Heritage Studies Biennial Conference, no. 2-10 (June 2016), Montréal, Canada.

② A. Testa, "Problemi e Prospettive Della Ricerca Demo-etno-antropologica su Memoria Sociale, (N)ostalgia, Ritualità Pubblica e Patrimonio Culturale Immateriale Nell'Europa Post-socialista", *Lares*, vol. 82, no. 2 (May-August 2016), pp. 237-276.

生的更广泛的社会背景。这些调整和改动影响了节日转型后和联合国教科文组织介入后的活动，如日程安排、当地观念和表演仪式结构等，正如有人提到的那样，“通过试图保护空间、节日实践和文物，教科文组织专家和国家遗产专业人员对它们进行了卓有成效的改造”①。

二、本地化、调整和改造：非物质文化遗产的本土化

尽管许多人声称，联合国教科文组织非物质文化遗产的概念和应用正面临同质化和趋于同质化的风险——以此类推，在当前全球化的舞台上，许多其他国家或区域的遗产计划也同样面临风险，这些计划不可避免地受到命名和分类的影响——但现在非物质文化遗产及相关议题的大量民族志证据则呈现出一个截然不同的故事。自 2003 年《非物质文化遗产公约》正式订立以来，非物质文化遗产话语和文化政治的当地和本土变体，以及在非物质文化遗产条目下的“民俗”概念②，一直不断涌现。

诚然，联合国教科文组织的遗产概念是以西方、自由主义和上层阶级标准为基础，并逐渐走向普及，于是出现了一种真正的权威化遗产话语③，它也被称为“经济道德、意识形态、西方主义和新自由主义”④以及一种“世界心态”⑤；然而，一旦置身于特定情境中，这种话语性的（地缘）政治和意识形态框架就会展现出不同特征，甚至需要重新思考，再行配置。

至少可从以下两个层面来观察和分析这种情境因素：其一，比较层面，

---

① D. Berliner, “Multiple Nostalgias: The Fabric of Heritage in Luang Prabang (Lao PDR)”, *Journal of the Royal Anthropological Institute*, vol. 18, no. 4 (November 2012), pp. 769-786.

② A. Testa, “From Folklore to Intangible Cultural Heritage. Observations about a Problematic Filiation”, *Ö sterreichische Zeitschrift für Volkskunde* vol. 119, no. 3-4 (January 2016), pp. 224-243.

③ L. Smith, *Uses of Heritage*, London: Routledge, 2006.

④ C. Bortolotto, “Introduction: Le Trouble du Patrimoine Culturel Immatériel”, in C. Bortolotto (ed.), *Le Patrimoine Culturel Immatériel: Enjeux D' une Nouvelle Catégorie*, Paris: Maison des sciences de l'homme, 2011, pp. 21-22.

⑤ R. Bendix, “Heritage between Economy and Politics: An Assessment from the Perspective of Cultural Anthropology”, in L. Smith and N. Akagawa (eds), *Intangible Heritage*, London: Routledge, 2009, pp. 253-269.

即(泛)欧洲层面,具体强调历史、欧洲"例外论"意识和"再现过去"的特征模式①;其二,微观/当地层面,其中土著形式的遗产、遗产化和特定地区文化运筹表现为"遗产理念的本地化实践……应将其视为对已传播到世界各地的某种愿景的改编"②。

因此,民族志学者尝试在不忽视大框架的前提下,更详细地描绘遗产话语③,试图捕捉在非物质文化遗产舞台上运作的不同社会人士和机构之间的交际、杂糅、融合和交叉影响的过程动态:包括不同地方团体和个人、机构、机关及其部落(联合国教科文组织专家和人员、公共职能部门和官员、学者、专家等)、狂热爱好者、游客,等等。需要强调的是:"这些联系不能被定性为线性或自上而下的方式,也无法简单说明国际话语进入地方或国家层面,这一点怎么强调都不为过。相反,它们象征着非物质文化遗产话语产生过程中所走过的复杂路径。"④

这些地方在语言/术语层面已出现了擅用和本土化的现象:前文介绍的三个研究案例中,"遗产"一词,及在三种语言中各自的对应词("patrimonio""patrimony""dědictví")并非唯一表达,有时也不属于最重要的一种说法,它主要用来指代遗产化的节日活动。事实上,就笔者现有的民族志调查来看,"非物质文化遗产"一词(仍保留一定技术内涵)主要由职能部门和专家使用,其他社会主体鲜少用到——相比之下,"非物质文化遗产"的简称"遗产"一词,在社会各个阶层使用更为广泛。

"遗产"一词不断缓慢渗透进社会各个领域,超越了其本身意义,它不仅变成一个标签,而且也成为一种工具,社会人士用以进行社会谈判、寻求政治承认、谋求身份主张、开展宗教事务、获取经济利益等。作为文化政治在

① S. Macdonald, *Memorylands: Heritage and Identity in Europe Today*, London: Routledge, 2013.

② J. Bondaz, F. Graezer Bideau, C. Isnart and A. Leblon, "Relocaliser les discours sur le 'patrimoine'", in J. Bondaz, F. Graezer Bideau, C. Isnart and A. Leblon (eds), *Les vocabulaires locaux du 'Patrimoine'*, Münster LIT, 2014, pp. 9-30.

③ N. Adell, R. Bendix, C. Bortolotto and M. Tauschek (eds), *Between Imagined Communities and Communities of Practice: Participation, Territory and the Making of Heritage*, Göttingen: Universit ä tsverlag Göttingen, 2015.

④ M., Tauschek, "Reflections on the Metacultural Nature of Intangible Cultural Heritage", *Journal of Ethnology and Folkloristics*, vol. 5, no. 2 (July 2012), pp. 49-64.

特定背景下发挥作用的象征机制之一，遗产也被用作政治工具，以建立等级制度和权威。

在新堡狂欢节中，节庆活动管理和宣传及其他相关动态与政治当局和个人的抱负交叉或冲突，而在赫林斯科的狂欢节案例中，可以观察到公共行政部门、教科文组织人员、当地公职人员和当地其他公共知名人士之间的目标前后连贯——甚至协同合作。①

同样，在索尔索纳狂欢节中，对行政权力的行使、文化运筹与某些个人和团体的政治定位之间的纠葛也呈现出相当有趣的形式。上述所有案例表明，如果遗产化节日的象征资本以不同方式体现并用于多重目的，那么它也往往易于转换为政治或社会资本，甚至如下节所示，转换为经济资本②，从而形成了广泛的社会动态，这种动态超越了节庆活动本身的时空框架。

看待遗产话语和实践本土化的一种方式是考虑过去几十年来文献中比较观察到的和理论化/命名的一般转变。现在，这些变化和调整的一般过程构成了一个丰富的“化”集合，其中包括振兴化、重新功能化、恢复化、仪式化、民俗化、制度化、官僚化、石化、虚化、僵化、旅游化、大众化、同质化、污染化、中介化、商品化、商业化、神圣化、拜物化、博物馆化——类似现象不胜枚举。上述诸种“化”，反映了在地方及社区的微观层面上，社会(经济、政治、宗教等)变革宏观进程本土化表达的基础和目标。

过去几十年(现代晚期)，这些可在当地观察到的进程实际上已在欧洲和全球范围内发生，尽管并不均衡。此外，它们还引发了对当地传统和“传统”概念的一般本体论和实际重构③，这也是非物质文化遗产④理念的组成部分。它们还触发了当地社区符号秩序更深层次的重组，关于这点，笔者在案

① A. Testa, "'L'homme-cerf, L'ethnologue et le Maire. Les Politiques du Folklore dans un Contexte Rural Italien", in S. Fiszer, D. Francfort, A. Nivière and J. S. Noël (eds), *Folklores et Politique. Approches Compares et Rréflexions Critiques* (Europe - Am é riques), Paris: Le Manuscrit, 2014c; A. Testa, "'Fertility' and the Carnival 2: Popular Frazerism and the Reconfiguration of Tradition in Europe Today", *Folklore*, vol. 128, no. 2 (May 2017), pp. 111-132.

② A. Testa, "Rethinking the Festival: Power and Politics", *Method & Theory in the Study of Religion* , vol. 26, no. 1 (February 2016), pp. 44-73.

③ A. Testa, "'Fertility' and the Carnival 2: Popular Frazerism and the Reconfiguration of Tradition in Europe Today", *Folklore*, vol. 128, no. 2 (May 2017), pp. 111-132.

④ A. Testa, "'From' Folklore to Intangible Cultural Heritage. Observations about a Problematic Filiation", *Ö sterreichische Zeitschrift für Volkskunde*, vol. 119, no. 3-4 (January 2016), pp. 221-234.

例研究中早已言明。这种象征性的重组反过来又决定了某种分类的两极分化。此类分化遍及整个欧洲，主要聚焦于某些对立概念，例如传统与现代、真实与虚假、真实性与商业化或旅游化、地方性（典型和不同）与全球性（大众化和同质化）等。在笔者先前发表的关于上述案例研究的文章中，大多数“化”和伴随而来的两极分化均参照历史和民族志证据进行了分析和批判性讨论，然而，囿于篇幅，下文笔者将集中探讨其中部分内容。

三、商品化、旅游化和博物馆化

如果有一个复杂概念与上一段提到的所有“化”相关，那么这个概念就是“真实性”（也包括“非真实性”），这是人类学、民俗学和遗产研究相关学科概念上的经典议题之一。① 在涉及非物质文化遗产的问题，真实性和非真实性一直饱受争议，特别是在商品化和旅游化彼此交织的过程中。这两个过程都出现在笔者的研究案例中，尤其是新堡和赫林斯科的案例。实际上，许多其他欧洲公共仪式也是如此。尽管教科文组织非物质文化遗产本身不喜欢“真实性”一词，但它仍然以真实的社会诗学为基础并加以培养：“（虽然）教科文组织有关术语使用不当的规定，或许最终会将‘真实性’一词从文件中删除，但这个词所传达的价值不会从遗产话语中消失殆尽，因为它们密切相关。”②

在狂欢节一类的“传统”公共仪式中，那些古老的节日，或者被世人公认的古老节日，对它们的批判性言论尤其尖锐，因为在这些案例中，“传统”不

① R. Bendix, *In Search of Authenticity: The Formation of Folklore Studies*, Madison: University of Wisconsin Press, 1997; C. Bortolotto, “Authenticity: A Non-criterion for Inscription on the Lists of UNESCO's Intangible Cultural Heritage Convention”, in 2013 IRCI Meeting on ICH - The 10th Anniversary of the 2003 Convention. Final Report, Sakai City: International Research Centre for Intangible Cultural Heritage, 2013, pp. 73-78. C. Brumann, “Heritage Agnosticism a Third Path for the Study of Cultural Heritage”, *Social Anthropology*, vol. 22, no. 2 (May 2014), pp. 173-188; S. Macdonald, *Memorylands: Heritage and Identity in Europe Today*, London: Routledge, 2013, pp. 109-136.

② C. Bortolotto, “Authenticity: A Non-criterion for Inscription on the Lists of UNESCO's Intangible Cultural Heritage Convention”, in 2013 IRCI Meeting on ICH - The 10th Anniversary of the 2003 Convention. Final Report, Sakai City: International Research Centre for Intangible Cultural Heritage, 2013, p. 78.

仅意味着悠久的历史韵味，还意味着原汁原味和货真价实[①]；而且，“历史和典型的东西是真实的，人们认为真实性是客观确定的”[②]。通常对于这类节日来说，最具“历史性”或“往昔特色”的，在某种意义上，是古色古香的异教徒节日。当地人热衷于“通俗弗雷泽主义”[③]，即“文化杂烩”，把弗雷泽关于欧洲农业节日和民间仪式的研究改为通俗流行版本，象征性地加以操纵、流通和传播。例如，仪式促进生育、农业魔法、狂欢节和其他欧洲节日的异教徒起源，以及它们是远古仪式的“遗存”，等等，这些仪式有时被视为高深莫测的远古仪式。

这种“古代感”比任何可能的、真实的古代特征都更容易改变，甚至可以创造出来，它将传统及其践行者与过去紧密结合，以增强集体归属感和认同感，这一点笔者在新堡和赫林斯科进行的民族志研究中已经清楚阐明。这些关于时间和“呈现过去”的遗产诗学和节日实践反过来又产生了深刻象征意义，激发了社会记忆，通常转化为典型的、原创的和真实的情感。因此，可以解释，很多主观形容词如“非常古老的”“狄俄尼索斯艺术的（狂喜的、狂欢的或失去理智、本性的，狂乱的、无法无天的）”和“异教徒的”，通常与这些仪式联系在一起。起作用的因素是，唤起的时代距今越遥远，传统就越“真实”。遗忘会危及当地传统，因此，一旦通过节日振兴来“战胜”这种情况[④]，并且真实性“确定”无疑，可以亲身体验，那么它本身就可以商品化：成为当地传统/活动/遗产所需的附加价值，以便“提供”“出售”和“消费”。

“真正的”非物质文化遗产节日或节庆仪式实现商品化，就像笔者提到的三个民族志例子一样，表现出以下三点，它们截然不同，但又相互关联：

① S. Istenič, “Aspects of Tradition”, *Traditiones*, vol. 41, no. 2 (November 2012), p. 79.

② R. Handler, 1988, *Nationalism and the Politics of Culture in Quebec*, Madison: University of Wisconsin Press, p. 200.

③ A. Testa, “‘Fertility’ and the Carnival 2: Popular Frazerism and the Reconfiguration of Tradition in Europe Today”, *Folklore*, vol. 128, no. 2 (May 2017), pp. 111-132.

④ S. Macdonald, *Memorylands: Heritage and Identity in Europe Today*, London: Routledge, 2013, p. 152.

(1)由文化财产和所有权的概念以及事实问题/事项组成的司法和体制框架①;

(2)节日前后,微观经济("市场")自发产生;

(3)出于经济原因(为牟利)"出售"遗产的实际意愿。

以上方面广泛存在,并与节庆活动社会意义的重新配置和/或丧失有关。② 对于上述第二个方面,应当予以充分承认:在索尔索纳,笔者观察到经济层面的发展极其复杂,包括狂欢节相关宣传材料、出版物和音像产品的生产和流通,公共资助、私人赞助、各种金融交易、彩票、贸易和购买、住宿、修复以及其他提供和需求的服务。这种仪式性的微观经济实际上已经摆脱时空桎梏,并不局限于节日前后,可以持续一整年时间;也超越了节庆活动的地域性,但又深深扎根其中。

总结以上三方面的内容,我们可以根据最后一条提出这样一个问题:为何是某些传统而非其他传统得到了复兴和传承?答案是,这种情况的确时有发生,因其潜在市场价值巨大,尽管正如杰拉尔德·克里德(Gerald Creed)所肯定的那样,也正如本文开篇引述多萝西·伊斯(Dorothy Noyes)所言:"为开拓游客市场,而将节庆仪式商品化,不仅是资本将关键性节日活动转化为适销对路商品的典型案例,而且同样也是仪式狂热者的草根产品,他们试图确保这种做法在急剧变化的环境中得以延续。"③例如,赫林斯科狂欢节的复兴和遗产化是在后社会主义转型期间,当地社区物质生活条件明显恶化之后进行的,这导致社会压力蔓延,其特点是农村和工业生产活动减少甚至人员失业,经济陷入萧条,人们纷纷涌入大城市,以及随之而来的人口下降。类似的社会压力和经济退化情况,在新堡早已存在数十年之久,危

① V. Hafstein, "Claiming Culture: Intangible Heritage inc., Folklore ©, Traditional Knowledge™", in D. Hemme, M. Tauschek and R. Bendix (eds), *Prädikat "Heritage": Wertschöpfungen aus Kulturellen Ressourcen*, Münster: LIT, 2007, pp. 81-119; M. Tauschek, "Cultural Property as a Strategy: The Carnival of Binche, the Creation of Cultural Heritage and Cultural Property", *Ethnologia Europaea*, vol. 39, no. 2 (July 2009), pp. 67-80.

② S. Macdonald, *Memorylands: Heritage and Identity in Europe Today*, London: Routledge, 2013, pp. 110-112; D. Noyes, *Fire in the Plaça: Catalan Festival Politics After Franco*, Philadelphia: University of Pennsylvania Press, 2003, pp. 215-236.

③ G. Creed, *Masquerade and Postsocialism. Ritual and Cultural Dispossession in Bulgaria*, Bloomington: Indiana University Press, 2011, p. 27.

机显现的年份里，狂欢节得以重振旗鼓。笔者无意论证它们之间的因果关系(振兴化/遗产化及象征价值的增加是物质变质或损失的直接结果)，但依然可以做出这种相关性的假设。

商品化也与自身或外界访客(“游客”)密切相关，他们中有人或许愿意付费参加，有人或许只想见证仪式，有人或许以不同的方式参与活动，有人或许计划购买与节日相关的物件。在索尔索纳，整个小镇似乎都非常欢迎游客(或因其节日传统并不悠久，其历史感并不厚重，真实性也不强)，与索尔索纳情况不同，总体而言，在赫林斯科和新堡，参加仪式的当地人对游客的到来喜忧参半。不出所料，仪式、节日和旅游相关文献详述了当地对旅游业和游客模棱两可的观点以及不同立场。[①] 这时常会“损害当地人对仪式意义的认识”[②]。也通常会导致内隐或外显的“地方主义”定位，并造成当地人的两极分化，形成摇摆不定的立场：一派是铁杆纯粹主义者，他们完全不喜欢甚至鄙视游客到访，认为这是大众化和庸俗化的表现；另一派则恰好相反，他们对游客的出现表示赞赏、支持。两种极端看法之间还有许多不同层次，有时，情况不同，同一个人甚至可以综合多种立场，这看似有些自相矛盾。

联合国教科文组织等机构通常公开支持“文化”和“可持续”旅游业，认为这是地方发展的潜在来源之一。这种动机也能存在于基层，前提是社区或其中一些团体可以间接“证明”当地传统(无论是否被列为文化遗产)值得保护推广。正是在这一概念中，旅游业的悖论清晰显现：一方面，人们希望旅游业成为文化认同的来源和/或出于经济原因；另一方面，一种传统越受大众关注，参与游客越多，越积极，它的“真实性”就越打折扣，因为旅游业也会酝酿出剥夺感和“文化污染”的情绪。[③]

游客的立场值得一提，他们的这种观点也似乎处于一个相当矛盾的联

---

① C. Isnart, “Changing the Face of Catholicism in a Tourist Context. Ritual Dynamic, Heritage Care and the Rhetoric of Tourism Transformation in a Religious Minority”, *Journal of Tourism and Cultural Change*, vol. 12, no. 2 (May 2014), pp. 133-149; S. Macdonald, *Memorylands: Heritage and Identity in Europe Today*, London: Routledge, 2013; D. Picard and M. Robinson (eds), *Festivals, Tourism and Social Change. Remaking Worlds*, Clevedon: Channel View, 2006.

② S. Macdonald, *Memorylands: Heritage and Identity in Europe Today*, London: Routledge, 2013, p. 111.

③ K. Meethan, *Tourism in a Global Society*, Basingstoke: Palgrave Macmillan, 2001, p. 90.

想之下:游客往往探寻真实性——此即为何非物质文化遗产常常可以成为真正旅游景点的原因所在;然而,恰恰是游客的存在,削弱了遗产的真实性。游客自身成为他们自己失望的根源:显然,这又是一个不可避免的悖论。

在新堡,大多数参与当地公共仪式的人都渴望获得更大程度的官方认可;在赫林斯科,尽管掺杂着一些不和谐的声音,但人们对列入联合国教科文组织非物质文化遗产保护名录一事,满怀热忱,饱含期待,因为此举可以使得这片沉寂而又冷清的地区纳入捷克文化旅游网络。此外,打上遗产标签直接和声望挂钩,在不断增长而又竞争激烈的旅游市场上,这不仅有助于提升知名度,还能获得相应经济优势,以便扭转欧洲农村、边缘地区和"省级"①地区经济萧条的局面。

遗产化、商品化和旅游化的进程可谓和谐共存、相互补充、彼此关联,这关系到当地能否赢得外界认可、提升社会声望和增加自豪感以及促进"当地发展",有时(在农村和边缘地区)更多出于发展经济、改善民生的需要,而非一味逐利。但这并不意味着遗产化仅限于充当一种自我推销的工具策略。当然,这一点也无法完全被排除②,因为在新自由主义盛行的欧洲,一些社会主体在所有文化领域中的行为也是出于对经济的考虑。遗产只是当今欧洲政治和文化经济画卷中的一笔。以上几点或许可以解释为何某些节庆活动寻求文化遗产认同。

非物质文化遗产的博物馆化进程与真实社会表述和旅游业紧密相关。从某种意义上说,遗产化和博物馆化实则难舍难分,因为彼此紧密关联,二者基于同样的遗产意识来维持、保护和传播那些不仅被看作真实的、具有美学价值或社会价值的事物,而且还有那些"濒危"、亟须保护的遗产。

遗产化可以被视作博物馆化的一种文化变体,反之亦然。遗产化和博物馆化都属于"保留"往昔并将其加以"制度化"的实践,将某些事物或事物类别从其正常的"社会生活"中剥离开来,有时会导致对文化的盲目崇拜,对

① D. Noyes, *Fire in the Plaça: Catalan Festival Politics After Franco*, Philadelphia: University of Pennsylvania Press, 2003.

② M. Tauschek, "Cultural Property as a Strategy: The Carnival of Binche, the Creation of Cultural Heritage and Cultural Property", *Ethnologia Europaea*, vol. 39, no. 2 (July 2009), pp. 67-80.

真实性和历史性的过度美化，甚至物质"神圣化"。[①]

自20世纪70年代以来，民俗和非物质文化遗产的博物馆化在欧洲不断升级。此前三十年，新堡、赫林斯科和索尔索纳均在不同时期建立了各自的博物馆或展览场所，专门用于展示当地仪式活动的面具、纪念品、图片和小玩意儿（通常用于销售）。新堡十五年来一直试图建立当地的狂欢节博物馆而未果，但与此同时，当地举办了狂欢节相关纪念品及其他物件的长期展览。索尔索纳有几处地点（一处是旅游中心，配有小型展览馆；还有几处保存面具和巨人的地方以及其他地点），用作民族志展览馆。赫林斯科既见证了其狂欢节博物馆的诞生，同时又得到了联合国教科文组织的认可。这些场所和机构至关重要，现如今促进了典型和当地叙事的结构化、再生产、流通和规范化，助力当地节日设想成功落地，也指导当地人和外来者区分何为古老、何为传统，评判孰真孰假。

但博物馆化也与商品化紧密相关，源于至少以下两点：首先，这往往依赖于私人或公共资金（通过赞助、资助和订阅）；其次，建立一座博物馆意味着创造了一个可以规范、合法进行文化商业的空间。通过对博物馆、美术馆等实体空间的建议，遗产的"物质"属性得以显现，不仅是通过金融化和商品化的方式[②]，而且应该是在将非物质变成物质的意义上：非物质文化遗产以及它所体现和引发的社会实践及表述"嵌入"这些物品中；以此实现非物质文化遗产的"物质化"。然而，上述情况表明，如若脱离非物质，即便是具体有形的物质，单凭其物质属性本身，也无法获得、保持或传递意义。由话语、叙事和表征所构成的非物质，使物质（比如纪念碑、艺术品、工艺品、图片等）得到社会认可、产生关联、令人向往：这足以言明遗产的综合或共生特性。[③]

---

① S. Macdonald, *Memorylands: Heritage and Identity in Europe Today*, London: Routledge, 2013, p. 138.

② R., Bendix, "Heritage between Economy and Politics: An Assessment from the Perspective of Cultural Anthropology", in L. Smith and N. Akagawa (eds), *Intangible Heritage*, London: Routledge, 2009, p. 263; M. Tauschek, "Cultural Property as a Strategy: The Carnival of Binche, the Creation of Cultural Heritage and Cultural Property", *Ethnologia Europaea*, vol. 39, no. 2 (July 2009), pp. 67-80.

③ M. Nic Craith and U. Kockel, "(Re-)building Heritage: Integrating Tangible and Intangible", in W. Logan, M. Nic Craith and U. Kockel (eds), *A Companion to Heritage Studies*, Malden, M.A.: Wiley, 2015, pp. 426-442.

博物馆或类似机构的建立或许是某些节庆活动寻求遗产身份的另一缘由。

四、不容忽视的身份认同

一方面，“真实性”的表述在商品化、旅游化和博物馆化等现象中广泛发挥作用；另一方面，集体认同作为一种关系性和结构性的社会维度，或者更确切地说，囊括上述所有方面和过程。它是设计、运作和再现公共仪式和/或非物质文化遗产的核心。在一个由市场和全球资本主义其他表现形式所主导的时代，身份本身，即以一种特定的、文化为导向的方式界定一个群体的归属感和归属模式，无论是否仪式化，都会朝旅游化和商品化方向靠拢。[①]

与非物质文化遗产和遗产化相关的身份问题（尤其是身份构建和表达），一直是人类学学术研究的重点关切（可在 Macdonald[②] 和 Nic Craith[③] 研究中搜寻到大量参考文献）。事实上，有人认为，遗产的“申报”过程本身（例如，以申请教科文组织非物质文化遗产或将其列入国家名录的形式）可以是一种强有力的自我或外部表现行为，激发社会归属感，从而形成一种集体归属感。[④] 笔者也已留意到这一过程。事实上，在笔者所有的民族志案例中，节日乃至节日表演都是构建身份认同的平台，其目的是旨在增强地方、区域和/或国家归属感。然而，紧张局势，甚至各种形式的文化“异见”（例如，公开谴责遗产化进程或拒不参与公共仪式）确实存在。在此强调这一点十分必要，以免落入一种含蓄的、不加批判的新功能主义陷阱。身份认同这一社会结构，并非铁板一块，其动态过程实非线性，也难以预测。此外，正如笔者前文所述，欧洲诸多公共仪式，其遗产化过程远非单向而行，各种仪式亦非同源同种，途中遭遇破坏，或剑拔弩张也在所难免。

围绕着“遗产话语”和节日遗产化的过程，会出现迥异的世界观、基于地

① J. Comaroff and J. Comaroff, *Ethnicity*, Chicago: University of Chicago Press, 2009.

② S. Macdonald, *Memorylands: Heritage and Identity in Europe Today*, London: Routledge, 2013.

③ M. Nic Craith, “Intangible Cultural Heritages: The Challenges for Europe”, *Anthropological Journal of European Cultures*, vol. 17, no. 1 (March 2008), pp. 54-73.

④ K. Kuutma, “The Politics of Contested Representation: UNESC O and the Masterpieces of Intangible Cultural Heritage”, in D. Hemme, M. Tauschek and R. Bendix (eds), *Prädikat: “Heritage”: Wertsch ö pfungen aus Kulturellen Ressourcen*, Münster: LIT, 2007, pp. 177-196.

方摩擦或意识形态框架的各自政治定位以及对传统的不同解读，甚至来往密切的社区之间或同一社区内部出现公开竞争。本文提到的三个民族志案例中，紧张对立频仍，尤其是在当地非政府组织成员和政客之间（例如在组织问题上）的对立时有发生，在对遗产"不满者"或"怀疑论者"之间同样存在明显异议。在新堡，辩论激烈和学界分歧是当地传统意义建构的主要特征，于是在当地狂欢节哑剧遗产化的过程中，出现了真正的"理解冲突"[①]。矛盾和分歧导致社会主体之间或多或少采取结构化的公开或隐性谈判方式。例如，在索尔索纳，当地政府相关部门，亦即公共秩序的最终权威，狂欢节期间竟遭到公开嘲讽，以致不得不与狂欢节组织者达成协议，找出可行办法，相互容忍。上述问题及许多其他"遗产问题"在有关非物质文化遗产的人类学文献中已有关注和分析。[②] 同样，少数群体的意见和做法始终存在，在某种程度上甚至举足轻重，理应纳入考虑范围。诚然，最终，一定程度的泛化、淡化细微差别无可避免，正如所有学科一样，人类学也试图通过概括来处理复杂现实问题，并将其"简化"为模型和模式（当然，地图并不等同于领土）。事实上，少数群体问题、微弱倾向、偶尔的异见或摩擦以及特例，不应掩盖总体趋势，即认为遗产化是一种资源，可用于满足各种社会主体和机构的各类目的。这一普遍趋势，包括前面描述的所有转变和过程，仍牢固植根于社群主义和身份认同的模式中——当地人往往是默默无闻的实用主义者。

---

① A. Testa, "'Fertility' and the Carnival 2: Popular Frazerism and the Reconfiguration of Tradition in Europe Today", *Folklore*, vol. 128, no. 2 (May 2007), pp. 111-132.

② N. Adell, R. Bendix, C. Bortolotto and M. Tauschek (eds), *Between Imagined Communities and Communities of Practice: Participation, Territory and the Making of Heritage*, Göttingen: Universit ä tsverlag Göttingen, 2015; R. Bendix, "Heritage between Economy and Politics: An Assessment from the Perspective of Cultural Anthropology", in L. Smith and N. Akagawa (eds), *Intangible Heritage*, London: Routledge, 2009, pp. 253-269; D. Berliner, "Multiple Nostalgias: The Fabric of Heritage in Luang Prabang (Lao PDR)", *Journal of the Royal Anthropological Institute*, vol. 18, no. 4(November 2012), pp. 769-786; C. Bortolotto, "Introduction: Le Trouble du Patrimoine Culturel Immatériel", in C. Bortolotto (ed.), *Le Patrimoine Culturel Immatériel: Enjeux D'une Nouvelle Catégorie*, Paris: Maison des sciences de l'homme, 2011, pp. 21-22; Knecht and Niedermüller, "The politics of cultural heritage. An Urban Approach", *Ethnologia Europaea*, vol. 32, no. 2 (July 2002) pp. 89-104; K. Kuutma "The Politics of Contested Representation: UNESCO and the Masterpieces of Intangible Cultural Heritage", in D. Hemme, M. Tauschek and R. Bendix (eds), *Prädikat: "Heritage": Wertsch ö Pfungen aus Kulturellen Ressourcen*, Münster: LIT, 2007, pp. 177-196; W. Logan, U. Kockel and M. Nic Craith, "The New Heritage Studies: Origins and Evolution, Problems and Prospects", in W. Logan, M. Nic Craith and U. Kockel (eds), A *Companion to Heritage Studies*, Malden, M. A.: Wiley, 2015, pp. 1-25.

最后，笔者试图以几点关于身份认同与其他表征维度相互作用的思考来总结，并再次强调，当地节日遗产的“典型性”和“独特性”意识，对当地特色及当地身份认同的建构产生何其深远的影响。从笔者案例以及人类学文献中的许多其他案例可知，这一结论不难推断。仪式结构、节日活动、节日物质特征（装饰品和其他器具、面具和人物、表演设备等）与节日主办地之间的象征性互动，有助于塑造一种崭新的、特定的“地方意识”，堪称节日遗产化过程中的天然宝地，正如此前观察到的那样[①]，这实际上是身份认同赖以生存的土壤。

然而，区域和国家认同以及空间和地方感（以及归属感）的社会建构，并非唯一的利害关系。欧洲身份认同的另一面相是：“当代文化遗产的概念必须被视为象征性建构，它将文化差异区域化，并在地区、国家和超国家实体（如欧盟）的象征性形成中发挥重要作用。”[②]地方归属感、社区归属感与欧洲象征性空间以及更广泛的跨地区和跨国的身份认同的出现过程，在许多层面上相互交叉[③]，其中就包括节日遗产化领域。在笔者的调查中，对欧洲身份的这种本土变体已作观察并加以记录：不同的社会主体在阐述其种族、政治或更普遍的文化身份时，也明确提到欧洲和“身为欧洲人”。通常而言，尽管这些节日都声称自己“独一无二”，它们实则是历史上“泛欧”类型公共活动（狂欢节）的变体，或多或少地得到认可，被纳入其中，于是就有了节日文化和归属之间的等式（遍布欧洲的类似节日＝归属于同一“文化”）。文化认同和民俗叙事也清楚地表明当地微观层面与跨区域和跨国宏观层面之间典

① T. Lähdesmäki, “Politics of Tangibility, Intangibility, and Place in the Making of a European Cultural Heritage in EU Heritage Policy”, *International Journal of Heritage Studies*, vol. 22, no. 10 (July 2006), pp. 766-780; M. Nic Craith and U. Kockel, “(Re-) building Heritage: Integrating Tangible and Intangible”, in W. Logan, M. Nic Craith and U. Kockel (eds), *A Companion to Heritage Studies*, Malden, M.A.: Wiley, 2015, pp. 426-442.

② Knecht and Niedermüller, “The Politics of Cultural Heritage. An Urban Approach”, *Ethnologia Europaea*, vol. 32, no. 2 (July 2002), p. 90.

③ R. Johler, “Local Europe. The Production of Cultural Heritage and the Europeanisation of Places”, in J. Frykman and P. Niedermüller (eds), *Articulating Europe. Local Perspectives*, Copenhagen: Museum Tusculanum, 2003, pp. 7-18; T. Lähdesmäki, “Politics of Tangibility, Intangibility, and Place in the Making of a European Cultural Heritage in EU Heritage Policy”, *International Journal of Heritage Studies*, vol. 22, no. 10 (July 2006), pp. 766-780.

型的“欧洲”身份互动。[①] 正是在这一维度的文化间隙中，欧洲身份的各种变化实际上拥有了集体构造，据社会构造而来，自社会构造而生。

最后，同样不容小觑的是，成为遗产的地方公共仪式允许一种“自反性”身份建构：集体身份作为一个差异化和关联性的社会维度（尽管最终植根于个体心理），它不能不基于一个“我们≠他们”的逻辑[②]：只有在“你们”或“他们”的情况下，“我们”才得以存在。因此，以得到官方承认（如联合国教科文组织的认可）或吸引游客参与为形式的外部文化反馈常常具有象征性与关联性，而这十之八九并非是社会所希望的：在某种程度上，机构和游客体现了最佳类型的“他们”（正如前文强调的那样，出于声望和经济利益的原因）。在分析和解释上述现象时，应极力避免理论上过于简化的功能主义。由于在社会内部和群体之间，遗产化过程产生、引发对立冲突的情况可能甚至已然发生，欧洲公共仪式遗产化的普遍功能应是从根本上造福社会——尤其是在危机降临之际。此即某些节庆活动寻求成为文化遗产的另一缘由。

---

① G. Delanty, *Inventing Europe: Idea, Identity, Reality*, London: Macmillan, 1994; S. Macdonald, *Memorylands: Heritage and Identity in Europe Today*, London: Routledge, 2013; L. Wilken, "Anthropological Studies of European Identity Construction", in J. Frykman, M. Nic Craith and U. Kockel (eds), *A Companion the Anthropology of Europe*, Chichester: Wiley-Blackwell, 2012, pp. 125-144.

② G. Delanty, "Die Transformation Nationaler Identität und die kulturelle Ambivalenz europäischer Identität. Demokratische Identifikation in einem Post-nationalen Europa", in R. Viehoff and R. Segers (eds), *Kultur. Identität. Europa. Über die Schwierigkeiten und die Möglichkeiten einer Konstruktion*, Frankfurt am Main: Suhrkamp, 1999, pp. 267-288.

节日图像

以图写俗:《北京风俗图谱》中的岁时节俗图像*

刘　倩**

摘　要

日本学者青木正儿编制的《北京风俗图谱》中的"岁时"部分,是关于20世纪20年代北京岁时风俗的图像叙事,它以兼具主要风俗事象和北京地方景观的方式呈现了北京岁时节俗的面貌。以民国初期的历法改革为背景,在图史互证中考察其"历史物质性",可以发现20世纪20年代北京岁时节俗的变迁,也能揭示《北京风俗图谱》之风俗图像与社会风俗本相之间存在的张力。以此为线索,可以发现青木正儿对20年代北京岁时风俗的"重写",有其作为文化他者对中国文化所持有的"文化乡愁"的深层原因。

关键词

《北京风俗图谱》　岁时节俗　他者视角　文化乡愁

日本学者青木正儿(Aoki Masaru,1887～1964)在中国文学研究,尤其是戏曲研究领域成就斐然,在20世纪30年代就已成为"日本新起的'汉学家'中有数的人物"①。20世纪20年代,一直以文献研究为主的日本京都学派学者青木正儿为触摸中国文化的真实肌理,三次游历中国,亲身观察、体验民众风俗生活,并对当时逐渐消失的中国传统文化抱有强烈的问题意识。

---

* 本文系国家社科基金项目"美国哥伦比亚大学'纸神专藏'的整理与研究"(21BZJ050)的阶段性成果。

** 刘倩,华东师范大学民俗学研究所博士研究生。

① [日]青木正儿:《中国文学概说》,隋树森译,重庆出版社1982年版,译者序第1页。

在其1925～1926年的第二次中国之行中，青木正儿不仅实地感知了中国风俗，还开始着手搜集中国的风俗资料，其中就包括了百余幅由他策划制作而成的风俗图谱。这些生动地描绘了20世纪初期北京民间风俗的图像，后被青木正儿交付给日本东北大学图书馆，经内田道夫（1916～2000）撰写解说文字后，于1964年正式出版，定名《北京风俗图谱》[①]（以下简称《图谱》）。在这些重要的风俗图像资源中，围绕北京岁时风俗的生动叙事，既为观察民国初期社会变革中的岁时节俗变迁提供了他者视角，也为理解青木正儿对中国文化复杂而特殊的认知提供了可能。

一、基于“历史物质性”的图像解读思路

随着风俗画的描写对象逐渐转变为民间市井生活，画家呈现了对“与画家同时代的个人日常生活和社会风习”等各类风俗事象的观察与体验[②]，静态的风俗图像表现出了动态的日常生活。目前，已进入美术学、历史学和民俗学等学科视野的风俗画研究，主要以就图论俗或图俗互勘、建构风俗画理论、将其作为历史研究对象的组成部分等基本进路进行“图史互证”或“以图证史”[③]。如：刘卓以民俗史的视角还原陈师曾所绘《北京风俗图》中“民国初年下层民众的生活境况及旧京的民俗风貌”[④]；邢建玲基于《清明上河图》，既把图像作为民俗资料，也“秉入了民俗入画的思路”[⑤]推动画作研究；吕少卿等学者从美术史研究方法论和图像的社会历史学解读等角度入手，归纳出

① 由于青木正儿在20世纪20年代得到日本东北大学经费资助后已将其所编制的风俗图像明确称为《北京风俗图谱》，同时由内田道夫解说而出版的《北京风俗图谱》仍然以风俗图像为核心内容，而本文亦将风俗图像作为主要讨论对象，因此下文所称《北京风俗图谱》主要指青木正儿所编制的风俗图像。特此说明。

② 参见畏冬：《中国古代风俗画概论》（上），《故宫博物院院刊》1991年第3期。

③ 关于以图证史，可参阅王加华：《让图像“说话”：图像入史的可能性、路径及限度》，《史学理论研究》2021年第3期。

④ 刘卓：《陈师曾眼中民初的北京民俗——论陈师曾〈北京风俗图〉册页中的民俗表达》，《民俗研究》2015年第5期。

⑤ 邢建玲：《图像与民俗的“互勘”——以〈清明上河图〉为中心的研究》，《民俗研究》2007年第4期。

风俗画研究的方法及史学意义[①]。不少研究将图像对背后"社会情境的客观反映"[②]作为着力探讨之处。然而，创作于特定历史时空中的风俗画的"历史形态并不自动地显现于该艺术品的现存状态，而是需要通过深入的历史研究来加以重构"[③]。正如考察年画这类民俗图像时应关注其"历史物质性"，进而将其"作为整体性的民俗事象，回置于相应的社会场域中"[④]一样，风俗画研究也可以通过回归图像历史原境，追溯使图像具有历史功能与历史意义的特性，来获取其所蕴含的更为丰富的含义。

就现有讨论来看，中日学界对《图谱》的专门研究并不多，且仍主要视其为历史风俗的图像物证，未脱离就图论俗的思路。寺田隆信在对《图谱》与《金瓶梅》插图的比照之中溯源了图像所描绘的风俗。[⑤] 中塚亮指出，青木正儿制作的风俗图像既为复原当时风俗作出了贡献，也能进一步加深对青木正儿其他学术成就的理解。[⑥] 辜承尧基于《图谱》讨论青木正儿将目光投向中国风俗的过程，并探讨青木正儿研究中国民俗时的方法。[⑦] 陈平原则对青木正儿如何以"图谱"呈现"风俗"进行了讨论。[⑧] 总体来看，现有研究侧重描述与考证，但对图像的"历史物质性"并无过多着墨。因此，将《图谱》回置于历史社会场域之中加以观看与阐释，或能触摸到超越图像本身的历史意义。不过，不同于在日常生活中有明确实用性的诸如年画或装饰画等民俗图像，《图谱》的"历史物质性"并非由图像特定的功能、形式、空间或观看方式直接赋予，其历史功能与历史意义更多地来自图像产生时的历史"场域"和编图者编制图像时的背景、初衷、思路等因素。《图谱》所描绘的日本人视野中清

---

① 参见吕少卿：《论两宋风俗画研究的方法论及史学意义》，《南京艺术学院学报（美术与设计）》2009年第1期。

② 吕少卿：《"风俗"与"风俗画"相关问题略论》，《南京艺术学院学报（美术与设计）》2010年第3期。

③ [美]巫鸿：《美术史十议》，生活·读书·新知三联书店2016年版，第50页。

④ 李明洁：《从民国〈神祠存废标准〉看哥伦比亚大学"纸神专藏"——兼议年画的历史物质性》，《华东师范大学学报（哲学社会科学版）》2020年第2期。

⑤ 参见[日]寺田隆信：《三百年来北京社会风俗的再现——〈北京风俗图谱〉与〈金瓶梅〉插图比较观》，许总译，《明清小说研究》1989年第1期。

⑥ 参见[日]中塚亮：《青木文庫蔵図像資料目録》，《名古屋大学中国言語文学論集》2009年第12辑。

⑦ 参见辜承尧：《青木正児における中国民俗の研究：『北京風俗図譜』と『支那童謡集』を中心に》，《関西大学東西学術研究所紀要》第50辑，2017年。

⑧ 参见陈平原：《"风俗"如何"图谱"——关于青木正儿与〈北京风俗图谱〉》，《北京社会科学》2020年第4期。

末民初的北京风俗，也让我们思考：青木正儿在特定历史时期中对北京风俗的关注与思考有何特殊之处？其背后原因何在？

二、地方色彩：《图谱》中的北京岁时风俗图像

兼具世俗性与叙事性的风俗画包含着庞杂的历史社会因素，成为有别于文字记录的能反映社会历史风貌的重要图像史料。巫鸿认为，图像研究“不仅仅是对一件作品原始创作状态的重构，而且也应该是对它的形态、意义和上下文在历史长河中不断转换的追寻”，所以“必须基于对现实实物的仔细观察”[①]，即进行历史物质性研究时要注意图像之被置于初始环境中的“原物”与正在呈现的现存状态下的“实物”两种不同属性。因此，对《图谱》及其岁时图像的“实物性存在”加以解读是有必要的。

（一）岁时节俗核心事象的细致呈现

据相关史料[②]，《北京风俗图谱》由青木正儿在北京期间找“善于绘制风俗画的画工”[③]历时两年绘制而成。其成型大致经历了申请经费、初步绘制、最终定稿三个阶段，其名称与内容也随图谱绘制的推进而有所调整。其中，岁时节俗的相关内容从青木初步拟订纲目开始就以“年中行事”的名目出现。至最终定稿时，岁时图像成为风俗图谱重要的开篇部分，青木正儿还在此部分的封面手写了制作图谱的来龙去脉及相关内容，可见其重视程度。《图谱》中的 18 幅岁时图像（详见表 1）所展现的风俗，在时间上基本对应了一个完整岁时周期内的春节、元宵节、清明节、端午节、七夕节、中元节、中秋节、重阳节等主要岁时节日；在空间上包含了公共空间（如寺庙、街市）和私人空间（如庭院、正厅）；在节俗主体上兼顾了节庆中的男女老幼各类群体；在节俗元素方面，既在物的民俗事象上表现得细致入微，也在节俗活动上囊

① ［美］巫鸿：《美术史十议》，生活·读书·新知三联书店 2016 年版，第 58、50 页。

② 主要参考史料为《北京风俗图谱》附录部分：《致武义内雄的书简》《二、关于委托购入〈风俗图谱〉概算一事》《三、北京风俗图谱》《计算书》《收据（一）》《收据（二）》《结算单据》《提交概算的一部分结算单据（第一回）保存用》《结算单据（第二回）》《会计科给文部省回答文的抄件》。详见［日］青木正儿编图，［日］内田道夫解说：《北京风俗图谱》，张小钢译注，东方出版社 2018 年版，附录。

③ ［日］青木正儿编图，［日］内田道夫解说：《北京风俗图谱》，张小钢译注，东方出版社 2018 年版，第 266 页。

括了祀神、祭祖、祈福、休闲娱乐、社交应酬等不同类型。

表 1　　　　　　《北京风俗图谱》"岁时图谱"内容分类

图像名称	对应岁时节日	日期	节俗事象
春联门神、接神爆竹、元宵灯市、喇嘛打鬼、厂甸年节、白云开庙、祭祀灶神、腊月画棚	春节(广义，包括了小年、除夕及元宵节等)	农历腊月二十三至元宵节前后	行为:祭灶、贴春联年画、拜年、迎神、祈福祛邪、休闲游玩等
			事物:年画、春联、风筝、爆竹、阡张、供尖、花灯等
清明戴柳	清明节	节气	行为:扫墓(跪拜、清扫)、戴柳等
			事物:元宝、纸钱、祭品、幡、柳枝等
彩丝系虎	端午节	五月初五	行为:插艾、贴钟馗像、佩戴布虎、吃粽子等
			事物:艾草、菖蒲、布虎、粽子等
什刹赏莲	观莲节	六月二十四	行为:赏莲、品茗、纳凉等
			事物:茶棚、时令食品等
闺女丢针	七夕节	七月初七	行为:"丢针儿"
盂兰法船、中元莲灯、二闸河灯	中元节	七月十五	行为:烧法船,放流法船、河灯等
			事物:盂兰法船、莲花灯、蒿子灯、荷叶灯
中秋拜月	中秋节	八月十五	行为:祭瓜果、拜"月光马儿"
			事物:纸马、月饼、鸡冠花、西瓜等
重阳登高	重阳节	九月初九	行为:登高
拖床冰嬉		冬至后	行为:乘坐冰床

以节俗活动的性质与丰富程度各不相同的春节和清明节为例。从反映北京春节风俗的几幅图像中可以看到,正月前人们兴高采烈地在街市中架起的画棚中购买年画、春联、门神等用品,男性还须在家中祭祀灶神;正月到来后,人们在鞭炮声中祭祖迎神,男性还须遵循礼仪走出家门向亲友投帖拜年(见图 1);至于春节期间外出逛厂甸庙会、去雍和宫白云观祈福祛灾、元宵节逛灯市猜灯谜,更是北京丰富年俗里不可缺少的休闲活动。"清明戴柳"

(见图 2)则通过一幅图像凸显了清明节慎终追远的核心要素,图像中祖先墓前摆放着祭祀用的元宝纸钱,家族少长咸集次第跪拜,为祖先上坟扫墓,其中儿童头戴盘成圆环的柳枝,以求避灾邪、葆青春。总之,通过细致呈现节俗的核心元素,这些图像准确而立体地描绘出了岁时节日的重要习俗。

图 1　春联门神

图 2　清明戴柳

(二)岁时记式图像:北京地方景观的精心凸显

由于历史与文化上千丝万缕的联系,日本对中国风俗的关注由来已久,其中不乏以图谱形式进行的记录与研究,如出版于 19 世纪前后的《唐土名胜图会》《清俗纪闻》等。囿于时代因素,这类书籍以图画的方式辅以文字详细记录、介绍中国的名胜古迹、地方风情、风物风俗等。值得注意的是,其中的图像多由日本人基于传日的中国文献或中国赴日人员的口述内容等整理制作而成,画面上多无特定背景呈现,表现内容较为单一。相较于前人之作,青木正儿在北京进行了实地观察与体验,并聘请北京画师依照主题绘制风俗图像,最终在以图像呈现风俗时将名胜景观符号与岁时风俗融合为一体,勾勒出具有北京地方色彩的风俗图像。仅在岁时图谱中,表现北京特色风俗的图像就有《喇嘛打鬼》《厂甸年节》《白云开庙》《什刹赏莲》《二闸河灯》《拖床冰嬉》等。这些图像不仅呈现出岁时节俗的活动、器物等民俗事象,还将其置于喇嘛庙、琉璃厂、白云观、什刹海等具体且具有北京特色的场景之中,进而完成了对 20 世纪 20 年代北京岁时节俗与名胜景观的图像书写。

以《厂甸年节》(见图 3)与《什刹赏莲》(见图 4)为例。《燕京岁时记》记载:“厂甸在正阳门外二里许……惟至正月,自初一日起,列市半月。儿童玩好在厂甸，红货在火神庙，珠宝晶莹，鼎彝罗列，豪富之辈，日事搜求，冀得异宝。”[1]清末震钧《天咫偶闻》载：“自国初罢灯市，而岁朝之游，改集于厂甸……百货竞陈，香车栉比”，“午前游人已集，而勾阑中人辄于此炫客，必竟日始归。荡子辈络绎车前”，“或以山楂穿为糖壶卢，亦数十，以为游帜”。[2]至于北京什刹海，各种岁时记中亦有记述：“什刹海在地安门迤西，荷花最盛。每至六月，仕女云集……凡花开时，北岸一带风景最佳，绿柳丝垂，红衣腻粉，花光人面，掩映迷离。真不知人之为人，花之为花矣。”[3]北京民众乐于在此时节于荷花盛开的水面上搭起凉棚，设置茶座，岸边则是各种小摊林立，售卖夏季时令小吃。在《厂甸年节》的图像中，老幼妇孺咸集，小吃百货陈列，露天茶肆喧闹纵横；《什刹赏莲》更是细致描摹了什刹海之优美景色、穿戴举止各异的游客以及茶座、凉棚、小摊等商业活动。如此，北京的岁时节俗、都市民众的休闲生活、城市生活风俗景象以图像为载体，在北京特有的具象场景中融为一体。因此，《北京风俗图谱》在表现北京社会风俗的过程中表现出强烈而明确的地方性，这无疑能使其成为极具历史价值与意义的“地方文献”。

图3　厂甸年节

图4　什刹赏莲

这样看来，《图谱》似乎与外销画也颇有可比之处。就题材与受众而言，《图谱》与外销画一样，都以文化他者为欣赏主体，将中国某一地区的社会风

① (清)潘荣陛、(清)富察敦崇：《帝京岁时纪胜 燕京岁时记》，北京古籍出版社1981年版，第52页。

② 李家瑞编，李诚、董洁整理：《北平风俗类征》，北京出版社2010年版，第25页。

③ (清)潘荣陛、(清)富察敦崇：《帝京岁时纪胜 燕京岁时记》，北京古籍出版社1981年版，第73页。

俗作为描绘对象。不过，外销画作为具有装饰观赏功能的商业化工艺美术作品，面对的是庞大的外国市场，其创作目的是满足异域"东方主义"式的猎奇心理，在创作主体与欣赏客体上都具有群体性的特点。与之不同的是，青木正儿制作风俗图的目的在于记录和保存中国风俗资料，并为其文学研究提供材料，于是《图谱》削弱了装饰观赏性，强化了存目的史料功能，即更具真实性与客观性。同时，不同于外销画在创作题材与表现手法上因为互相借鉴模仿而呈现出类型化的特征，《图谱》的内容与风格始终都在策划者青木正儿的把控之中。青木正儿自绘制图谱的念头产生伊始就表明所雇画工须"按我的要求""由我斟酌"①绘制。在历时两年的制图过程中，青木"自编目录付之画师"②，并为取得预期效果而三易画工。画工"按照所给的画题画出草图，由青木教授监督，令其修改或重画之后，再进行正式的制作"③。所以最终的作品表现出一般外销画所不具备的强烈个人性和主观性。正因如此，编图者面对风俗时的视角、意图与立场就成为接近图像历史性质的不可回避的切入点。

三、20 世纪 20 年代语境中北京岁时节俗的"重写"

由于风俗画一般以"写实的、客观的、具象的表现"④形式反映特定时代、地域的风土人情与社会生活，故分析这类民俗图像时无法避开对其所在历史语境的回顾。因此，对《图谱》岁时风俗图像的阐释就需纳入 20 世纪 20 年代的历史框架之中。借助处于同一历史语境下的"风俗叙事"来重新审视青木正儿留下的风俗图像，方能更全面且立体地呈现出图像意义之所在。

青木计划并着手编制风俗图谱的时间主要集中在 1925～1926 年。其间，他实地观察、体验了北京的岁时节俗。与此相关，这一时期正处于民国

① [日]青木正儿编图，[日]内田道夫解说：《北京风俗图谱》，张小钢译注，东方出版社 2018 年版，第 266 页。

② [日]青木正儿编图，[日]内田道夫解说：《北京风俗图谱》，张小钢译注，东方出版社 2018 年版，第 3 页。

③ [日]青木正儿编图，[日]内田道夫解说：《北京风俗图谱》，张小钢译注，东方出版社 2018 年版，第 276 页。

④ 吕少卿：《"风俗"与"风俗画"相关问题略论》，《南京艺术学院学报(美术与设计)》2010 年第 3 期。

政府力图革故鼎新变革历法的第一阶段:推行阳历被视为“革命成功后向世界文明各国看齐的第一件重大改革”①。国家权力介入社会时间系统后,传统历法受到了西方历法的挑战,“具有强烈的人为因素”②的岁时节日民俗也受到了“移风易俗”的冲击,最终社会生活处于双历法并行的双重时间系统之下。由于新旧历法代表着两种不同的生活方式,在面对新兴节俗时,生活在习俗之中的民众并不是同质的,于是既有个人也有作为群体的“民”(诸如官方、知识分子、下层民众等)的现实生活出现了参差变化。

对中国风俗颇为关注的青木正儿显然感知到了当时热闹节俗中所显露出的变迁。20世纪20年代中期,青木正儿观察北京传统年俗时强调:“我在北京过了一次正月,当然是农历。”虽然当时“旧历年关,北京社会比往年多点缀,人心趋于复旧”③,但信步于东四牌楼大街的青木正儿却感叹元宵节“人迹稀少,灯笼亦无,只有小孩子提着小灯在玩耍”,同时“灯谜的风俗也渐渐衰废了”,热闹景象“俱往矣”。④ 对比《唐土名胜图会》中的灯市图像(见图5)⑤,青木正儿在《元宵灯市》(见图6)中微妙地表现了这样的社会变迁:各式灯彩依然如期悬挂于商铺廊檐之下,男女老幼仍旧往来于街市,但热闹程度相较于同时期的腊月画棚和清中期的灯市已然衰微,且图像中赫然出现的电线与电线杆、人物发型与衣饰风格的混杂也宣告着都市生活的变化。1927年前后中国也有文章指出:“民国即无所谓灯市,不过商界维持买卖,差不多的都要挂一挂灯。”“挂灯一事……要从表面上说,中国灯绝干不过西门子,好歹安上几个电灯,就比蜡灯亮的多……须知上元挂灯,本意原为点缀节令,并不是为他照如白昼,不想到了这种年月,连风俗节令都照顾了外国”,最终“有灯节之品,无灯节之实”。⑥ 显然,青木正儿也留意到两节并行

① 刘爱华:《“新礼”与旧俗的对峙:民国时期废历运动宣传策略的误区及其阐释》,《民俗研究》2020年第5期。

② 陶立璠:《民俗学》,学苑出版社2003年版,第240页。

③ 《国内专电》,《申报》1925年1月27日。

④ [日]青木正儿:《竹头木屑》,[日]内藤湖南、[日]青木正儿:《两个汉学家的中国纪行》,王青译,光明日报出版社1999年版,第127、130页。

⑤ [日]冈田玉山等编绘:《唐土名胜图会》卷三,北京古籍出版社1985年版。

⑥ 待馀生、逆旅过客著,张荣起校注:《燕市积弊·都市丛谈》,北京古籍出版社1995年版,第160、163页。

的社会现实中，北京节俗随着“西洋文明的袭来”而“渐渐衰落了”[①]，进而产生了饱含着个人感情的思考，而使《图谱》的岁时图像呈现出耐人寻味一面。

图5 灯市

图6 元宵灯市

如果将《图谱》中的岁时图像分开来看，每一幅图像都毫无疑问地呈现出相应节日的部分习俗内容，但若将这些图像视为一个整体，置于同时代文字证据的参照之中，就不难发现具有突出写实性的图像有着令人不易察觉的“欺骗性”。例如，政府试图弱化的春节习俗在岁时《图谱》中占据了8幅的数量，而新的岁首节日元旦却并不见踪迹。与之类似，《清明戴柳》所呈现的无不是清明节传统节俗的民俗事象，清明植树节的相关信息并未出现。《图谱》所涉及的节日均属于农历节日，它着力描绘的习俗也均为传统内容，同时图像的叙事主体始终是民众，而新历节日、旧历岁时节日中的新式节俗以及带头过新节的政府都难觅踪迹。因此，青木正儿对新兴节俗的“不呈现”并非是他未曾留意，而是恰恰说明了他的有意而为。

当图像进入历史时，图像通过自身的“运动性、脆弱性、非线性、暧昧性等特点，对线性的、知识的、叙述的历史本身产生质疑、批判与穿透打碎的作用”[②]，即“图像—历史”的这种联结和进入使历史本身受到质疑，进而为触摸历史本身（历史事实）提供可能。因此，在面对风俗图像时，除了阐释图像的

① [日]青木正儿：《竹头木屑》，[日]内藤湖南、[日]青木正儿：《两个汉学家的中国纪行》，王青译，光明日报出版社1999年版，第131、130页。

② 唐宏峰：《“图像—历史”：“历史3”何以可能——对图像证史的反思》，《探索与争鸣》2020年第3期。

可见内容，以审慎的态度关注风俗图像中的"非作"与不可见性以及随之而来的对历史本身的重构，也是必要且有意义的。这样，青木正儿的岁时图像叙事就具有了更为重要的作为证据的价值和能力。它们既意味着社会变革时期传统岁时节俗仍以比较完整的形态活跃在下层民众的日常生活之中，也从侧面说明政府对节俗的改造与发明并未彻底进入都市民众日常生活中，最终出现新旧节俗杂陈、旧节新过的现象。不过，以图为证时应当以研究图像制作者的目的为起点，因此，更值得探讨的是青木正儿编图意图与立场的价值。青木正儿对处于新时空之中的北京传统风俗的记录与呈现、回避与"非作"，是青木正儿对20世纪20年代北京岁时节俗带有个人色彩的"重写"。而其对北京风俗的筛选与表达，也重构了青木视角中的"北京风俗"。

四、图像之外：《图谱》岁时节俗图像叙事的视角与情感

"图像研究不仅是对客体的研究，更是对主体的研究"①，因此无论是图像制造者还是命人制造图像者之意图与观念都是不应被忽视的对象。基于《图谱》产生的社会情境，重新审视《图谱》，就能体会到青木正儿在制图时隐藏在构思、设计之中的意识与思考。

(一)青木正儿的文化他者视角

在步入近代以前，"以中国为中心的朝贡体制的羁绊"②使日本处于中国文化的笼罩之下。不过，"江户时期日本摄取中国文化的动机完全来自日本内部，是根据自身需要的极其主观的摄取，所以日本化的程度也相应较深"③。随着日本经济文化的发展及西方文化的渗透，日本逐渐将目光转向西方，并以消解本土传统为代价努力西化。可是，"就身份认同的形式来说，现代性是一种强制性的自我否认状态，它强制性地将西方的非西方想象内

① 赵世瑜：《图像如何证史：一幅石刻画所见清代西南的历史与历史记忆》，《故宫博物院院刊》2011年第2期。

② 葛兆光：《宅兹中国：重建有关"中国"的历史论述》，中华书局2011年版，第175页。

③ [日]沟口雄三：《作为方法的中国》，孙军悦译，生活·读书·新知三联书店2011年版，第127页。

在化了,将之变成了非西方的自我认同"[①]。这种非西方的现代性带来了地缘政治、文化和心理创伤以及某种身份认同危机。伴随着日本确立"西方文明中心观"而来的是日本对自身和中华文明的否定,以及通过中国来确认自身优越性。这样,现代化的日本"以中国为媒介确立自己的文化认同"[②],中国成为作为近邻的亚洲内部的"他者"。青木正儿所在的日本京都学派提出"将中国作为中国"作为研究方法,这一主张也同样将中国置于他者的位置上。

明治六年(1873),作为近代化政策之一,明治政府采用了阳历,即新历,很多按旧历日期进行的节日如新年等均改为新历的日期。在青木正儿三赴中国的20世纪20年代,日本正处于经济高速增长的大正时期。这一时期,日本发展了明治维新后的近代化成果,产生了大众消费的经济模式,迈入了大众社会。不过,"现代性就是社会不断从传统走向现代,走向更加现代和更新现代的变迁过程"[③]。传统因现代而被赋予意义,当传统以现代而发生时,传统本身就成为被观察的他者,而回归传统就成为逃离现代性的选择。其时,日本已经出现商品化的大众文化,而"城市居民自由的生活感觉与孤独感,成了大正文化的基调"[④],于是"怀古趣味"应运而生。可是西化进程使日本出现了文化断裂,于是近代落后了的中国文化就被放置于区别于西方文化所象征的"现代"的维度。这样,对日本文化影响颇深的中国传统文化成为可供消费的他者之一。

于是,在双重他者视角之下,青木正儿观察并记录北京传统岁时节俗,并在面对中国以及风俗文化时始终持有日本的立场。正如他在游记中所写的那样:"从车窗眺望油菜地和青麦田,不知不觉好像正旅行在日本的国土上。我涉足中国文学,现在为了了解中国又把自己置身于其间,但我还是热爱日本的。京调的音乐和随便擤鼻子吐痰的中国人我无法喜欢,只有面对

① [美]史书美:《现代的诱惑:书写半殖民地中国的现代主义(1917～1937)》,何恬译,江苏人民出版社2007年版,第164页。

② [日]沟口雄三:《中国的冲击》,王瑞根译,生活·读书·新知三联书店2011年版,第9页。

③ 郑杭生:《现代性过程中的传统和现代》,《学术研究》2007年第11期。

④ [日]竹村民郎:《大正文化——帝国日本的乌托邦时代》,欧阳晓译,上海三联书店2015年版,第109页。

自然美景我才心情愉快。”[①]青木正儿在美好的景色与日本之间建立联系，将落后的形象与中国联系起来，从而在对照之中从某种程度上实现了对日本文化身份的认同与强调。不过，也正是由于始终具有距离感的他者立场，作为颇为了解中国文化的中国学家，青木正儿对中国文化才会显现出复杂的另一面。

（二）“怀恋旧事”：对中国的文化乡愁

作为人类共享的感情形态，乡愁涵括了一种“对过往的旧物陈事深切缅怀或感慨万千的复杂情绪”，是“有距离感的审美和想象”。[②] 时间上回溯式的顾恋与空间上的错位与距离，使乡愁文化具有回归性的指向意义，在怀旧的心态中蕴含着“排斥式的期待”[③]。这种“排斥”式的情绪并非完全意义上的否定，而是反映出心理诉求中兼具浪漫与现实的状态，其中包括了从现代想象古代的思古幽情——它依据当下的情感需求将缅怀与念想的对象予以理想化和浪漫化。

实际上，日本的汉学家们大都怀有“对中国的乡愁”。同为京都学派代表学者的吉川幸次郎（1904～1980）在提出“对中国的乡愁”时说道：“中国的思想，都是人类的故乡之一，一到某种时刻，有意无意的，就在讲述着对它的乡愁。”[④]乡愁在文化层面上体现出的对过往人与事的亲近感、归宿感，是基于文化寻根意义上的心灵回归。青木长期将中国古代生活作为研究对象，并寄予了内心的情感体验。随着青木对中国文化的了解逐渐深入，他愈发感到自己与中国古代文化在审美趣味方面的契合，他感叹：“中国的文学美术以及花和饮食，大概都比日本的香味浓厚。”[⑤]于是，走在西湖畔的青木说道：“三弦的曲调使我流连忘返”，“走在灯光灿烂的西湖畔的街头，便想象南

① ［日］青木正儿：《江南春》，［日］内藤湖南、［日］青木正儿：《两个汉学家的中国纪行》，王青译，光明日报出版社 1999 年版，第 110 页。

② 周星：《现代民俗学应该把乡愁与本真性对象化》，《华东师范大学学报（哲学社会科学版）》2021 年第 1 期。

③ 刘爱华：《城镇化语境下的“乡愁”安放与民俗文化保护》，《民俗研究》2016 年第 6 期。

④ ［日］青木正儿、［日］吉川幸次郎等：《对中国的乡愁》，戴燕、贺圣遂译，复旦大学出版社 2012 年版，第 120 页。

⑤ ［日］青木正儿、［日］吉川幸次郎等：《对中国的乡愁》，戴燕、贺圣遂译，复旦大学出版社 2012 年版，第 9 页。

宋临安瓦子的繁华,《都城纪胜》《梦粱录》足以满足我的嗜好”。[①] 在北京期间,青木从儿童玩具“弹弓”和百姓家的竹扫帚中感到古代文化中的许多事物依然留存在中国民间。这些观察与思索无不展现了他对“古风昔物”的追思以及对中国文化的深刻感知。正是对中国传统思想价值的肯定促成了青木正儿对中国文化的认同,进而使得其在凝视现实中国时,关注古典情趣的眼光带着富于个人主观色彩的滤镜。

作为异域文化的他者,青木不断深入探寻中国传统文化,在与其本民族文化的比较后出于对中国古典文化的崇敬,更加产生将这种文化传播给自己国人的热情。从这个意义而言,“青木正儿的中国文化研究是他的寻根之旅”[②]。不过,这种对中国“古典的兴趣”,“对中国和中世中国的关心,说得干脆一点,就是对日本的文化传统的关心,或者说是由日本的文化传统而引发的兴趣”[③]。因此,或许可以说,由于日本文化现代性刺激了回归文化传统的意识的产生,青木在当时缺省了近代化进程的中国的古典文化中,迂回地找到了精神家园,在认同与追思怀想之中对传统中国文化产生了浪漫化的“乡愁”。

然而,青木也注意到北京前门大街“相当于京都的四条、东京的银座,已经实现了电气化”,前门外涌现出一批批新式商店,老式的商店招牌已不见踪影。这样的情形让青木正儿忆及日本德川时期江户也曾有类似的招牌在时代变迁中消亡殆尽,因而更让他“徒增惘然”[④],产生了类似于柳亭种彦[⑤]“犹如怀恋旧事一般”[⑥]的心情。鉴于柳亭种彦等人曾从旧时绘本中搜集望子式招牌的图形,青木也想要记录下被他视作“传统”却面临时代冲击的北京风俗。如此一来,青木正儿在新旧并存的节俗中选择并着力描绘出传统岁时节俗的做法便不难理解了。青木正儿对北京传统岁时节俗的记录与叙

---

① [日]青木正儿:《江南春》,[日]内藤湖南、[日]青木正儿:《两个汉学家的中国纪行》,王青译,光明日报出版社 1999 年版,第 100 页。

② 马宝民:《日本汉学家青木正儿的中国文化乡愁》,《国际汉学》2019 年第 2 期。

③ [日]沟口雄三:《作为方法的中国》,孙军悦译,生活·读书·新知三联书店 2011 年版,第126~127 页。

④ [日]青木正儿:《竹头木屑》,[日]内藤湖南、[日]青木正儿:《两个汉学家的中国纪行》,王青译,光明日报出版社 1999 年版,第 127 页。

⑤ 柳亭种彦(1783~1842),日本明治时期戏作文学作家,除风俗小说之外兼擅俳句、狂歌等,并有一些关于风俗、语言的考证性文章。

⑥ [日]青木正儿编图,[日]内田道夫解说:《北京风俗图谱》,张小钢译注,东方出版社 2018 年版,前言。

事表明，相较于新兴节日与习俗，旧历风俗被他视为传统且需要被珍视的文化，而这正是青木正儿对中国文化怀有乡愁的表现。在青木正儿主要学术研究与个人经历中[①]，这种文化上的认同感与他者立场的距离感共同构成了青木正儿中国风俗研究的底色。

结　语

“从某个层面上看，图像是不足信的史料，是歪曲了的镜像”，但“从过去的表象中发现的歪曲，恰恰可以用来证明过去的观察角度和‘凝视’”。[②] 青木正儿多次更改制图思路，精心选择图像题材并反复修改草图，最终使图像所呈现的风俗表相与现实风俗本相之间拉开了距离。这种带有想象和重构意味的叙事，表明青木对中国传统风俗有着值得深究的立场与情感。将《北京风俗图谱》中的岁时风俗画像回置于其历史原境后，其历史功能与历史意义由此浮现出来。一方面，它们不仅是存目风俗的图像资料，还在图像叙事之中表达着其与社会风俗本相之间的张力。另一方面，岁时风俗图作为一个整体，超越了文学研究资料的功能，成为编图者青木正儿对中国传统文化怀有文化乡愁的图像佐证。1922 年，青木正儿游历江南，面对新建了许多欧式建筑的西湖，他并不如别人那样“失望”，但也并不多加赞扬：“西湖并不是为个别好管闲事的日本人保存的古董，西湖是活的，是动的。”[③]青木正儿接受随时代发展而变迁的建筑与文化，但是“诗趣”却让他注目于古典与传统的事物。因此，青木正儿对传统岁时节俗的呈现与对现代节俗的规避，并不意味着他将传统与现代对立起来，而是作为来自现代化程度更高的国家的文化他者，将北京传统风俗作为一种现代视野中“家园”想象投射的对象。于是，他所记录下的北京风俗图像，既是生动细致的写实图谱，也是对被他视作传统符号的风俗的充满想象与憧憬的浪漫化重写。

---

① 青木正儿以中国俗文学为主要研究对象，并在 20 世纪 20 年代三次广游中国，体验、关注并搜集了许多关于中国民间风俗的资料，并最终以游记、学术考证等文本形式呈现出其对中国传统文化的向往。详见刘倩：《“怀恋旧事”与“溯源风俗”：〈北京风俗图谱〉的北京书写》，北京民俗博物馆编：《北京民俗论丛》第八辑，中国社会科学出版社 2021 年版。

② [英]彼得·伯克：《图像证史》，杨豫译，北京大学出版社 2018 年版，第 37 页。

③ [日]青木正儿：《江南春》，[日]内藤湖南、[日]青木正儿：《两个汉学家的中国纪行》，王青译，光明日报出版社 1999 年版，第 98 页。

图俗互证视角下北京地区寒衣节习俗及其变迁*

刘潞欣**

摘　要

寒衣节主要是指人们在农历十月初一通过燃烧寒衣以及其他种类丧葬祭祀用纸品，以追思逝者的传统节日。在北京地区，相关节俗事象及其变迁至今仍有迹可循并反映出该地区该节日较为丰富的节俗内涵。运用家乡民俗学、图像学的视角与方法，结合海内外所藏历史时期地方志、文人笔记、图像资料以及田野调查资料，在图像与民俗互证的过程中，或可进行北京地区寒衣节习俗及其变迁的阐释，进而对相关节俗事象的构成、变迁过程、变迁原因、节俗内涵以及女性参与等方面进行总结，提出对于传统节日研究与相关类型非物质文化遗产保护、女性民俗研究以及地区间甚至全球范围内文化间交流与理解等方面的浅见。

关键词

北京地区　寒衣节　图俗互证　事象与变迁

寒衣节主要是指人们在农历十月初一通过燃烧寒衣以及其他种类丧葬

* 本文系国家社科基金重大招标项目“中国古代农耕图像的搜集、整理与研究”(20&ZD218)的阶段性成果。

** 刘潞欣，中国社会科学院大学历史学院硕士研究生。

祭祀用纸品，以追思逝者的传统节日。寒衣节长期以来有“送寒衣”“送寒衣节”“烧寒衣”“下元(节)”“鬼节”等诸多代称。对于该节日，目前学界已有一些相关讨论，如萧放对该节日的发生发展、节日仪式、相关民间文学作品等方面进行了相对全面的梳理与论述。[①] 邵凤丽则在萧放研究的基础上，补充了更为丰富的地方志与民俗资料，对寒衣节作了相对更为深入的分析。[②] 但整体来看，针对某一地区寒衣节的节俗事象所进行的个案研究仍相对不足。比如北京地区，自元代至今，寒衣节的节俗事象就较为丰富，记载也较为连贯，具有一定的特色与研究空间。基于此，本文将主要运用海内外所藏北京地方志、文人笔记等文献资料与图像资料，结合2021年10月下旬和农历十月初一寒衣节当天(2021年11月5日)北京市东城区和平里街道[③]寒衣节田野调查资料，通过图像与民俗之互证，管窥北京地区寒衣节的节俗事象及其变迁。

一、作为用品的“烧纸”

寒衣节的节俗事象大致在宋元时期就已形成较为明晰的面貌。《东京梦华录》曾载九月“下旬即卖冥衣、靴鞋、席帽、衣段，以十月朔日烧献故也”[④]，可见宋代即已在一定程度上发展出在十月初一这一特定日期，通过焚烧给逝者提供保暖服饰的习俗。而根据目前可知的、最早专写北京地方史地的元代《析津志辑佚》所载：“是月，都城自一日之后，时令谓之送寒衣节。”[⑤]可知至少从元代开始，北京地区的人们已将农历十月初一作为特定节日，进行“送寒衣”的相关活动。从笔者所进行的田野调查看，北京地区寒衣

---

① 萧放：《十月朔·秦岁首·寒衣节》，《文史知识》1999年第11期。

② 邵凤丽：《“十月一”与寒衣节》，《文史知识》2021年第11期。

③ 和平里街道位于北京市东城区最北端，元代位于安贞门内丹桂坊、泰亨坊，明代为安定门关厢，清代属北城灵中坊，民国初年属京兆地方大兴县。1949年，中华人民共和国成立后属东城区。最早从20世纪50年代末开始，和平里街道即作为航天工业属性的国家事业单位选址所在。受此时代环境影响，一系列配套宿舍区或家属院如二三九厂宿舍、国家航天部宿舍等也在这一区域陆续建成，相关单位员工世代工作、生活于此。时至今日，该街道内一个家族三代甚至四代人住所毗邻甚至同堂居住的情况仍较为多见。参见张树槐、靳云华、严岩主编：《北京市东城区和平里街道志》，方志出版社2008年版，第1页。

④ (宋)孟元老撰，伊永文笺注：《东京梦华录笺注》，中华书局2006年版，第817页。

⑤ (元)熊梦祥著，北京图书馆善本组辑：《析津志辑佚》，北京古籍出版社1983年版，第223页。

节的节日用品与节日仪式均主要用“烧纸”一词指代[①]，主体节俗仪式集中于农历十月初一这天进行。接下来我们先对作为用品的烧纸及其变迁做具体描述与分析。

“烧纸”是“寒衣(其中特殊一类称为‘皮袄皮裤’)”“纸钱”“冥币”“包袱”“书信”等一系列寒衣节节日用品的统称。近20年来，北京地区的烧纸主要来源于路边摊贩，基本上在寒衣节前由流动摊贩在街上售卖，大多由40岁以上中年妇女售卖。近几年，随着网络电商的流行，一些专卖烧纸的网店也成为获取烧纸的新途径。此外笔者在调查中还了解到，医院附近的寿衣店、寺庙附近的香火店也同样售卖烧纸。

从明中期以来北京地区的地方志、文人笔记“坊民刻板印以出售，农民竞以是月初一日，鬻去，焚之祖考，名曰送寒衣”[②]，“故居民每届九月下旬，纷纷筹划送寒衣，于是纸店均利市三倍”[③]等记述中可见，从他处购买的烧纸获取途径由来已久，而今天纸肆、纸店逐渐让位于寿衣店与香火店、路边摊贩、网店等形式。

(一)“寒衣”与“皮袄皮裤”

在烧纸中，最为重要同样也最具寒衣节特色的是“寒衣”。寒衣是一个家庭内生者为逝者制作或购买的纸质衣裤，象征御寒保暖，大小通常为20厘米长、10厘米宽，彩色双面印刷传统对襟团花图案。这一节日用品，在不同时期、不同地区又有着“寒衣纸”“冥衣”“冥衣纸”等别称。

通过梳理各类文献可知，纸质衣裤或发源于明清以来节日用品中的“五色彩纸衣”。这在文献中多有记载，如“坊民刻板为男女衣状，饰文五色”[④]，“纸肆裁纸五色，作男女衣，长尺有咫，曰寒衣”[⑤]，“裁五色纸作男女衣，曰寒

① 访谈人：刘潞欣；访谈对象：华章；访谈时间：2021年10月24日；访谈地点：北京市东城区华章家中。

② (明)沈榜：《宛署杂记》，北京出版社1961年版，第168页。

③ 张江裁：《北平岁时志》卷十，东方文化书局1972年版，第2页。

④ (明)沈榜：《宛署杂记》，北京出版社1961年版，第168页。

⑤ (明)刘侗、于奕正：《帝京景物略》，北京古籍出版社1982年版，第70页。

衣"[1],"或剪彩纸如人衣状"[2],"寒衣者,以五色纸剪之为衣裤,长不满尺"[3],等等。清末、民国初期,主要延续采用彩色甚至带有纹饰的纸张制作寒衣的习俗。对此,常人春曾回忆:"它是用冥衣铺糊烧活的彩色蜡花纸,裁成布匹形状的长条,一般是一张纸破三条或四条。粉红色的印上白色图案;白色的则印上青莲色的图案;黄色的则印上红色图案(一般均为牡丹、菊花、蝴蝶的连续图),也有用素色纸的。有的把这寒衣纸剪成衣裤状,有的不剪,直接装在包有纸钱、冥钞的包裹里焚化。"[4]大约成书于这一时期的《年节习俗考全图》对此亦有所描绘(见图1):蓝衣儿童正焚烧一件粉红色衣状物。由画家简练概括的用笔与同款衣状物堆叠的形态可见其材质较为轻薄,而配图文字更是指明了烧纸衣(burn paper clothing)的节俗内容。

图1 烧纸衣(局部)[5]

① (清)李开泰、张茂节等纂:康熙《大兴县志》卷一《风俗考》,清康熙二十四年刻本传抄本。

② (清)让廉编:《京都风俗志》,中国国家图书馆网,http://read.nlc.cn/OutOpenBook/OpenObjectBook?aid=416&bid=55230.0#reloaded,2018年7月9日(2022年5月10日)。

③ 张江裁:《北平岁时志》卷十,东方文化书局1972年版,第2页。

④ 常人春:《老北京的风俗》,北京出版社2019年版,第174~175页。

⑤ 佚名:《年节习俗考全图》,书格网,https://www.shuge.org/ebook/zhongguo-nian-jie-xi-su-kao/, 2015年3月29日(2022年5月10日)。

笔者通过调查发现，在北京市东城区和平里街道的寒衣节习俗中还存在一类更高级的寒衣形式，即“皮袄皮裤”。这一形态的寒衣，至少清末民初就已出现。正如《老北京的风俗》所载：“还有的更为讲究的富人，则是请冥衣铺的裱糊匠糊一些皮袄、皮裤等高级冬装。”[①]而所谓的“皮袄皮裤”，据访谈可知，不是用真正羊皮制作的、符合生者体态穿着的真实生活中的衣裤，而是以电光纸、白纸为原料，运用剪刀、尺子、胶水等工具，模仿外面是棉布、里衬是羊羔毛的真实皮毛类服装样式裁剪而出的大小约20厘米的衣裤状纸片。其中，电光纸是一类相对特殊的材料，目前较为少见：“比普通的纸，它的硬度要硬，然后它等于有一面是白的，另外一面就我理解好像刷了一层漆……好像特别亮。但是现在的纸的品种比我小的时候纸的品种要多得多，现在的纸上都印着暗花，而且花色也多，就是真的跟那种布料似的。现在这种电光纸好像很少了，我们现在买的那种纸都是接近于布面的纸。”[②]这类“皮袄皮裤”，在20世纪四五十年代至七八十年代的北京地区均为家庭手工制作。工序较为简单：先将购买的电光纸剪成对襟式样的衣服形状，再用白纸剪成面条状的穗缕，粘贴在电光纸没有反光的一面，如此一件“皮袄”就制作完成了。之所以采用电光纸，主要是因为其反光的特性大致类似真实皮料的质感。“皮袄皮裤”的款式除对襟外，还会做成当时流行的棉袄棉裤状。此外，还会做一件类似长大衣款式的衣服。颜色选择就像为生者选择衣服的颜色一样，男性逝者多用黑、灰、蓝等色，女性逝者多用粉、白、金等色。具体数量则根据每家的逝者数而定。20世纪90年代以后，因为原料缺失、技艺流程与图案样式断层等，家庭制作“皮袄皮裤”已越来越少，成品“皮袄皮裤”逐渐成为主流。进入21世纪，家庭多以购买成品“皮袄皮裤”代替自己制作，其样式同时亦发生了一定转变：用胶水粘贴两片彩印传统对襟团花衣服形状草纸，再在粘贴缝隙中夹入几缕棉花，就如同真正的棉衣那样。

（二）纸钱与冥币

纸钱、冥币同样是烧纸的重要组成部分。对此，罗信耀曾指出，在20世

① 常人春：《老北京的风俗》，北京出版社2019年版，第174～175页。

② 访谈人：刘潞欣；访谈对象：华章；访谈时间：2021年10月24日；访谈地点：北京市东城区华章家中。

纪30年代左右,“这种纸用上好的白竹纸,用月牙形和方形的刀具凿刻出一排排钱币的图案”[①](见图2)。而当代“纸钱”是指专门经营纸钱制作的现代工厂,用定制形状的裁纸机器,在黄色或白色稻草纸上打出的圆形方孔钱。

图2 罗信耀绘制的20世纪30年代纸钱图样[②]

“冥币”在整体外观上与日常生活中流通的纸币类似,但亦有诸多不同:画面上部为“阴曹地府银行”或“天地通用银行”,右部为头戴古代冠冕的“阎王爷”形象,面值几百万至几万亿不等。这一现象其实早在20世纪二三十年代就已出现,如罗信耀就记载说:“引进了现代银行体制,连阴间银行的名称都赫然印在上头了,如酆都银行、天堂银行之类。”[③]而这种转变,可能与名为“孝纸钱”的纸品有关。图3所示为20世纪30年代流行于北京地区的孝纸钱及其印板。由其“用钱一万文”以及“金银资财”的字样,可以推知其已具备一定的冥币功能。同样是20世纪30年代流行于北京地区的焚烧用纸币与硬币(见图4),则一方面兼具当时流通货币的真实性特征——一定程度上反映出当时中国北方的商业化特性,另一方面与现代冥币在版式构图与部

① 罗信耀著,罗进德译写:《旗人风华:一个老北京人的生命周期》,文津出版社2020年版,第286页。

② 罗信耀著,罗进德译写:《旗人风华:一个老北京人的生命周期》,文津出版社2020年版,第287页。

③ 罗信耀著,罗进德译写:《旗人风华:一个老北京人的生命周期》,文津出版社2020年版,第286~287页。

分元素使用上(例如繁复的滚边等)已很是相近。由此可知,冥币的出现与使用在一定程度上受到近现代金融的影响,并反映了近现代货币金融变迁的情况。

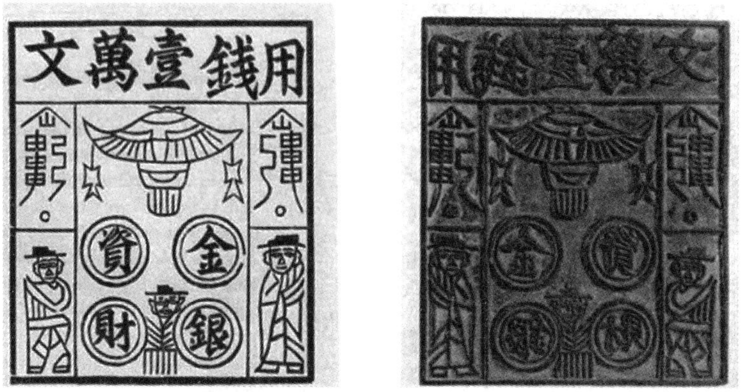

图 3　北京地区 20 世纪 30 年代的孝纸钱及其印板①

图 4　北京地区 20 世纪 30 年代焚烧用“纸币”与“硬币”②

① Dard Hunter, *Chinese Ceremonial Paper: A Monograph Relating to the Fabrication of Paper and Tin Foil and the Use of Paper in Chinese Rites and Religious Ceremonies*, Chillicothe: Mountain House Press, 1937, pp. 65-66.

② Dard Hunter, *Chinese Ceremonial Paper: A Monograph Relating to the Fabrication of Paper and Tin Foil and the Use of Paper in Chinese Rites and Religious Ceremonies*, Chillicothe: Mountain House Press, 1937, pp. 65-66.

(三)“书信”与“包袱”

“书信”是寒衣节烧纸中的又一重要内容。书信的用纸材质、大小并没有特别的讲究,但为表示对逝者的尊重,特别要求是正反面均没有文字、图案、横线网格等的白纸。文字写法和内容则有相对特殊的要求:“竖着从右往左写,先写‘寄阴曹地府阎罗殿转给某某大人收’,然后另起一行,写明从哪里寄,通常是家庭地址。比方说咱家就是北京市东城区和平里街道寄。”①明中期以前“书信”的情况,已不得而知。据《帝京景物略》“十月一日,纸肆裁纸五色,作男女衣,长尺有咫,曰寒衣。有疏印缄,识其姓字辈行,如寄书然”②的记载可知,最迟自明中期开始,“书信”已成为烧纸的重要组成部分。

至于“包袱”,根据康熙《大兴县志》及《帝京岁时纪胜》《京都风俗志》等文献记载可知,其主要出现于清代后期至民国初年。④ 结合目前见到的最早描绘包袱内容的《清国京城市景风俗图·卖纸包袱》(见图5),可知至迟在清代末期已开始将包袱作为一项较为重要的节日用品。对此,文献中亦多有呈现与记载,如“鬼也寒衣送,霜风十月交。纸灰飞不远,门外见烧

图5　卖纸包袱③

---

① 访谈人:刘潞欣;访谈对象:华章;访谈时间:2021年10月24日;访谈地点:北京市东城区华章家中。

② (明)刘侗、于奕正:《帝京景物略》,北京古籍出版社1982年版,第70页。

③ 佚名:*Les Rues de Pékin*(《清国京城市景风俗图》),书格网,https://www.shuge.org/ebook/jing-cheng-shi-jing-tu/,2014年1月16日(2022年5月10日)。该图配有文字说明:marchand de sacs en papier coloré & faux pains d'argent & d'or pour les Idoles,翻译成中文为:为塑像提供彩色纸袋和假金银财宝的商人。

④ 康熙《大兴县志》:“十月一日,裁五色纸作男女衣,曰寒衣。修具祀其先,持楮锭焚之,曰送寒衣。或有祀于墓者。天始寒,里中父老多捐资劝募,就寺庙施粥,施汤水,施棉衣。”《帝京岁时纪胜》:“十月朔,孟冬时享宗庙,颁宪书,乃国之大典。士民家祭祖扫墓,如中元仪。晚夕缄书冥楮,加以五色彩帛作成冠带衣履,于门外奠而焚之,曰送寒衣。”《京都风俗志》:“十月朔日,人家奠先人于坟墓,或剪彩纸如人衣状,及楮钱等物焚之,谓之送寒衣。谚云‘十月一,送寒衣’,即斯时也。严寒将来,送衣于祖考,不忘本也。”

包”[①]，北京竹枝词亦有“寒衣好向孟冬烧，门外飞灰到远郊。一串纸钱分送处，九原倘可认封包”之语，并注曰“纸钱银锭作大封套，上写其祖先某某收拆”。[②]

大英博物馆藏19世纪中国外销画《烧包袱之图》(见图6)，无论是明确的题字内容“每逢十月初一日乃后人用纸包袱焚之”，还是妇女左手握信笺以及已经燃烧中的淡黄色纸包，均描绘了寒衣节烧包袱的情形。

图6 烧包袱之图[③]

清代末期寒衣节另一个值得注意的现象是包袱与书信开始合而为一，即在包袱上直接书写书信内容。“外有纸袱盛之，上书祖先爵秩名号，及年月日，下注后裔某某谨奉，入夜呼而焚之，亦有焚于冢上者，此所以有十月一送寒衣之谚也。”[④]“包袱者，以冥镪封于纸函中，题其姓名行辈，如前所云。”[⑤]包袱开始用于配合其他烧纸的焚烧，同时还具有一定的盛放与收寄的复合功能。甚至寒衣亦直接被包袱所代替，如《燕京岁时记》所载：“今则以包袱

① 李家瑞编：《北平风俗类征》，中国国家图书馆网，http://read.nlc.cn/OutOpenBook/OpenObjectBook? aid=416&bid=11144.0，2018年7月9日(2022年5月10日)。

② (清)杨米人等著，路工编选：《清代北京竹枝词(十三种)·燕台口号一百首》，北京古籍出版社1982年版，第31页。

③ 佚名：《街头各行业人物》，大英图书馆网，https://www.bl.uk/manuscripts/FullDisplay.aspx? ref=Or_11539，2014年1月16日(2022年5月10日)。

④ 张江裁：《北平岁时志》卷十，东方文化书局1972年版，第2页。

⑤ (清)潘荣陛、富察敦崇：《帝京岁时纪胜 燕京岁时记》，北京出版社1961年版，第79页。

代之，有寒衣之名，无寒衣之实矣。”①

民国时期包袱的形态，由《北平岁时志》相关记载可见一斑：“一为包袱，系用白色毛头纸糊成约尺余见方之袋，惟上口不封，袋面用黑色印成佛经咒文，中间留有长方空白，以备填写收者之名号，下方则收者自填姓名，并书明冥衣若干，金银锭若干。”②达得·亨特(Dard Hunter)在20世纪30年代收集的华北地区的“华包袱”(见图7)，其中部空白处用以填写逝者姓名，左边空白处用以填写年月日甚至是更为精确的焚烧时间。这些要素已构成书信的样貌，而这一物品也被命名为包袱，可见包袱与书信的融合在民国时期获得了更为明显的发展。

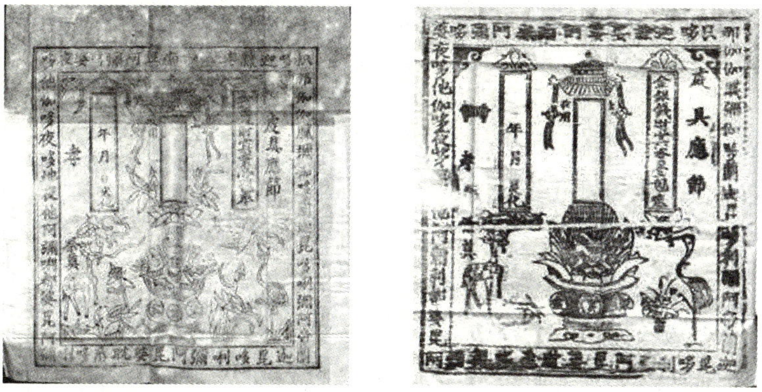

图7　华包袱(hua pao-fu)③

时至当代，“包袱”又出现了新的花样。其中一种，长210毫米，宽297毫米，白色底色，正面彩印故址、寄址、碑亭牌位等三栏内容，背面彩印“金钱袋附言百世流芳”字样，一定程度上也是包袱与书信融为一体。可见在烧纸的流变中，书信的单独准备或与包袱融为一体的情况相对并行，至今依然。

二、作为仪式的“烧纸”

由调查可知，寒衣节正式的焚烧仪式同样被称为“烧纸”，要在农历十月

① (清)潘荣陛、富察敦崇：《帝京岁时纪胜 燕京岁时记》，北京出版社1961年版，第79页。

② 张江裁撰：《北平岁时志》卷十，东方文化书局1972年版，第2页。

③ Dard Hunter, *Chinese Ceremonial Paper: A Monograph Relating to the Fabrication of Paper and Tin Foil and the Use of Paper in Chinese Rites and Religious Ceremonies*, Chillicothe: Mountain House Press, 1937, pp. 42-43.

初一当天“晚上8点至夜里12点之前”这一时段进行；地点以“先人能够容易收到”为佳，在北京地区一般会选择去河边或去十字路口等地方。[①] 而近代以前，烧纸的地点与现在略有不同，通常就在家门之外。例如，明代的《帝京景物略》记载说：“十月一日，家家修具夜奠，呼而焚之其门，曰送寒衣。”[②]进入清代，“是日，京城士女竞烧冥帛于门外，谓之‘送寒衣’”[③]。乾隆《延庆州志》亦云：“十月朔日，家家剪纸为衣，或竟用色纸以充绸帛。各于大门外焚哭，谓之‘送寒衣’。”[④]道光、光绪年间亦是“纸灰飞不远，门外见烧包”，并注曰“十月朔日，人家祭祖，送寒衣，烧包袱，多在家庭，不皆墓祭”。[⑤] 不过，在其他地点，如坟冢、街道上焚烧的情况也有相关记载，多见于清代晚期与民国时期。如《京都风俗志》曰：“十月朔日，人家奠先人于坟墓，或剪彩纸如人衣状，及楮钱等物焚之，谓之‘送寒衣’。”[⑥]《北平岁时记》亦载：“十月上坟烧纸，迄于今世，纸包袱一到傍晚，依然焚化满衢。”[⑦]

历史上，北京地区一直还有寒衣节上坟扫墓祭祀的传统，这在文献中多有记载。例如：“十月朔，士民家祭祖掃墓。”[⑧]“十月初一日为市民祭扫坟茔之期，俗谓之‘送寒衣’。”[⑨]“清明、中元与十月一日必扫墓，男妇皆往焉。”[⑩]“十月初一日，乃都人祭扫之候，俗谓之送寒衣。”[⑪]“十月一日，或有祀于墓者。”[⑫]“十月朔日，人家奠先人于坟墓，谓之送寒衣。谚云‘十月一，送寒衣’，

---

① 访谈人：刘潞欣；访谈对象：华章；访谈时间：2021年10月24日；访谈地点：北京市东城区华章家中。

② （明）刘侗、于奕正：《帝京景物略》，北京古籍出版社1982年版，第70页。

③ （清）陈维崧：《迦陵词全集》卷二十八，国学大典网，http://skqs.guoxuedashi.net/wen_3310n/188874.html，2014年12月8日（2022年5月15日）。

④ （清）李钟俾、穆元肇、方世熙：乾隆《延庆州志》卷三《风俗》，清乾隆七年刻本。

⑤ （清）樊彬：《都城琐记》，李家瑞编：《北平风俗类征》，商务印书馆1937年版，第102页。

⑥ （清）让廉：《京都风俗志》，中国国家图书馆网，http://read.nlc.cn/OutOpenBook/OpenObjectBook? aid=416&bid=55230.0#reloaded，2018年7月9日（2022年5月10日）。

⑦ 张江裁纂：《北平岁时志》卷十，东方文化书局1972年版，第1页。

⑧ （清）潘荣陛、富察敦崇：《帝京岁时纪胜 燕京岁时记》，北京出版社1961年版，第31页。

⑨ 李家瑞编：《北平风俗类征》，中国国家图书馆网，http://read.nlc.cn/OutOpenBook/OpenObjectBook? aid=416&bid=11144.0，2018年7月9日（2022年5月10日）。

⑩ （明）史玄、夏仁虎、阙名：《旧京遗事 旧京琐记 燕京杂记》，北京古籍出版社1986年版，第37页。

⑪ （清）潘荣陛、富察敦崇：《帝京岁时纪胜 燕京岁时记》，北京出版社1961年版，第79页。

⑫ （清）李开泰、张茂节等纂：康熙《大兴县志》卷一《风俗考》，清康熙二十四年刻本传抄本。

即斯时也。”[①]大约明末清初之际出现了上坟“仪同中元”[②]之说且一直有所流传。但近代以后，随着城市化进程的加快，逝者的坟墓或远离家庭定居的城市，或泯灭于城市发展建设中，寒衣节祭祀仪式随之发生了诸多变化，开始出现不带供品到坟头祭奠而只进行烧纸的现象。“宅府门第，在祠堂里设奠；一般人家则将包裹当成主位，在堂上设奠，多以三碗水饺为供，富者不拘此限，干鲜果品、满汉糕点、冷荤热炒，均无定例。焚香秉烛，全家依尊卑长幼次序行四叩首礼（谓‘神三鬼四’）。祭罢，或送坟地，或在门口焚之。老丧一律不举哀。”[③]不过时至20世纪七八十年代，居住在北京市郊的人家，通常十月一这天还会带着供品、香纸等到坟墓去烧纸祭奠。祭奠严格按照“神三鬼四”的规矩，先摆上三盘点心与一盘水果，每盘供品的数量均为4个。然后再点燃4炷香，接着跪下向坟头石碑磕头，并向逝者说：“我来看您来了，今天是寒衣节，给您送点棉衣，这样冬天您就不冷了。再给您烧点纸钱，再添置点过冬需要的物品。”[④]最后进行烧纸。烧纸通常以家庭为单位来进行，一般由父母辈主导整个仪式过程，又尤以女性长辈为主。

现在寒衣节“烧纸”仪式活动仍然存在。2021年农历十月初一（11月5日）寒衣节当天，笔者完整观察了华章进行的寒衣节烧纸仪式，并对其作了现场访谈。下面就将这次活动作一简要描述。当天22时15分左右，华章先按家中逝者的人数，将烧纸平均放入两个黑色塑料袋中。[⑤] 准备妥当后，华章拿着两个黑色塑料袋离开家，沿滨河路寻找相对空旷的地方。选好位置后，她拿出一支绿色漆笔，在地上逆时针画出一个约1平方米的圈，圈的正南

① （清）让廉编：《京都风俗志》，中国国家图书馆网，http://read.nlc.cn/OutOpenBook/OpenObjectBook? aid=416&bid=55230.0#reloaded，2018年7月9日（2022年5月10日）。

② 如《帝京岁时纪胜》载：“十月朔，孟冬时享宗庙，颁宪书，乃国之大典。士民家祭祖扫墓，如中元仪。晚夕缄书冥楮，加以五色彩帛作成冠带衣履，于门外奠而焚之，曰送寒衣。”《日下旧闻考》载：“十月朔，上冢如中元，祭用豆泥骨朵。”

③ 常人春：《老北京的风俗》，北京出版社2019年版，第174～175页。

④ 访谈人：刘潞欣；访谈对象：华章；访谈时间：2021年10月24日；访谈地点：北京市东城区华章家中。

⑤ 两位逝者均为男性，一位是华章的公公，一位是华章的父亲。其中一个黑色塑料袋中物品为：一个未写姓名、寄址、送址的包袱；一张用紫色水彩笔写有逝者姓名、寄址、送址的书信；一件黑色对襟不夹棉絮、印有团龙图案的寒衣；一件土橘色对襟夹棉絮、印有团花图案的寒衣；一张彩色双面印刷有超市货架和衣食住行相关商品的图样（称为“超市”），长约39厘米，宽约54厘米；一沓（50张，下同）冥币；一沓白色圆形方孔钱；两沓黄色圆形方孔钱。两包烧纸除书信为自家制作外，共花费20元。

方向留出了一个口[①]，对此她解释道："口的方向是冲着先人埋葬的方向。"接着，华章将盛放烧纸的黑色塑料袋放在画好的圈内，从一沓捆绑好的冥币中抽出3张并点燃，同时说道："信使，把这个寒衣给我公公刘××送到，在牛田洋呢。谢谢啊，谢谢！给我公公送去啊。"而这与《北平岁时志》中的记载正相呼应："十月初一日，下午即将包袱捧至门外，摆列地上，再奠酒三杯，先焚白纸钱数张，谓之打发外祟；所谓外祟者，为孤魂怨鬼，盖先焚此少许纸钱，诱此孤鬼抢夺而去，然后正式焚化包袱，则家鬼可收得矣。"[②]等给信使的冥币烧尽后，华章拿出包袱点燃，同时说道："爸爸啊，刘××爸爸啊，寒衣节到了，给您送寒衣来了，再给您送纸钱啊。"接着又拿出一沓儿捆好的冥币点燃。

包袱烧尽后，华章拿出一件黑色对襟不夹棉絮、印有团龙图案的寒衣放入火中一起焚烧。她拿起路旁的一根细长树枝，将寒衣往火堆里拢，同时说道："让信使给您送去啊。"然后华章又拿出一沓儿白色圆形方孔钱、两沓黄色圆形方孔钱（分别代表白银、黄金）放入火堆，接着用树枝拨动燃烧的寒衣、圆形方孔钱，将它们拢在一起燃烧。燃烧约一分钟后，华章又拿出一件土橘色对襟夹棉絮、印有团花图案的寒衣放入火堆，同时说道："给您送寒衣，冬天冷了这是皮袄，您孙女儿给您买的。"接着她又拿起一根树杈，两只手拿着两根树枝拨动燃烧的烧纸，将它们拢在一起说道："寒衣节啊冷，一定多买啊！别舍不得花钱，给您带的钱足够了啊。是您孙女儿给您买的。您儿子在家干活儿呢，来不了，我替他烧啊。保佑您孙女儿、保佑您儿子刘××啊。寒衣节了给您烧的啊。在那（音 nei）边儿别舍不得花啊。明年清明节还在这儿给您烧，到时候给您送去啊，让信使给您送去。什么都有，元宝、钱，让信使给您送去啊。"这种烧纸时的叙说，即《帝京景物略》中所说的十月一日送寒衣时的"呼而焚之"[③]。约9分钟后，烧纸燃尽。华章拿出绿色漆笔，在旁边地上逆时针画出一个约1平方米的圈，圈的西南方向留了一个

---

① 华章的公公在南方去世，所以圈的开口为正南方，寓意能够送到南方让他收到。

② 张江裁：《北平岁时志》卷十《十月》，东方文化书局1972年版，第2页。

③ （明）刘侗、于奕正：《帝京景物略》，北京古籍出版社1982年版，第70页。

口。[1] 接着逆时针在地上画出一个约1平方米的圈并重复上述步骤。待全部烧纸燃烧殆尽，仪式才正式结束。对于烧的原因，华章表示："在中国的传统里，死去的人他在阴间，只有烧掉了他才能接受这些东西。"[2]

寒衣节的时间为一天，即十月初一当天。这天的烧纸仪式有一些传统的禁忌。比如：小孩及身体不好的人不能参加"烧纸"仪式；烧纸不能点两次，未能燃尽的烧纸，按传统的说法，是先人在给生者留钱；烧纸结束后出现在街头的画圈和焚烧之后的黑色灰烬印记，在节日结束后几天一般看到要避开走，不能跨过去，直到圈的痕迹和灰烬印记随风消散后才可以走过。

三、寒衣节习俗变迁与内涵阐释

以上我们对北京地区寒衣节的基本情形作了大体论述，从中我们可以发现，至少从元代开始，北京地区的人们已将农历十月初一作为特定节日而进行送寒衣等习俗活动。大约在明代至清代前期，寒衣节习俗面貌逐渐明晰并形成一定体系。最晚从明代中期开始，寒衣节烧纸的时间为夜晚、地点为家中（特别是家门）的习俗基本定型，亦偶有在坟冢上进行的情况，多与祭祀一同进行。自清代中后期开始，北京地区寒衣节的节俗事象在继承此前样貌的同时，一方面节日物品日渐丰富，不仅包括寒衣，还增加了一系列带有"货币"属性的丧葬祭祀用品；另一方面，由上述物品共同构成的"封包""大封套"的盛放与收寄等功能以及实体节俗物品开始出现。与此同时，北京地区开始将寒衣节与清明节、中元节并举，出现"鬼节"的俗称。民国时期，北京地区寒衣节的节俗事象虽然继续采用清代中后期形成的"纸（包）袱"等形式，但对于其收寄功能则相对更加侧重。如邓云乡就在回忆中提及，过寒衣节时，母亲会"让我给她在'包袱'外面写上地址，'某县、某村、某处'，写上外祖父母的称谓、姓氏"[3]。进入现当代，北京地区寒衣节的民俗事

① 华章父亲的墓地在八宝山，八宝山在华章家西南边，所以圈的开口为西南方，寓意能够送到西南方让他收到。

② 访谈人：刘潞欣；访谈对象：华章；访谈时间：2021年11月5日；访谈地点：北京市东城区北护城河滨河路旁。

③ 邓云乡：《燕京乡土记》，上海文化出版社1985年版，第70页。

象则在维持传统的基础上，又发生了一定变化。其一，购买烧纸的节前准备、于农历十月初一日夜晚进行烧纸仪式等习俗基本未改变，但节日独具特色的烧纸，随着时代变化，经历了由五色彩纸衣为主到五色彩纸衣与书信并举，再到五色彩纸衣、书信与纸钱三足鼎立，又到五色彩纸衣、书信、纸钱、包袱相组合，最后到寒衣（“皮袄皮裤”为其中特别的一类）、书信、纸钱、包袱的组合。其二，节日仪式构成存在城乡差别。城市大多只进行烧纸仪式，而乡村相对复杂，除烧纸仪式外，还会进行坟墓祭祀仪式。总之，北京地区寒衣节的习俗变迁呈现出传承与发展相互交织的特征，而岁时节令传统与现代化进程之间的张力或是其发生变化的原因之一。在历史发展进程中，传统中国社会主要从事注重季节、气候变化的农业经济，传统节日正是这一体系的产物。这一传统长期以来被社会适应、延续，稳定性较强。然而，现代化影响下城市空间的开发、商业消费的推广，在一定程度上改变了岁时节令传统长期所处的自然与社会环境，对相关习俗造成了一定冲击，使得具体的节日用品与节日仪式，一方面延续了其世代传承的内容，另一方面表现出时代特征的转变。

寒衣节主要有以下内涵：一方面体现了儒家孝文化的自然生态伦理。《孝经》云：“夫孝，天之经也，地之义也，民之行也。”[①]这种天人合一模式下的自然秩序论为孝道存在的合理性找到了宇宙本体论依据[②]，同时为寒衣节及其习俗的形成提供了支持。寒衣节所处的农历十月气温降低，冰霜寒露开始出现，此时生者的体感与观感均有凄凉之意，进而引发悲伤等情绪。早在南北朝时期，梁武帝在《孝思赋（有序）》中感叹道：“践霜露而凄怆，怀燧谷而涕零。”[③]在儒家孝文化的自然生态伦理推动下，生者将自身对于自然变化的体会移情于逝者，最终达到“孝亲仁爱”的思想层级。如《宾县县志》云：“今之清明及十月一，即古之春露、秋霜也。君子观于此，而孝悌之心可以油然而生矣。”[④]而生者为了在所处的现实世界表达与实现时令变化中的孝道，逐

① （清）阮元校刻：《十三经注疏》，中华书局1980年版，第2549页。

② 参见李仁君：《论儒家孝文化的生态伦理思想》，《中华文化论坛》2014年第6期。

③ （明）张溥编：《汉魏六朝一百三家集》，中国哲学书电子化计划网，https://ctext.org/library.pl?if=gb&file=151063&page=60&remap=gb，2021年1月7日（2022年5月10日）。

④ 丁世良等主编：《中国地方志民俗资料汇编·东北卷》，书目文献出版社1989年版，第428～429页。

渐建构出寒衣节及其习俗。正如民国《高阳县志》所云："十月初一日，气候渐寒，皆衣棉衣；恐先人在地下受寒，故送寒衣纸烧于墓前，俗谓之'送寒衣'。"①又如民国《开阳县志稿》收录的民间歌谣《孝歌》，无论是题名，还是内容"十月满地降寒霜，要送寒衣与爹娘。冬衣冬帕和冬帽，冬鞋冬袜共几双。长的交与痛儿父，短的交与疼儿娘。思想爹娘苦情况，火化寒衣哭一场"②，均表现出寒衣节所蕴含的"孝"的内涵。

另一方面，节俗中女性的长期、广泛参与，提示我们女性在该节日中的重要作用。寒衣节作为一种具有丧葬祭祀性质的传统节日，并不完全排斥女性的参与。长期以来，女性在节日用品制作方面担任主角，直接接触并整理"寒衣"等。如道光《定州志》载："十月朔，妇女剪纸为衣，和楮钱墓前焚之，曰'送寒衣'。"③20 世纪 30 年代末达得·亨特(Dard Hunter)也曾记述："这种(叠纸钱、纸衣服)单调乏味的劳动是由没有其他职业的妇女和女孩完成的。"④同时女性亦是寒衣节仪式的主要参与者，她们不仅在一定程度上主持仪式，还为其增添真实的感情色彩。如道光《大同县志》载："十月初一日晚间，妇女在门外烧楮帛并五色纸，名曰'送寒衣'。"⑤又如光绪《怀来县志》载："妇女门外哭奠，焚各色笺纸，谓之'送寒衣'。"⑥通过相关文献记载，笔者认为，寒衣节中的女性参与在一定程度上或受到孟姜女传说的影响。在传说中，"送寒衣"的内容自元代开始，主要以民众所乐见的戏剧形式进行广泛的传播。如元代初期的《临江驿潇湘夜雨》曰："都是这妇人，你大古里是那孟姜女千里送寒衣，那里也那赵贞女罗裙包土。"⑦而《刘智远白兔记》中不仅载有"无情刀剑冰霜冷，衣单无奈五更风，因此上孟姜自把寒衣送"的唱词，

① 丁世良等主编：《中国地方志民俗资料汇编·华北卷》，书目文献出版社 1989 年版，第 343 页。

② 丁世良等主编：《中国地方志民俗资料汇编·西南卷》，书目文献出版社 1989 年版，第 526 页。

③ 丁世良等主编：《中国地方志民俗资料汇编·华北卷》，书目文献出版社 1989 年版，第 323 页。

④ Dard Hunter, *Chinese Ceremonial Paper: A Monograph Relating to the Fabrication of Paper and Tin Foil and the Use of Paper in Chinese Rites and Religious Ceremonies*, Chillicothe: Mountain House Press, 1937, p. 21.

⑤ 丁世良等主编：《中国地方志民俗资料汇编·华北卷》，书目文献出版社 1989 年版，第 549 页。

⑥ 丁世良等主编：《中国地方志民俗资料汇编·华北卷》，书目文献出版社 1989 年版，第 141 页。

⑦ (元)杨显之：《临江驿潇湘夜雨》，鼎秀古籍全文检索平台网，https://103-242-200-9.vpn.ucass.edu.cn/ancientbook/portal/readPage/8A7C8D753B5744B2BA5116A76A9358D5/17/index.do?heightWord=%25E9%2580%2581%25E5%25AF%2592%25E8%25A1%25A3，2019 年 9 月 1 日(2022 年 5 月 11 日)。

还特别指出“旦作剪衣状”的动作。[①] 又如元代戏曲学家钟嗣成《录鬼簿》载：“送寒衣：范杞良一命亡沙塞，孟江女千里送寒衣。”[②]可推知“寒衣”或“送寒衣”的称呼以及女性参与的性别认识在元代已基本形成。明清时期，虽然仍有部分文献会提及《孟姜女传说》中送寒衣的内容，但相对更多出现在描写现实生活的竹枝词中，如“寒衣尚未了，郎唤侬底为”[③]，“深闺少妇剪银烛，夜半兀自缝寒衣”[④]，“秋水蘸芙蓉，雁初飞山万重，行人道路佳人梦。朝霜渐浓，寒衣细缝，剪刀牙尺声相送”[⑤]。这在一定程度上反映出明清时期开始将传说人物及相关行为，转换为现实女性群体日常生活、特别是节日生活的实态。可见，《孟姜女传说》的相关内容不仅成为节日名称及其流传的基础，还为女性参与寒衣节提供了可能。此外，无论是古代还是现当代，女性在寒衣节期间主持节俗事象的同时，也在创建、培养、维持社会关系中发挥着较为关键的作用。

小　结

综上所述，北京地区寒衣节习俗及其变迁呈现出传承与发展相互交织的特征，而岁时节令传统与现代化进程之间的张力或是这一特征形成的原

---

① （元）永嘉书会才人：《刘智远白兔记》，鼎秀古籍全文检索平台网，https://103－242－200－9.vpn.ucass.edu.cn/ancientbook/portal/readPage/7590F576778D47D081652CEF1EBC2F80/42/index.do?heightWord=%25E9%2580%2581%25E5%25AF%2592%25E8%25A1%25A3，2019年9月1日（2022年5月11日）。

② （元）钟嗣成：《录鬼簿》，鼎秀古籍全文检索平台网，https://103－242－200－9.vpn.ucass.edu.cn/ancientbook/portal/readPage/18C25009D8634D9DBE373A609F43C285/63/index.do?heightWord=%25E9%2580%2581%25E5%25AF%2592%25E8%25A1%25A3，2019年9月1日（2022年5月11日）。

③ （明）谭元春：《古诗归·秋歌》，鼎秀古籍全文检索平台网，https://103－242－200－9.vpn.ucass.edu.cn/ancientbook/portal/readPage/38BF8A354A624855BA080A4A19327388/184/index.do?heightWord=%25E5%25AF%2592%25E8%25A1%25A3，2019年9月1日（2022年5月11日）。

④ （明）田艺蘅：《香宇集·吴儿从军行》，鼎秀古籍全文检索平台网，https://103－242－200－9.vpn.ucass.edu.cn/ancientbook/portal/readPage/D98CD2D9EDE64F83A7E9C2F50E88CE0E/157/index.do?heightWord=%25E5%25AF%2592%25E8%25A1%25A3，2019年9月1日（2022年5月11日）。

⑤ （明）凌蒙初：《南音三籁·商调·黄莺儿》，鼎秀古籍全文检索平台网，https://103－242－200－9.vpn.ucass.edu.cn/ancientbook/portal/readPage/F12819CED88E44A5BFFED52956F6C239/223/index.do?heightWord=%25E5%25AF%2592%25E8%25A1%25A3，2019年9月1日（2022年5月11日）。

因。寒衣节的内涵，一方面反映出儒家孝文化的生命伦理，表达了慎终追远的意味；另一方面，节日习俗中女性的广泛参与，则提醒我们女性的生活经验和想法不可忽视。展望未来，首先，寒衣节所蕴含的丧葬祭祀内容存在一定价值，亟待挖掘。在田野调查时应保持客观理性的态度，在学术研究时要运用科学的方法与理论展开探讨，这会对相关类型的非物质文化遗产保护起到一定的积极作用。其次，我们应该尊重与关注原有习俗的消逝与变化以及新式习俗生成过程中的女性参与等问题，可以此为基础开展相关议题的女性民俗研究。最后，现今寒衣节习俗在海外亦有一定的影响力，可以加强对海外华人群体相关习俗的关注与研究，将之作为加强与海外华人群体交流的途径与契机。

假死与活态：血社火民俗中的“情念程式”

杨 茜*

摘 要

血社火是流传在陕西、山西一带乡镇间的一种民俗，用特殊的化妆技巧模拟杀戮或者被处决的场景并在社区街道巡游。借助图像学—人类学相关方法，可以阐释这些看似暴力的场景如何被视觉技术编码从而合乎情理的。仪式过程中表征为“假死”姿态的身体，可看作一个阿比·瓦尔堡所称的“情念程式”，是具有情感价值的象征符号对原始冲动的一种制服和传唤，并通过记忆遗存在不同历史时空中不断复现和演化。以献祭、示众与社会戏剧三种场景为观察点，“情念程式”在古老与现代、敬神与渎神、意识与无意识的不断翻转中显示出强烈的生命张力，将血社火这种文化“遗产”赋能为“活态”。

关键词

血社火　图像学　情念程式　文化遗存　神话暴力

“社火”是一种流行于中国北方地区的传统民俗，杂糅了巡游、杂技和魔术等形式，以民间传说和戏剧为题材，展现一个故事或一组人物，通常在春节期间自娱自演。在不同地区、不同形态的社火中，“血社火”的观感尤为特

* 杨茜，中国人民大学哲学院博士研究生。

别:它常以戏曲中的武打场面为背景,用动物的血和内脏为表演者进行化妆造型,辅以刀斧、桌凳等道具作为“凶器”,逼真展现出血腥杀戮场面。据学者考证,在陕西关中、陕北洛川县和山西省的中、南部地区,至今仍有血社火民俗传承。[①]其中,创立于清道光年间的陕西宝鸡血社火,连同宝鸡其他社火种类一起,2006 年被列入首批国家级非物质文化遗产代表性项目名录。[②]

血社火这种具有特殊效果的展演,显示出一个值得追问的审美问题:观看者为何会在感到恐怖的同时被强烈吸引?同时也触发了一个伦理问题:为何展示“暴力”的风俗可以被认定为一种文化遗产?本文尝试用图像学和人类学的相关方法,对这一民俗中充满张力的场景进行解析,考察那些刺激感官的视觉形象,是通过怎样的编码技术变得合情并且合理的。

一、瓦尔堡:间隙的图像学

在被列入国家级非物质文化遗产名录之前,血社火从 20 世纪 80 年代起就已经受到了外界关注,不仅受邀在附近乡镇表演,媒体、游客、艺术家也陆续前往采风。2005 年,纪实摄影师韩磊在陕西宝鸡市赤沙镇三寺村拍摄了组照《对赤沙十三个恶人的民间惩罚》,英文名叫“Killing Legend”,意为“杀戮传说”,恶人的形象来自民间水浒故事西门庆和他的十三个打手。背景统一的蓝色幕布使得这些照片看起来就像是标准的“遗容照”:剔除了巡演的过程和环境,仅仅以近景展示演员的上半身,聚焦在被道具刺入后人物的静默神态。根据摄影师的自述,他 1989 年第一次看到血社火表演就十分震惊,最终促成了 20 年后的再度访问,并特意组织演员专门做了一次化妆。[③] 也就是说,这是一次纯粹为了拍摄而进行的展演,摄影师之所以聚焦人物的面孔,纯粹是出自“视觉上的立场”,他对一些微妙的东西产生了好奇:“这个戏剧是现实存在的,但对我来说是一个非现实的、神秘主义的东西,非常神秘

① 参见张西昌:《视觉暴力:血社火民俗的形式要素探析》,《民族文化》2016 年第 4 期。

② 《国家级非物质文化遗产代表性项目名录:民间社火》,中国非物质文化遗产网,https://www.ihchina.cn/project_details/15019 (2022 年 6 月 15 日)。

③ 韩磊:《艺术创作中的自由和限制》,色影无忌网,https://vision.xitek.com/image/201609/30308636_2.html#artPos, 2016 年 9 月 30 日(2022 年 6 月 30 日)。

主义。”[①]这种神秘的东西是什么呢？它为何能存在于现实的形象之中并引发非现实的感觉呢？

现代图像学开创者、德国艺术史家阿比·瓦尔堡(Aby Warburg)的“情念程式”可以作为解释这个问题的某种进路。瓦尔堡是一位打通田野和书斋的学者，他晚年编辑的《记忆女神图集》收录了大量油画、雕塑、钱币的黑白照片，也有报纸、地图、文字手稿。[②]从拉奥孔、宁芙、维纳斯等神话人物经受恐惧、痛苦和挣扎的形象中，瓦尔堡发现了姿态和表情上的相似性，他把这些错置的时空中不断复现的视觉规律称为“情念程式”(pathos formel)，即“原始情感的一种视觉固化”。这些情感(pathos)总是与受难、献祭、决斗等那些充满冲突的瞬间相关，是激烈的、本能的、极端的；这些在不同的历史时空中重复的程式(formel)，正是“具有情感价值的符号对原始的非理性冲动的一种制服”[③]。在《记忆女神图集》的导言中瓦尔堡指出，这种由极端情感引发的姿态，正是人类记忆遗存的痕迹：

> 众人纵情狂欢之地正是应该探究的领域。我们必须弄清楚，这些内在的极端感受究竟怎样将它的表现形式以如此这般的强度铭刻在记忆中——怎样尽可能强烈地通过姿态表现出来——以便这些情感经验的印迹能够通过遗产的形式存入记忆，幸存下来。[④]

在瓦尔堡的语境中，“遗产”(Nachleben der Antike)这个短语更像是一个动名词，是“情念程式”在不同历史时空不断演化的内因。“Nachleben der Antike”字面意思是“古代的来世”，意味着一种“拟古”的现代形态散发出的“古风遗韵”。[⑤]这些经过遗忘的危机考验最终在记忆中留下的幸存物(survival)总是散落在文化的角落与边缘，需要依据“情念程式”这一象征化的母题将各类文本聚集，才能召唤其现身。在一次对美国印第安人的田野考察

① 韩磊：《“间隔”中的悲观主义者》，色影无忌网，https://vision.xitek.com/allpage/interview/201005/04-309145.html，2010年5月4日(2022年6月30日)。

② 瓦尔堡生前对图集有多个版次的编辑，每一版的木板和图片数量各有不同。现在一般说的都是最后一版，它由63块大小约150×200厘米的木板构成，每个图板上有十几个至几十个图像，它们之间的顺序也是被故意打乱的。木板用黑布覆盖，黑布上面贴着数量不等的黑白照片。

③ pathos formel又被译作“情感范型”。参见吴琼：《“上帝住在细节中”——阿比·瓦尔堡图像学的思想脉络》，《文艺研究》2016年第1期。

④ [德]阿比·瓦尔堡：《〈记忆女神图集〉导言》，周诗岩译，《新美术》2017年第9期。

⑤ 参见吴琼：《阿比·瓦尔堡的幽灵学》，《社会科学战线》2022年第1期。

中，瓦尔堡找到了这种“遗产”的证据。[①]在缺水的沙漠，因为蛇具有和闪电相似的形态，所以印第安人将之崇拜为一种求雨的天气之神。他们模拟动物姿态的舞蹈以及生活场所中出现的各种蛇符号，都是用来治愈远古记忆中不断复现的对自然的恐惧。瓦尔堡将他在田野收集的照片和大量案头资料——雕塑、绘画、占星图中与蛇有关的形象并置在一起，发现印第安人与欧洲人的情感具有相似性：古希腊神话中的祭司拉奥孔被巨蟒咬死的姿态，在不同媒介中不断被描绘，这种被凝固了的惊恐形象，正是一种被印刻在人类文化记忆中的“情念程式”，印第安人有关蛇的象征仪式和符号正是这种远古恐惧记忆的异时空复现。

如果用瓦尔堡的概念阐释摄影师韩磊的照片，血社火演员紧闭双眸的悲怆姿态，可以看作是和古希腊雕塑拉奥孔一样的“情念程式”，都是人类遭受极端情状的视觉化体现，“刺”入头部的各种利器正是类似于蛇的刺激物。十三位“恶人”在数量上对这种痛苦形象的不断复现，激活了摄影师无意识的本能情感，从当下的民俗连通到历史记忆中更久远的恐惧，从而产生了一种神秘的、非现实的感觉。从这个角度也可以说，虽然摄影师并未客观全面地记录下民俗“事象”中的关键事件和场景，却捕捉到了血社火中包含的情感体验价值，使得这些“摆拍”的照片具有某种程度的“原真性”，可以“还原民俗文化抽象的哲理与潜在的意境”。[②] 虽然瓦尔堡的图像研究与田野调查有莫大渊源，但他的方法目前在民俗领域应用并不充分。民俗领域常见的是美国美术史学者潘诺夫斯基在瓦尔堡基础上发展的更具“操作性”的框架，即把图像学的工作分为三个部分：前图像志阶段（从实地经验出发，关注图像的形式要素）、图像志阶段（根据文献分析神话、传说等惯例母题）和图像学阶段（阐释一般文化意义上的象征）。[③]瓦尔堡没有系统阐释自己的方法论，因此在艺术史和文化研究领域也属于“边缘”——意大利哲学家阿甘本称其为“无名之学”。然而，瓦尔堡的特殊视域在于研究对象并非单个图像

① Aby Warburg, “A Lecture on Serpent Ritual”, *Journal of the Warburg Institute*, vol. 2, no. 4 (April, 1939), pp. 277-292.

② 杨帆、胡彬彬：《从科学工具到主观情感——民俗摄影的本体探索》，《美术观察》2015 年第 10 期。

③ 参见[美]欧文·潘诺夫斯基：《视觉艺术的含义》，傅志强译，辽宁人民出版社 1987 年版，第 48 页。

或系列图像，而是图像与图像“之间”（zwischen）——他自定义为“间隙的图像学”，近似于现今流行的“跨学科”“跨媒介”方法。他并未将图像当作破译主题和某个凝固意义的所指，而是更关注情感在图像之间的传递与“形变”，即从古代到现在演化的“人类情感表达的历史心理学”[①]这种人类学基础上的图像研究，特别是“情念程式”和“古风遗韵”等概念，在当民俗被认定为“文化遗产”的时候，可以提供一种新的思路。文化遗产为扎根空间与地方民俗带来了更广阔的时间和历史维度，“记忆”也被一些学者认为是民俗研究的重要方法，正如日本民俗学者岩本通弥所说：

> 民俗学不是以文献记录，而是以记忆为素材的学问。它主要以没有被文献记录下来的事象作为研究对象。通过以言语为媒介的记忆提取信息原生态地把握当地人们的生活世界……将使这样的记忆可视化、有形化的行为。[②]

岩本通弥倡导对记忆的保存主要是通过访谈记录、民俗志等文字化处理方式；瓦尔堡的方法则可以作为一种补充，即研究记忆如果通过非文字、非语言的技术凝固在装扮、舞台、道具、姿态等各种视觉表征中。并且，瓦尔堡的图像学也并非仅仅关注视觉的可见层面，更重要的是通过图像这种“凝缩装置”，“在文化无意识的层面考察心理能量的配置”。[③]一方面，对于文化遗产的“活态传承”，需要在具体时间、空间和传承人在本真语境中的自身言说[④]；另一方面，表演、言说和访谈往往都有未尽的“话外之音”，那些不能被语言或文字道说的，或许恰好被凝固的非语境化图像所捕捉。基于此，本文借鉴瓦尔堡的图像策略，并非对某个地区的某一社火进行定点“深描”，而是将不同地区的血社火图像进行并置，尝试在图像的“间隙”进行症候式阅读，从而打开民俗事象背后隐秘的褶层。

---

① Aby Warburg, *The Renewal of Pagan Antiquity: Contributions to the Cultural History of the European Renaissance*, trans. David Britt, Los Angeles: The Getty Research Institute for the History of Art and the Humanities, 1999, p. 585.

② ［日］岩本通弥：《作为方法的记忆——民俗学研究中“记忆”概念的有效性》，王晓葵译，《文化遗产》2010 年第 4 期。

③ 吴琼：《“上帝住在细节中”——阿比·瓦尔堡图像学的思想脉络》，《文艺研究》2016 年第 1 期。

④ 参见马知遥、刘智英：《非遗保护与传承的记忆阐释——以山东省莱州市非物质文化遗产为例》，《文化遗产》2019 年第 5 期。

二、献祭:象征中的情感表达

与摄影师韩磊聚焦于人物表情不同,摄影师秦小平拍摄于陕西渭南的照片(见图 1),展示了血社火表演的舞台以及观众,是一个包含了多个形象(image)的图像(picture)。[①]在一个空旷场地中搭建的简易舞台上,一名儿童被一个戏曲扮相的人用长枪"刺穿"腹腔并挑到空中。仅从舞台上的人物姿态看,这个场景似乎有些"残暴"。然而通过另一个"形象"——人物背后的幕布以及幕布上的文字可以看出,正在表演的是一个民间流传甚广的三国故事:蜀国将领赵云血战长坂坡,不顾个人安危最终救出了刘备之子——因为幕布的存在,场景的含义发生了翻转。在舞台周边聚集的人群中,照片还捕捉到了一个双手挡住眼睛不敢看向舞台的人,以及一个拿着手机对准舞台拍摄的人,他们的姿态刚好表达了两级情感反应:兴奋与害怕。

图 1　陕西渭南血社火"血战长坂坡"

(秦小平摄于 2010 年)

实际上,不同的情感反应与是否读取了形象中的象征意义有关。英国象征人类学家维克多·特纳指出,象征符号通常具有两级性:感觉级和理念级。感觉级与符号的外观密切相关,所指通常作用于自然和生理过程,唤起

① 这里沿用了当代文化学者 W.J.T.米歇尔的概念,"形象"(image)是原初性的、高度抽象的,存在于记忆或者叙事中;"图像"(picture)则是物质性的,是有某种特殊支撑或者某个特殊地方出现的形象。图像是形象的载体,一个图像可以有多个形象。"照片"(photo)是媒介化的图像。参见 W.J.T.米歇尔:《图像学:形象、文本、意识形态》,陈永国译,北京大学出版社 2012 年版。

人们的欲望和情感；理念级则指向道德和秩序，引导和控制族群的观念和行为。意义的两极性也使得象征符号具有了多义性和含混性，也正是由于这种混杂，在理念级所指的引导下，那些“粗鄙的”感觉级所指才得以剔除其反社会性质，进而附着于规范之上。[①] 在这台血社火中同样可以发现这种两极性：感觉级指向一种“杀子”的视觉表象，而理念级则将象征符号的能指逆转为一种神话意义上的“救子”。事实上，根据学者的田野考察，在一度流行着血社火的乡镇，由于经常有孩子被恐怖的表演直接吓哭，而导致演出一度中断。当地长者却认为参演经历对小孩有益，可以带来“福气”，保佑他们成长，甚至争抢着让自家孩子扮演角色。[②] 成年人对这一风俗“无畏”且兴奋，“无知”的孩子却感到恐惧，这种具有反差的“症状”，无疑透露出血社火已经被“文明”隐秘编码过的事实。

学者对血社火的地缘和文化渊源进行了多种角度的考证，普遍认为这一民俗和原始宗教血祭仪式、古代民间幻术及战争杀虏风俗有关。[③]原始血祭中的祭品，既包括动物牺牲也包括“人牲”。将人杀死或将部分肢体奉献神灵称为“人祭”，是祭祀仪礼中的最高规格。[④]在中国史前黄河流域的血祭地母仪式中，也有这种人祭的风俗，通常会杀死亲生儿或者战俘，将他们的血肉埋进大地以唤醒大地的生产力。[⑤]血社火在黄河文化发源地周边乡镇出现并非偶然，可以看作是当地人对数千年前恐怖仪式的集体无意识的产物。[⑥] 以活人献祭也是原始时期一种世界性的宗教现象。英国象征人类学家埃德蒙·利奇指出，献祭仪式实际上是给神礼物的象征，献祭之物对献祭者来说是一种转喻代号；通过在分界区中举行献祭仪式，献祭者在神界与人界间架设了一座桥梁，神的能力通过桥梁传递于献祭者本人。[⑦]至于为什么

① 参见[英]维克多·特纳：《象征之林：恩登布人仪式散论》，赵玉燕、欧阳敏、徐洪峰译，商务印书馆2006年版，第28页。

② 参见李新昌：《血社火历史文化新探》，《民俗研究》2013年第3期。

③ 参见胥鼎：《三秦社火》，陕西师范大学出版社2002年版，第96页。

④ 参见张西昌：《视觉暴力：血社火民俗的形式要素探析》，《民族文化》2016年第4期。

⑤ 参见王琼：《人牲与血祭——宝鸡血社火的地缘历史文化追溯》，《宝鸡文理学院学报（社会科学版）》2011年第5期。

⑥ 参见王琼：《渎神——血社火的人类学文化溯源》，《宝鸡文理学院学报（社会科学版）》2012年第3期。

⑦ 参见[英]埃德蒙·利奇：《文化与交流》，郭凡、邹和译，上海人民出版社2000年版，第83～96页。

用血作为献祭物，英国文化人类学者埃利奥特·史密斯认为，在原始人眼中，血液是有生命的神圣的东西，在身上佩戴血色物件或者涂抹红色矿物，可以保护族人的生命和活力。[①]如此看来，血社火中用动物的血替代人的血并扮演“假死”，其实是一种“假”人祭，但献祭者认为宽容的神能够从“假”中感受到他们的诚意，从而将好运施予献祭者作为回馈。红色作为血液的替代象征，成为血社火表演过程中的主导性视觉：血社火的舞台背景主要以红色装饰，而人物角色则需要穿上一块从寺庙神像上取下的红布，称为“搭红”。[②] 在春节氛围的包裹中，红色之血的出现变得“自然”，更容易让参与者倾向于相信：它会带来吉祥与喜庆，而不是暴力与死亡。

在陕西省大荔县有一台名叫“上刀山”的血社火，展示的是民间故事中的地狱场景。[③]春节期间，围观人的都穿着棉袄，但被绑在三层高架上的几个孩子却全身赤裸，锋利的刀子好像刺穿了他们平躺的身体，乍一看已经失去生命体征，几乎是一种纯粹的“人祭”表征。为何被献祭的对象是孩子，英国人类学家詹姆斯·乔治·弗雷泽的“替罪羊”理论可以作为一种解释。[④]在某些原始部落中，圣洁的处子通常被认为是献给上帝礼物的最高形式。而在其他一些地区，邪恶必须体现在可见的媒介上，儿童、妇女等，则通常被视为应当被驱逐或消除的对象。然而，正如弗雷泽所担忧的，当一个国家变得文明时，人类献祭的意义就被忘记了，它很容易被误解为普通的暴行。当献祭不再适应现有文化结构中的道德和伦理，仪式过程也需要替代性的叙事。

渭南血社火“血战长坂坡”就披上了一件世俗故事的外衣。对这种被刀枪刺入而惨死的情貌的展示，与其说是一种弗洛依德意义上的“死亡冲动”，是人类集体记忆中对原始人祭的恐惧，在尸首的复现过程中得到释放。对此，不如从瓦尔堡历史心理学的角度，将之阐释为一种用替代性的姿态对真实死亡的压抑，是无意识的、非理性的原始激情被理性的象征思维制服，并

---

① 参见[英]G.埃利奥特·史密斯：《人类史》，李申译，中国社会科学文献出版社 2002 年版，第 6～8 页。

② 参见陈亮：《血社火研究——以关中地区为例》，中央美术学院硕士学位论文，2015 年，第 19～20 页。

③ 参见张西昌：《隐喻的身体——血社火民俗考察手记》，学苑出版社 2022 年版，第 170 页。

④ James George Frazer, *The Golden Bough: A Study of Magic and Religion*, Oxford: Oxford University Press, 1998.

有意识地储存在“假死”这种“情念程式”中。然而，选定这个三国故事并定格在刺人这个具有强烈戏剧冲突的瞬间，多大程度是原始恐怖记忆的无意识复现，多大程度是表演者有意识的编排？血社火的故事台本是否本身就蕴含着一种能够被呈现出的“情念程式”？这是一个瓦尔堡不曾讨论，传统图像学也鞭长莫及的问题，需要将图像研究扩展到“视觉文化研究”，运用更多跨学科的观点来对形象的建制，包括生产、运作和观看的过程进行批判性的解码。①

三、示众：“暴力”的双重伦理

血社火装扮的角色多取材于传统秦腔曲目和明清话本，这些戏曲和小说的故事原型往往有着明确的伦理导向并在民间已经广泛流传。陕西合阳县岱堡村的一副对联就鲜明地指出，“假死”的目在于教化：“历史比现实现实即历史历史现实现实历史全在教育人，活人扮死人死人是活人活人死人死人活人请君自辨认。”②和传统戏曲一样，有些血社火表演者会画上脸谱，用不同颜色呈现了区分善恶的线索。在陕西关中表演团体中流传着这样一些俗语：“红脸忠诚白色奸，黑为刚直青勇敢；黄色猛烈草莽蓝，绿是侠野粉老年，金银二色色泽亮，专画妖魔鬼审判。”③然而与包含“唱念做打”的戏曲不同，血社火的表演通常是静态的，只有定格的一幕，表演者被称为“身子”，诸如斧头、剪刀和刀之类的武器被称为“家具”。④这些称呼并不像戏曲那样力图塑造人物，而是在消除人物，具有抽象化倾向。在图1《血战长坂坡》的

① 米歇尔于20世纪末提出的“图像转向”(pictorial turn)引发了新的图像研究范式。他在瓦尔堡和潘诺夫斯基的图像学基础上，将艺术图像和非艺术图像划归为一种文字语言之外的另一种“普遍语言”，建构起更广泛意义上的“图像科学”。米切尔关注的焦点在于，图像如何参与社会领域的视觉建构，形成一种总体性的“视觉文化”——这种图像研究又被称作“视觉文化研究”。视觉文化的核心研究对象是“视觉性”，尤其关注与文化意识形态密切相关的看的行为和看的条件。参见W.J.T.米歇尔：《图像学：形象、文本、意识形态》，北京大学出版社2012年版。

② 《正月初九，岱堡村的“血社火”人山人海》，搜狐号“掌上合阳”，https://www.sohu.com/a/223847423_142819，2018年2月24日(2022年5月31日)。

③ 赵德利：《关陇社火艺术研究》，中国社会科学出版社2012年版，第25页。

④ 据张西昌在《视觉暴力：血社火民俗的形式要素探析》(《民族文化》2016年第4期)一文中的田野调查，目前陕西关中地区的血社火以静态的哑社火为主，适当加入局部的动态表演。山西省洪洞县的“小河拆楼”则完全采取动态的表演方式，临猗县的血社火则两种形式兼有。

场景中，孩子的脸被涂成白色，意味着一个坏人；成年男子脸上涂抹红色，则象征一个好人。赵云英勇营救的皇室，是臣民所钦佩的理想统治者；忠诚于好皇帝的人是好人，好人的暴力也被认为是正义的。可以看出，这一幕血社火不仅具有“假死”这种“情念程式”，还挪用了已经广泛传播的民间故事，通过程式化的脸谱实现其意识级层面的象征意义，从而剔除了血腥暴力的反社会性。

德国哲学家、文化批评家瓦尔特·本雅明在他的《暴力批判》一文中，对暴力合法性问题进行了追问。本雅明认为，前现代社会中的神话与现代社会的法律有某种近似性，都是为了制定和维护一种秩序。西方古代关于众神的故事中，经常会讲述那些挑战命运或伦理而遭受厄运或惩罚的人，在他们身上直接呈现的血腥和死亡，可以看作是某种“神话暴力”(mythical violence)。[①]法律是神话暴力的延伸，起源于一种“被命运般加冕”的权力，不仅掌握着暴力的“手段”，还可以判定暴力是否具有合法的“目的”。和神话类似，法律也是一个约定性的脚本，在世俗生活中被认为暴力而遭受谴责的行为，在这个约定中被认为是正义的。比如，对杀人者执行死刑并将行刑过程示众，就是这种制度化的暴力的典型场景。“公开的酷刑和死刑应该是引人注目的，应该让所有的人把它看作几乎是一场凯旋仪式。它所使用的过分的暴力是造就它的荣耀的一个因素。”[②]景观化的示众场面其实是建构了一种“看—被看”的结构，是一种展示权力的政治仪式。在这个景观中，看的目光是被权力组织的目光，是仪式中的必需品。民众观看酷刑时被激起的既有恐惧又有憎恨，“罪犯既是一个儆戒的榜样又是一个攻击的目标，既是一个潜在的威胁又是一个‘猎物’”[③]。

血社火故事中那些惩恶扬善的主题，可以看作是“神话暴力”的某种变奏。虽然血社火中讲述的并非远古的神话，而是一些人间的传说，但故事中的人明显具有异于常人的某些特殊能力，其中最显而易见的就是武力。比

---

① 参见[德]瓦尔特·本雅明：《作为生产者的作者》，王炳钧译，河南大学出版社2014年版，第69～70页。

② [法]米歇尔·福柯：《规训与惩罚》，刘北城、杨远婴译，生活·读书·新知三联书店2003年版，第37页。

③ [法]米歇尔·福柯：《规训与惩罚》，刘北城、杨远婴译，生活·读书·新知三联书店2003年版，第63页。

如在渭南血社火《血战长坂坡》中，赵云就是骁勇无敌的英雄化身。在这一幕场景中，如果说“血”是对上神的象征，那么赵云手中的“刺刀”则是现世的神话——统治秩序的一种象征：“秩序总是通过冲突和较量获得的——它是各种意愿及智慧或冲突对立或团队合作的结果，每一种意愿或智慧都以某种使人信服的范式为基础。”[①]将叛徒血淋淋的惨状示众游街，正是一个让人在观看中归顺的过程。然而，与真正的处决和示众不同，血社火的奥秘正在于它的象征化，在于对视觉符号的编码中，不仅有社会意识形态的渗入，还有主体的欲望表达；他们既是被组织的观看者，同时也是参与者和创造者。宝鸡赤沙镇的血社火展现的是水浒故事，这一转社火被装扮的“身子”的数量特别多，目的是展现武松杀死奸夫淫妇、当地官员、恶霸一干人等的快意恩仇。从目前收集的图像来看，这一转社火并没有行刑人的角色，“凶器”不是战场上的刀剑，而是一些剪刀、菜刀、板凳等日常生活中的器具。面对这些“有罪”的“身子”，实际的行刑者其实是观众的目光，他们将自己带入武松的角色，去制裁那些他们认定的背德者。

然而，在所演绎的故事背景中，武松所象征的个体暴力并不被当朝法令允许，这种对“神话暴力”有着某种僭越性和破坏性的暴力，类似于本雅明描述的“神圣暴力”(divine violence)。这是带有一种比现实秩序更高旨意的行为，也是更“纯粹”的暴力。这种暴力常出现在一些具有神圣化符号的宗教中，它不是为了达到某种目的(比如立法和统治)的手段，而是“赤裸生命”自发的纯粹力量——赤裸生命正是古代神话中被宣告有罪的人。当神没有给人带来幸福和平安，而是使用它凌驾于人之上的力量，人们便不再献祭，而用纯粹暴力进行“渎神”。学者王琼在人类学视野中将血社火和“渎神”冲动联系在一起，血社火作为人性的象征，“身子”作为“替罪羊”将神引入再把神杀掉，这种“敬神—渎神”的僭越关系使得人们逃脱了命定的惩罚，从而将仪式引向一种狂欢。[②]

事实上，“血社火”是宝鸡申请文化遗产时的官方名称，当地人一直叫

① [英]维克多·特纳：《戏剧、场景及隐喻：人类社会的象征性行为》，刘珩、石毅译，民族出版社2007年版，第5页。

② 参见王琼：《渎神——血社火的人类学文化溯源》，《宝鸡文理学院学报(社会科学版)》2012年第3期。

"扎快活",取自《水浒传》中的地名"快活林"——武松醉打蒋门神的酒馆。[①]"快活"的字面意思正接近于这种渎神带来的"狂喜"。就血社火而言,"敬神"的血社火仪式,或许正是"渎神"的一个掩体。当表演者和观看者感到"神话暴力"对他们的压制,便通过公开的象征性行为来"合法"地释放"纯粹暴力",用手边方便可得的"家具"对"身子"这个替罪羊进行发泄。从这个角度看,"身子"这个符号具有双重含义——同时是"神话暴力"和"神圣暴力"的媒介,既象征着对社会秩序的顺从,同时也是对它的抵抗和僭越。不同的伦理倾向,也会引起不同的情感反应。图 1 中的两位姿态迥然不同的观众,真实流露出观看血社火表演过程中的两种视线:如果凝视那个被杀死的人,触发的是神话暴力的恐怖记忆;如果聚焦舞台上"在场"的行刑者,或者想象那不在场的行刑者,又会触发"神圣暴力"的快感。观看者的目光正是在不同人物之间的挪移过程中,在意识与潜意识的不断翻转中,被这一既神圣又世俗的场景深深捕获。

余论:古风的遗存与形变

如前文分析,血社火是一种象征仪式,用符合当前社会的价值观念来包裹有意识或无意识的暴力冲动,体现出"敬神—渎神"两种力量之间复杂的张力。从这个角度讲,血社火不单纯是一种娱乐项目,更是一种特纳所说的具有实际功能的"社会戏剧"(social drama)。[②]社会戏剧中的象征性行为代表一种结构的秩序,野性冲动在此结构中人性化、温和化了,因而对社会情绪起到了"安全阀"的作用。

这些象征行为中裹挟了历史记忆和社会心理的形象,可以看作瓦尔堡所说的"情念程式",在仪式过程中被不断重复和凝固。在血社火中,这个形象又因其静态而呈现出一种"动势":表演最开头,要朝拜土地庙,敲锣打鼓

---

① 参见赵德利:《血社火中的巫术信仰与血祭原型——陕西宝鸡三寺村人信仰心理探析》,《民俗研究》2019 年第 5 期。

② 据特纳的定义,社会戏剧就是广义的仪式,是各种社会行为通过行为者头脑中的隐喻及范式最终获得形式的途径。参见[英]维克多·特纳:《戏剧、场景及隐喻:人类社会的象征性行为》,刘珩、石毅译,民族出版社 2007 年版,第 3 页。

十分热闹;表演最后,要烧掉所有衣服和道具以示“净化”。表演的中间阶段,也是在社区巡游的阶段,被“鲜血”装扮的角色并不挣扎或者反击,而是表现出闭眼、平躺这些静默的姿态:这个时刻是被示众的暴力驯服的时刻,也是等待另一种命运降临的希冀时刻——这个等待时刻不断被延长,直至被凝缩为一个静止的形象。这个时刻是用形象来捕获神迹的时刻,是恐惧在情念程式中获得平复的时刻,是瓦尔堡所称的“死后生命”(Nachleben)粘附在文化记忆中的“幽灵时刻”,是生命能量灌注的奇点。①随着仪式的完成,“假死”的身子不仅毫发无损,并且新添了以往没有的“福气”。因此,从仪式过程来看,“假死”象征的恰恰不是衰亡而是重生,其幽灵般的情态得以潜入流动的能指符号,从而实现各种形变。

图 2 陕西宝鸡血社火②

图 3 血社火“赌博之害”③

如 2017 年陕西宝鸡一转血社火表演,“身子”被化妆成一个日本士兵模样,身后的行刑人被装扮成了八路军,这一组形象设计是通过抗日与复仇的主题来实现血祭之狂欢(见图 2)。图 3 中四个妇女围坐在麻将桌前,头部被农具砸中,“赌博之害”四个大字明确表达了对农村不良风气的劝诫。这些新近流传在网络中的图像显示,血社火展演中被惩罚的角色,已经从历史传说中的恶人演化到了现代甚至是当代。不同地区血社火表演中,题材上体现出了多样性,服饰、道具、幕布这些视觉层面的元素呈现出不同形式,但共

① 参见吴琼:《“上帝住在细节中”——阿比·瓦尔堡图像学的思想脉络》,《文艺研究》2016 年第 1 期。

② 图片来源于 https://kknews.cc/news/855jexg.html,访问于 2017 年 6 月5 日。

③ 图片来源于福客民俗网,www.folkw.com,访问于 2017 年 6 月 5 日。

同点却是：构建了能够在当地人中产生认同的叙事逻辑，从而使得那些看似血腥暴力的画面符合社会伦理——这是一种比姿势上的“情念程式”更深一层的“程式”，在这种“合理”的程式中，人们才得以死亡的姿态，“合情”地抒发活生生的野性。事实上，野性的冲动一直隐藏在人类的集体记忆中，被抛入日常生活的个人，总是等待其以某种节日的名义被唤醒。这些随着时代语境不断更新的形象足以说明，血社火不是某种“落后地区”的奇风异俗，而恰恰是文明与智慧的产物。血社火作为当地村民“自我组织、自我参与、自我消费”的一种“事件”，在事件的参与中建立文化认同，也是这种民俗至今依旧保持“活态”的一个重要原因。①

上文提到的几个案例都是人物—主题层面上的形变，是一种对蕴藏着文化记忆的“情念程式”的视觉化填充。然而，从民俗事象到拍摄事象的照片，却是一种媒介层上的“形变”，从仪式过程中抽离，社会戏剧的功能可能发生位移。让我们回到第一张照片（图 1），摄影师通过摆拍放大了血社火装扮带来的情感体验，赋予形象一种艺术化的“共感”，然而这种“截取”在社会伦理层上却引导无力。正如摄影师自述，“我始终对我拍摄的对象没有责任，没有人文责任，没有社会责任，这张脸可能只是被我拿来‘利用’了……把人当风景拍了”②。近年来，越来越多的媒体和游客被血社火吸引，涌入有表演的乡镇进行“采风”，在媒介传播的一些照片往往剪裁了周围的环境，而用近景甚至是特写聚焦那些血肉模糊的身体局部，并用耸动性的话语来描述这些图像。③ 某种程度上，拍摄和欣赏这些图像的动机，很大成分并不是出于对民俗文化的探索，而是追求一种在影视作品、游戏等媒介中体验过的“暴力美学”。暴力美学不是一种“古风遗韵”，而是一种现代体验，它不再追求历史心灵的穿越和生命能量的涌动，而仅仅沉溺于视觉的“震颤”，这种“形变”无疑令人担忧。尽管早年在民间流传的血社火包含奇观的成分，但

① 参见张西昌：《血社火民俗的“行为表达”与“事件性”特征——以山西省洪洞县“小河拆楼”为个案》，《山西师大学报（社会科学版）》2015 年第 5 期。

② 韩磊：《“间隔”中的悲观主义者》，色影无忌网，https://vision.xitek.com/allpage/interview/201005/04—309145.html，2010 年 5 月 4 日（2022 年 6 月 30 日）。

③ 比如，《中国国家地理》官方网站上的一篇文章，就将宝鸡血社火描述为“正月里的一道血腥特色餐”，http://www.dili360.com/article/p5519153c78cea51.htm，2015 年 3 月 30 日（2022 年 5 月 30 日）。

这并不意味着在当下对其进行传承仍然需要依赖古老的“幻术”。[1]在图像技术越来越普及的时代，血社火的恐怖造型可能会因媒介的展示而最终被“祛魅”，但各种“故事新编”的逻辑与当地社会文化的联系，仍遗存在更为隐秘的褶层等待被破解。

① 据考察，血社火的装扮技术来源于幻术“七圣刀”，这是一种西域酷刑幻术与中国道家方术结合的产物，一度被动机不良之人用来行骗，然而民众的好奇心仍使得这种幻术一直在民间流传不绝。参见李永平：《“血社火”历史文化新探》，《民俗研究》2013 年第 3 期。

节日比较

“西园鼓吹醉良辰，埋火张灯种种新”
——朝鲜使臣笔下的清代皇家上元节庆祝活动*

韩　梅**

摘　要

本文以18～19世纪访清的朝鲜文人燕行诗文中有关清代皇家上元节灯戏、火戏、杂戏等庆祝活动的记录为对象，具体考察了关于烟火盒子、梅花炮、埋火戏、西洋秋千等活动的描写，发掘出国内资料中未见的内容，为清代皇家节日风俗及18～19世纪我国秋千、花灯、烟花制作技术研究提供了新的资料，并通过分析作者的活动感想，阐明节庆活动以高超的技术水平让朝鲜文人获得了新鲜而奇特的体验，促进了朝鲜民族对清王朝的认同。

关键词

上元节　朝鲜使臣　灯戏　火戏　西洋秋千

上元节，即元宵节，是我国最重要的传统节日之一，也是一年中第一个月圆之日，同时标志着年节的结束。俗话说“正月十五闹元宵”，一个“闹”字显示出热闹、欢乐是这个节日的主要特征，并有着极高的参与度，甚至还有外国人的参与。明清时期，朝鲜王朝每年派遣使臣来中国贺年，名称为“正

* 本文系北京市社科基金重点项目“韩国古典文学中的北京形象研究”(19WXA001)的阶段性成果。

** 韩梅，北京外国语大学亚洲学院教授。

朝使""贺正使""正旦使"等，后与冬至使、圣节使合并，多称为"冬至使"。这些使臣一般在农历十二月二十日前后抵达北京，停留一至两个月，参加明、清朝廷举行的年节相关活动，特别是到了清朝中后期，他们被安排频繁参与皇家节日活动。在这些活动中，他们与清朝君臣一起观看各种庆祝活动，拥有了新鲜而宝贵的节日体验。

按照定例，作为使团的首脑，正、副使需要在离开北京回国前向国王寄送状启，报告在京期间的活动。除此之外，也有不少人留下了燕行诗歌或日记，把自己的见闻、感受记录下来，既可以供自己慢慢回味，也可以让家人、朋友分享这些难得的经历。从现存文献来看，清乾隆后期至道光年间，朝鲜使臣关于上元节期间活动的记录最为丰富。这些记录详细地描述了节日期间的各种活动，表达了自己的相关感受，有助于我们了解清朝皇家的节日风俗及朝鲜使臣对清朝的认识，具有比较重要的研究价值。

目前国内外学术界尚未对此进行专门研究，相关成果只有 1 篇论文，题为《清乾隆年间外藩宴礼的变化与乾隆"盛世"》①。该文以《清会典》等清朝史料为主要研究资料，梳理了"外藩"②参与清朝年节筵宴的变动情况，认为自 18 世纪 80 年代起，清朝扩大了参与筵宴的外藩数量，揭示出乾隆中后期民族政策、外交政策的变化，具有较高的学术价值。不过，对于外国使臣对节日活动的体验和认识，该文并未涉及。

因此，本文拟以朝鲜使臣的状启、燕行诗歌、燕行日记等文献为中心，简单梳理他们在上元节期间的主要官方日程，重点考察使臣在上元节期间观赏的主要庆祝活动，发掘其体验和感受，探讨清代皇室节日庆祝活动的具体情况、朝鲜文人对清朝的认识以及朝鲜使臣参与清皇家节日活动的意义。

一、朝鲜使臣上元节期间的活动日程

从现有资料来看，上元节期间，朝鲜使臣参加的清朝官方活动内容、时间、场所大同小异。在此，以清乾隆四十八年(1783)冬至兼谢恩正使郑存谦

① 具范进:《清乾隆年间外藩宴礼的变化与乾隆"盛世"》,《历史文化研究》2018 年第 6 期。

② 文中的"外藩"沿用了清王朝用语，不仅指蒙古、西藏、新疆、四川等地边疆少数民族，也包括当时的朝鲜、暹罗、琉球、安南等藩属国。

和副使洪良浩为例，简单介绍一下上元节期间朝鲜使臣参加的主要官方活动。

正月十二日，使臣一早进入圆明园。日出时分，“皇帝乘步辇，由水长阁出御幄次”，接着便“设乐张戏”。十三日晚间，“皇帝出御山高水长阁檐楹间，命召朝鲜使臣”，“仍陈诸般杂戏，又设各样灯炮”，并赐每人食馔。十四日晚间，使臣又进入山高水长阁，“观御前诸般奏伎(技)，行酪茶一巡后，出就外班。设灯戏及颁赐内馔”。十五日，平明，使臣入正大光明殿，参殿上内班。“少顷，皇帝出御殿上。奏乐，陈献俘放生等诸般杂技。设宴卓(桌)。”“当日晚后，又诣山高水长阁外，张灯设戏，最为盛丽。而先入内班，赐酪茶陈戏。出就外班，设灯赐馔，亦如十四日。”十六日晚间，使臣入山高水长阁前，“依前观戏赐馔”。十九日，使臣诣山高水长阁，“灯炮之盛，赐馔之节，亦如十五日”。黄昏时，皇帝起身离开，礼部尚书带领朝鲜使臣前往同乐园，“设诸技”，“多是祈丰献寿之状，皆水长阁所未见者”。[①]

多名朝鲜使臣的状启显示，上元节期间，清朝官方给使臣安排参加多日的庆祝活动，时间并不限于正月十五一天。根据郑存谦的报告，朝鲜使臣自正月十二日就开始参与筵宴，十九日日程才完全结束。不过，在此期间，使臣并不是每天都有官方活动，活动主要集中在正月十三日至十六日四天，而且大部分活动安排在晚间，只有上元节当天从早到晚都有活动安排。

就活动场地而言，上元节相关活动并不是在紫禁城内的皇宫举行，而是在位于北京西北部的皇家苑囿圆明园之内，而且基本固定在山高水长阁、正大光明殿和同乐园。这是因为留下这些记录的使臣都是在18世纪或19世纪出使清朝，当时在位的皇帝乾隆或道光在京期间多数时间居住在圆明园，冬天才迁回紫禁城宫内，正月初十之前再次迁往圆明园。而上元节就在搬回圆明园之后，相关活动便一直安排在圆明园举行。[②] 不过，皇帝之所以在春节各种祭祀活动结束后便匆匆搬回圆明园，很可能就是考虑到上元节赏花灯、放烟花等主要活动在开阔而且临水的圆明园举行更为妥当。

作为我国最热闹的传统节日，上元节期间通常有赏花灯、舞龙灯、放烟

① 《朝鲜正祖实录》第15册第15卷，太白山史库本。

② 参见姜舜源：《清代皇家的年》，《民俗研究》1986年第2期。

火、燃爆竹等传统民俗活动。这些夜间的活动往往可以用绚烂的灯火营造出“东风夜放花千树”的华美景象，令观者目眩神迷，沉醉不已。不仅如此，与民间相比，皇家的节日庆祝活动自然规模更大，种类更多，更为高档，具有更高的观赏价值，值得一般仅有一两次出使机会的外国使臣认真体验。

二、“可谓奇技”的杂戏

根据朝鲜使臣的记录，清皇家的上元节期间庆祝表演大致可以分为灯戏、火戏和杂戏三大类。灯戏和火戏分别是指以灯和火为主的表演，除此之外的其他技巧、技艺类表演被部分朝鲜使臣称为“杂戏”。[①]

杂戏中包括乐器演奏、歌舞、摔跤、翻跟头、荡秋千以及其他很多未提及名字的表演。举例来说，“每宴辄设诸戏，以至于回獤、金川、苗蛮之类，各着其国之服，各奏其国之乐，舞蹈歌唱，俱是新年祈寿之意”[②]，这说明上元节期间，筵宴上常常安排表达新年祝福的少数民族歌舞。此外还有“角抵之戏”，参与者都是“力能举四百斤以上”且“身材枭健”的“猛士”。另外，还有“筋斗之戏”，表演者“屈伸超越，疾如飞鸟”。[③] 除此之外，还有种种表演，在此不一一列举。

在众多杂戏之中，朝鲜使臣着墨最多的是“西洋秋千之戏”。1791 年访华的金正中在《燕行录》中对西洋秋千的结构做了详细描写：“庭左右立朱漆长柱四，每间以木细作日字样，柱之上下，作日字木。柱之中，横插三字短椽，而其中椽者如缫车环转。”表演时，十六个童子“身着彩衣，或红或黄，其色不同。一齐上柱，各蹑日字木。在上者自上而下，则在下者自下而上”。随着秋千的升降起伏，十几个身着彩衣的童子“周回流转，红翠纷飞，出没云间”，宛若仙子。[④] 1832 年金景善出使清朝，上元节期间也获得了欣赏西洋秋

① 《朝鲜正祖实录》第 48 册第 48 卷，太白山史库本。

② 《朝鲜正祖实录》第 15 册第 15 卷，太白山史库本。

③ [韩]金景善：《燕辕直指》卷五《山高水长阁灯戏记》，《燕行录选集》(10)，韩国民族文化推进会 1982 年版，第 323 页。

④ [韩]金正中：《燕行录》，《燕行录选集》(6)，韩国民族文化推进会 1982 年版，第 87 页。

千表演的机会。他发现，秋千“随人进退迟速而为之转斡，升而又降，降而又升”[①]。也就是说，这种秋千不仅不需要外力推动，而且能够随人运动，使表演者可以轻松、自在地飞来飞去，如同神仙中人。

西洋秋千之所以特别，是因为它使用了当时西方机械装置中先进的滚轴，让表演者可以通过姿势的变化调节绕着滚轴转动的力矩，使秋千像跷跷板一样上下摆动。[②] 秋千上表演者飘飘欲仙的姿态得到了朝鲜使臣的赞赏。金景善称“升降之际，宛如飞仙”[③]，李海应称“丈丈丝绳横彩架，西洋童子半成仙”，“观者无不洒然丧志”[④]，都将表演者视为神仙，观者“洒然丧志”，意指看到表演者飘然飞升而心向往之，一时抛却了俗世之念。

在花样繁多的各种杂戏中，西洋秋千得到朝鲜使臣的格外青睐，因为它借鉴当时西方的先进技术，对传统秋千进行了改造，提升了表演的效果，让观者耳目一新。对于西洋秋千表演成功的原因，金正中、金景善等人看出了一些端倪，认为得益于秋千的特殊构造，但当时朝鲜人尚未接触过滚抽，无从理解这一装置，因而对秋千随表演者意愿升升降降，觉得匪夷所思，感叹“可谓奇技也”[⑤]，“如鬼神使然”[⑥]。可见，东西合璧的西洋秋千凭借技术优势得到了朝鲜使臣的喜爱。

三、“奇巧备至，变幻莫测”的灯戏

杂戏虽让使臣称奇，但是在北京亲历的节日活动中，他们最为津津乐道的无疑是灯戏和火戏，有人称其“最为盛丽”[⑦]，有人将其列为燕行“壮观”之

---

① [韩]金景善:《燕辕直指》卷五《山高水长阁灯戏记》,《燕行录选集》(10),韩国民族文化推进会1982年版,第323页。

② 参见周乾:《故宫的秋千只是用来玩的？你想简单了!》,《科技日报》2022年4月29日。

③ [韩]金景善:《燕辕直指》卷五《山高水长阁灯戏记》,《燕行录选集》(10),韩国民族文化推进会1982年版,第323页。

④ [韩]李海应:《蓟山纪程》卷三,《燕行录选集》(8),韩国民族文化推进会1982年版,第142页。

⑤ [韩]金景善:《燕辕直指》卷五《山高水长阁灯戏记》,《燕行录选集》(10),韩国民族文化推进会1982年版,第323页。

⑥ [韩]金正中:《燕行录》,《燕行录选集》(6),韩国民族文化推进会1982年版,第87页。

⑦ 《朝鲜正祖实录》第15册第15卷,太白山史库本。

一[①]，很多人以其为题作诗。19世纪的文人金进洙就曾以“圆明园灯戏”为题，作诗12首[②]，表现出对灯戏的特别关注和喜爱。

朝鲜使臣描写的灯戏可分为花灯舞和烟火盒子两大类。

花灯舞通常安排灯戏的开头，或穿插在中间，主要功能是营造热烈喜庆的气氛来作铺垫。开始时，“有五六十人，以青绫缚髻，衣绿衫黄袴。各捧如扇一灯，灯面书‘天下太平万邦咸宁’等字。一时诣御榻前，叩头讫，周旋出庭，登一柱卓(桌)子上。高举灯笼，曼声唱导”[③]。表演者用写有吉利语的花灯和歌舞表达新年祝福，烘托节日气氛。

在烟火盒子燃放间隙，有时也会穿插舞龙灯。“又有百余美貌仙童，持丁字杖，杖两头皆悬小红灯，进退回旋。又有两龙蜿蜒欲斗，虎豹、犀象、鸾凤、乌鹊之形层生迭出。”[④]两队表演者通过队形变换和舞蹈动作，模仿各种动物的形态、动作，逐渐将节日气氛推向高潮。

如上所示，这些花灯舞本质上是手持花灯的集体舞，表演方式中规中矩，没有明显的技术创新，表演四平八稳，没有太多新意。因此，朝鲜使臣的相关描写比较简略，他们浓墨重彩描写的是精彩、刺激的烟火盒子。

烟火盒子是一种复杂的大型花灯装置，当点燃大灯笼，慢慢烧到盒子时，盒子里就会放出很多灯，并伴有不同的景象。[⑤] 自明代起，就有富贵人家燃放烟火盒子。到了清代，烟火盒子制作技术更为发达，表演越发精彩。朝鲜使臣留下了多篇相关记录，但是他们所写的烟火盒子不尽相同。

金正中在《燕行录》中描写的烟火盒子是“中庭立个长木，木上设一板，板上结彩楼，板下垂赤绳四条”，“以四条绳，引上一灯笼”。燃放时点燃灯笼底下垂着的半尺火绳，“火及笼底，笼拆(坼)一声，白烟满空，彩纸纷纷落

---

① [韩]张龙锡：《壮观》，《北京录》，世宗大王纪念事业会2018年版。参见韩国古典翻译院网，http://db.itkc.or.kr/inLink? DCI=ITKC_GO_1536A_0010_010_0040_2019_001_XML(2022年9月8日)。

② [韩]金进洙：《碧芦前集》卷一《圆明园灯戏》，世宗大王纪念事业会2018年版。参见韩国古典翻译院网，http://db.itkc.or.kr/inLink? DCI=ITKC_GO_1541A_0020_010_0660_2019_001_XML(2022年9月8日)。

③ [韩]金正中：《燕行录》，《燕行录选集》(6)，韩国民族文化推进会1982年版，第87页。

④ [韩]朴思浩：《心田稿》卷二《太平春灯记》，《燕行录选集》(9)，韩国民族文化推进会1982年版，第108页。

⑤ 参见姜舜源：《清代皇家的年》，《民俗研究》1986年第2期。

地”。与此同时，“忽有一物自笼中垂下，大者小者，无非灯也。一时火明，照耀闪烁，完(宛)若珠联星贯”。也就是说，点燃一个灯笼，就可以同时点燃藏在其中的大批花灯，让作者深感震惊。“异哉！灯之数无虑千万，而使之一齐举火者，非人之巧，疑有造化指挥。然炫怳(恍)难测，令人心醉。”待花灯燃尽，又垂下两张帘子，帘额上书写“万国来朝”四字，且满面都是“喜”字，说明这一表演很可能是专为外国使臣出席的场合量身定做的。“火焚其上，帘色与紫水晶一般”，说明这两张帘子也是表演用的“灯”，以别具一格的形态和光华独领风骚。①

后来的朝鲜使臣将烟火盒子写得愈发绚烂多姿、变幻莫测。朴思浩就用生动的文字作了具体的描写：

> 庭中立红阙二座，各悬黄色一大柜。柜底忽落一灯，其大如鼓。灯联一绳，绳端火忽自燃，走上柜底。柜底又垂一圆灯绳，火烧其灯落地。自柜中，又垂铁笼帘子。帘面宛篆寿福字，着火青荧。良久，火自灭落地，又自柜中垂下联珠灯百余行，一行所联为四五十灯。灯中次第，一时通明……一绳燃尽，一板打开自落，而柜中纸裹焰腾腾破落，各灯自燃。忽变为彩阁丹楹、鳌山鲸海、战阵戏场，仙人灯、塔灯、樽灯、七宝灯，不可名状。最晚百十灯，一齐通明，如银汞之点缀于空中，忽变为“万年春”三字，又变为“天下太平春”五字。②

与金正中的描写比较，朴思浩文中的烟火盒子发生了一些变化。盒子先是放出三层灯，增加了一层。第一层是写有“寿福”的铁笼帘子垂下，燃烧时发出青光；第二层连缀成上百串的数千盏花灯垂下，瞬间照亮整个夜空；第三层是各灯自燃，呈现出各种奇异的画面。接着一百多盏灯同时大放光明，并在空中变幻出“天下太平春”等字样，起到画龙点睛的作用，表达祝愿江山永固、天下太平的皇家节庆主题。相比而言，朴思浩笔下的烟火盒子燃放程序更复杂，灯的数量和种类更多，整体设计更加巧妙，视觉效果也更令人震撼，可以看出比金正中时期有所发展进步。

① [韩]金正中：《燕行录》，《燕行录选集》(6)，韩国民族文化推进会 1982 年版，第 87 页。

② [韩]朴思浩：《心田稿》卷二《太平春灯记》，《燕行录选集》(9)，韩国民族文化推进会 1982 年版，第 108 页。

金景善则集中描写了其他人未关注的盒中花灯。“其大者如瓮，小者如拳。或琉璃，或珠玑，或锦绣，或色纸；或圆或方，或长或短；或像人物，或像山水。以至禽兽虫鱼、草木花果、楼台云物，形形色色，无不呈巧。”根据他的描述，花灯大小差别很大，材质都很华贵，形状模仿各种事物，更是千差万别。他还注意到，花灯燃烧时，“火色各不同，黑白青红紫绿绀碧，无一不备”。总而言之，他发现，“箱中之灯，视前益多且巧”。[①] 文中的“前”自然是指以前观看过灯戏的朝鲜使臣曾经写过或说过的烟火盒子。此语也说明仅就盒中所藏的花灯而言，烟火盒子在数十年间也有所发展。

如上所示，烟火盒子是灯戏的主角，多名朝鲜文人作过详细的描述，但所写的内容有所不同。究其原因，一则可能不同时期的烟火盒子制作水平存在差异。如分别在1791年、1828年使清的金正中、朴思浩二人观赏灯戏的时间前后相隔近40年，他们笔下的烟火盒子有所不同，很可能是因为烟火盒子在这段时间里发生了变化。二则可能是作者有意避开前人窠臼，特意选择新的角度切入。如金景善1832年出使清朝，只比朴思浩晚了四年。他着重描写了盒子里的花灯，极有可能就是为了避免与前人雷同而另辟蹊径。

“元宵之戏，以灯为甲者，实非虚语也。”[②]在上元节相关活动中，烟火盒子所代表的灯戏给朝鲜使臣留下了最深刻的印象。不仅如此，虽然各自观看的烟火盒子表演不尽相同，但他们却给出了一致的评价——“奇巧”。李海应称“奇巧之状，诚而所难测也”[③]，元在明称“奇巧备至，变幻层出”[④]，金景善称“奇巧繁丽，倏翕眩乱”[⑤]。他们不约而同地用“奇巧”二字表达了对烟火盒子的感想。“奇”是指给观赏者带来的感官体验新颖、奇特，不落俗套，出人意表；“巧”则指制造“奇”效的方法和手段高超、精妙。因此，“奇巧”二字包含着对烟火盒子表演效果和制作水平的认可。

朝鲜使臣欣赏烟火盒子表演，有人希望学到其制作方法。金正中就曾向清朝人询问“诸灯戏之法”，得到的回答是“用细丝，因机牙，互相牵动，使

---

① [韩]金景善：《燕辕直指》卷五《山高水长阁灯戏记》，《燕行录选集》(10)，韩国民族文化推进会1982年版，第323页。

② [韩]金正中：《燕行录》，《燕行录选集》(6)，韩国民族文化推进会1982年版，第87页。

③ [韩]李海应：《蓟山纪程》卷三《燕行录选集》(8)，韩国民族文化推进会1982年版，第142页。

④ [韩]元在明：《芝汀燕记》，世宗大王纪念事业会2018年版，第124～125页。

⑤ [韩]金景善：《燕辕直指》卷五《山高水长阁灯戏记》，《燕行录选集》(10)，韩国民族文化推进会1982年版，第323页。

之明灭于一时”[①]。这让他意识到，如此复杂的制作方法自己绝对无法在短时间掌握，不由感慨“始知中土之智巧，非偏人所可及也”[②]。对于花灯燃烧时发出的缤纷色彩，金景善指出，“此以各色焇药，染炷而然”[③]。他知道，要做到这一点，需要准确调配硝酸等几种化学药物，而这种能力并非人人皆有。

概言之，烟火盒子需要物理、化学方面的相关知识和能力，需要出色的花灯制作技术，也需要设计、制作、安装整套装置的技能。实际上，清朝烟火盒子的制作技术当时在全世界都首屈一指，美轮美奂的燃放效果曾让 1793 年访华的英使马嘎尔尼赞叹不已。[④]

如上所述，多名朝鲜使臣认可烟火盒子的“奇”与“巧”，留下了比较详尽的记录，大致显示烟火盒子自 18 世纪末到 19 世纪上半期的发展变化以及不同组成部分的情况，有助于我们更为全面地了解当时这一重要的民俗活动以及朝鲜人对清廷的认识。

四、“倏忽骇愕”“声响如雷”的火戏

如果说烟火盒子是灯戏的主角，那么埋火戏和梅花炮就是火戏的两大主力。就它们的性质而言，埋火戏是花样繁多地燃放爆竹，梅花炮就是燃放烟花。

朴思浩在《梅花炮记》中用极富文采的文字对梅花炮进行了生动形象的描写：

> 山高水长阁灯戏才讫，设梅花炮。植红纸筒如箭筒者两庭各十余所，火燃筒口，则光焰四散，天地震动。火焰之飞空者，皆备物形。龙拏虎攫，呀口张尾；蜂蝶衔花，梅竹飘风；千佛出世，麾幢幡盖；摇扬碧空，群仙升天。或乘莲舟，或驾鹤骑鲸，或乘槎骖鸾，或负宝剑，或擎葫芦。

① ［韩］金正中：《燕行录》，《燕行录选集》(6)，韩国民族文化推进会 1982 年版，第 87 页。

② ［韩］金正中：《燕行录》，《燕行录选集》(6)，韩国民族文化推进会 1982 年版，第 87 页。

③ ［韩］金景善：《燕辕直指》卷五《山高水长阁灯戏记》，《燕行录选集》(10)，韩国民族文化推进会 1982 年版，第 323 页。

④ 朱培初：《明清两代的北京烟火》，《紫禁城》1982 年第 6 期。

皆赫赫火飞至半空，冉冉而销。倏忽骇愕，目不暇视。[①]

如以上引文所示，上元节期间，圆明园山高水长阁庭院中同时点燃数十支梅花炮，声音响彻天地，颜色、造型各异的烟花在夜空中竞相绽放，璀璨明丽，美不胜收。目睹此情此景，激动不已的朴思浩连续使用了两个长排比句，将绚烂的烟花描绘为龙虎、蜂蝶、梅竹、仙佛，用生花妙笔努力描摹曾经亲眼看到的美妙景象，表现出对梅花炮的极度喜爱。应该说，是如梦似幻的烟花表演赋予作者极大的创作热情，造就了这篇想象丰富、文字生动、感情充沛的《梅花炮记》。

清朝中后期的烟花种类繁多，制作技术高超，经过使臣的文字记录和口头传播，在朝鲜声名赫赫。并未出使过中国的19世纪文人李圭景记载，“中原火戏有花火，元宵为之，近代最盛”，接着列举了火梨花、千枝梅、孩儿枝花等20多种烟花的名称和青烟法、白烟法、红烟法、紫烟法等“制结烟法”，并介绍说“各有药”。[②] 这说明18～19世纪清朝烟花的种类和制作方法已经引起了朝鲜人的关注。

虽然同属火戏，梅花炮绚烂多姿，令人心醉神迷，埋火戏却以强烈的爆炸效果让朝鲜使臣深受震撼：

灯戏迄，又作埋火戏。自阁檐连连横索于庭前两架，架后悬灯之棚，又有四五十处。其诸棚色色不同，有莲藕奉朵之形，有当筵列樽之形。自阁前连索处，有两道火块疾于流星，而走扑前架，则次次散连。而无数悬棚之灯一时雷轰，火声震地，烟气蔽天。[③]

从以上记录来看，埋火戏是用连接的绳索将分布在多处彩棚中的灯笼点燃，同时引燃里面的纸炮。简言之，埋火戏就是燃放爆竹，但为了提高观赏性，皇室的爆竹燃放在摆放方法和点燃方式上增加了不少花样。

众所周知，燃放爆竹是我国传统的民俗活动，意在驱邪祈福，对辞旧迎

① [韩]朴思浩：《心田稿》卷二《梅花炮记》，《燕行录选集》(9)，韩国民族文化推进会1982年版，第109页。

② [韩]李圭景：《华东火戏辨证说》，《五洲衍文长笺散稿》，韩国民族文化推进会1977年版。参见韩国古典翻译院网，http://db.itkc.or.kr/inLink? DCI=ITKC_GO_1301A_0190_040_0110_2005_001_XML(2022年9月8日)。

③ [韩]李海应：《蓟山纪程》卷三，《燕行录选集》(8)，韩国民族文化推进会1982年版，第147页。

新的年节来说必不可少。朝鲜半岛很早就接受了中国文化，年节文化更是如此，过年期间，拜年、给压岁钱、祭祖等民俗活动和中国大致相同，却没有燃放爆竹的风俗。而上元节期间皇室燃放爆竹，数量大，花样多，让朝鲜使臣大开眼界。“山高水长西，火戏元宵宴。雷轰万鸟枪，隐若鏖倭战”①，堪称“中国通”的北学派文人朴齐家将燃放爆竹的巨大声响比喻为雷声轰鸣、万枪齐发，说明其巨大的爆炸声让朝鲜使臣感到震撼。

梅花炮和埋火戏虽然都使用火药，同属火戏，但是一个绚丽、灵动，一个粗豪、刚猛，表现出不同的美学特点。从朝鲜使臣留下的记录来看，根据个人的审美取向，有人对梅花炮情有独钟，如朴思浩，有人则偏爱埋火戏，如朴齐家；但是无论如何，“其神攻(功)非人所思也”②，是朝鲜使臣对火戏之神奇的由衷感慨。

结　语

综上所述，本文根据朝鲜使臣出访中国时所作的状启和文学作品，简单介绍了他们在上元节期间参加的官方庆祝活动，并分类考察了朝鲜使臣笔下清代皇家上元节期间主要民俗活动内容以及朝鲜使臣的相关评价与认识，旨在为清代节日民俗研究提供域外资料，同时从节日民俗活动入手探索朝鲜文人对清的认识，兼及探讨朝鲜使臣参与清皇家节日活动的意义。

上元节期间，朝鲜使臣参加的清皇室庆祝活动可以分为杂戏、灯戏、火戏三大类。在杂戏的诸多种类中，使用西洋滚轴装置的西洋秋千凭借先进技术，创造出飘飘欲仙的视觉效果，被朝鲜使臣赞为“奇技”。在灯戏之中，花灯舞只是陪衬，烟火盒子燃放时层出不穷、变化多端，显示了高超的制作技术，被多名朝鲜文人盛赞为“奇巧”。不同作者所描写的烟火盒子略有不同，呈现出不同时期烟火盒子的特点，也从不同侧面描述了其不同的组成部分，具有独特的价值。在火戏之中，梅花炮绚丽多彩、变幻不定，让朝鲜使臣

---

① [韩]朴齐家：《贞蕤阁四集·火戏》，《韩国文集丛刊》第261册，韩国民族文化推进会2001年版，第551页。

② [韩]李圭景：《华东火戏辨证说》，《五洲衍文长笺散稿》，韩国民族文化推进会1977年版。参见韩国古典翻译院网，http://db.itkc.or.kr/inLink? DCI=ITKC_GO_1301A_0190_040_0110_2005_001_XML(2022年9月8日)。

"倏忽骇愕,目不暇视";埋火戏则是同时多点燃放大量爆竹,以雷鸣般的爆炸声和漫天的烟火带给使臣极大震撼,认为其"非人所思"。

这些民俗活动之所以能给朝鲜使臣新鲜而特别的感受,是因为表演者通过吸收先进的外来文化,不断提升自身技术水准,用强大的技术优势打造了一场场视听盛宴,让朝鲜使臣不仅大开眼界,而且被这些表演所展示的高超技术和殷实国力所折服。他们认定,举办这些庆祝活动,"计其糜费,不止千万。而虽有千万,不可学得者,其奇技妙法也"[①]。这说明,上元节期间精彩的民俗活动让朝鲜使臣在娱乐的同时,潜移默化地增强了对清王朝的认同,进而为两国关系的稳定与发展发挥了重要作用。

① [韩]朴思浩:《心田稿》卷二《梅花炮记》,《燕行录选集》(9),韩国民族文化推进会1982年版,第109页。

此端午非彼端午：中国端午节与韩国江陵端午祭之比较

刘畅　陈丽娟*

摘　要

韩国江陵端午祭于2005年成功申报为人类非物质文化遗产代表作项目，2009年中国申报的端午节列入人类非物质文化遗产代表作名录。实际上，两者有着不同的节日起源、饮食习俗和文化内涵，故而韩国江陵端午祭并非中国端午节在韩国本土化后形成的文化产物。端午节起源于中国，但在漫长的文化发展和交流中，它传入了朝鲜半岛、日本、越南、新加坡等国家和地区，形成了亚洲特有的端午文化圈。当代的端午节不仅是中国的，更是东亚乃至全人类的宝贵非物质文化遗产。

关键词

端午节　江陵端午祭　文化内涵　非物质文化遗产

韩国江陵端午祭(Gangneung Danoje festival)于2005年成功申报为人类非物质文化遗产代表作项目之后，中国各界均受到强烈震撼，一度出现不满的民族情绪。[①] 直至2009年，中国申报的端午节(Dragon Boat festival)列入人类非物质文化遗产代表作名录，这场风波方告一段落。那么，同样作为

---

* 刘畅，山东大学外国语学院韩语系副教授；陈丽娟，山东大学外国语学院博士研究生。

① [韩]张正龙：《韩中端午文化之文化资产的相生论》，《"亚细亚端午文化疏通"国际学术会议论文集》，2009年，第66页。

人类非物质文化遗产，中国端午节与韩国江陵端午祭存在哪些相同和不同之处？对于这一问题的探究将有利于加深对两个民俗节日的理解，同时加强中韩两国文化的深入沟通与交流，更能促进东亚各国在历史文化层面的相互理解。

在对中国端午节和韩国江陵端午祭两个民俗事象进行比较研究之前，首先需要说明二者何以能够进行比较。“端午节”是一个用于总括中国所有地区不同内涵的端午节的节俗概念，而韩国的江陵端午祭则是具体指称仅在韩国江陵市这一地区举行的民俗活动的概念。若要对二者进行比较研究，就需要对端午节的概念加以限定。2009 年，中国申报端午节列入人类非物质文化遗产代表作名录时，对其有如下介绍：

> 端午节是中国的传统节日，节期在农历五月初五。迄今已有 2500 余年历史。由驱毒避邪的节令习俗衍生出各地丰富多彩的祭祀、游艺、保健等民间活动，主要有祭祀屈原、纪念伍子胥、插艾蒿、挂菖蒲、喝雄黄酒、吃粽子、龙舟竞渡、除五毒等。各种活动因地而略有不同，湖北省秭归县的“屈原故里端午习俗”、黄石市的“西塞神舟会”，湖南省汨罗市的“汨罗江畔端午习俗”，江苏省苏州市的“苏州端午习俗”和浙江等全国广大地区均各具特色。端午节是蕴含独特民族精神和丰富文化内涵的传统节日，对中国民俗生活有重大影响。[①]

这段引文中所提及的湖北省秭归县、黄石市，湖南省汨罗市，江苏省苏州市是与韩国的江陵市同等级别的行政单位。如此，同为人类非物质文化遗产且都是某一区域的民俗事象，中国端午节与韩国江陵端午祭便具有了可比性。因此，本论文中所使用的“中国端午节”并非指中国全国所有端午节的泛指概念，而是专指申请为人类非物质文化遗产代表作项目的四个县市的端午节的具体概念。

---

① 《中国新入选联合国非物质文化遗产项目一览》，中国新闻网，http://www.chinanews.com.cn/cul/news/2009/10－13/1908450.shtml，2009 年 10 月 13 日（2022 年 9 月 19 日）。另据刘晓峰的研究，“这段关于端午节的文字表述，当时作为官方标准说法为主流传媒及国内各大网站普遍采用”（刘晓峰：《端午节与东亚地域文化整合——以端午节获批世界非物质文化遗产为中心》，《华中师范大学学报》2011 年第 3 期）。

一、端午节与端午祭的不同起源

目前学术界对端午节的起源尚未形成定论，屈原故里端午习俗、汨罗江畔端午习俗和西塞神舟会都与屈原有着紧密的关系，但并不能说明这三地的端午节起源于对屈原的纪念。同样，苏州端午习俗起源于纪念伍子胥的说法也未能成为定论。四地端午节在传承的过程中，虽各自加入了纪念屈原或伍子胥的内容，但其起源则皆与五月五日为恶月恶日的岁时禁忌观念有关。

关于江陵端午祭起源于何时，没有可考的文献。韩国关于江陵端午祭的现存最早文字记载出现在《秋江冷话》(1477)中：

> 岭东民俗，每于三、四、五月中，择日迎巫，极办水陆之味，以祭山神，富者驮载，贫者负载，陈于鬼席，吹笙鼓瑟，嬉嬉连三日醉饱，然后下家，始与人买卖，不祭则尺席不得与人。[①]

《秋江冷话》载于《秋江先生文集》，为朝鲜王朝南孝温所著。作者虽然没有明确指出文中描述的是江陵端午祭，只是说岭东地区，但江陵属于岭东地区，并且从内容看，以巫师祭祀山神、奏乐嬉闹使神仙欢愉，乃是端午祭早期形态的巫祭形式。从南孝温的生卒年代推算，江陵端午祭至少有500多年的历史。

在晋朝陈寿撰写的《三国志・魏书・东夷传》中，有如下记载：

> (夫余)以殷正月祭天，国中大会，连日饮食歌舞，名曰迎鼓，于是断刑狱，解囚徒。[②]
>
> (高句丽)以十月祭天，国中大会，名曰东盟……其国东有大穴，名隧穴，十月国中大会，迎隧神还于国东上祭之，置木隧与神坐。[③]

---

① 转引自[韩]张正龙：《乡土民俗与地方文化正体性——以江陵端午祭源流和研究史为中心》，《栗谷思想研究》第5期，江原道民俗研究学会2002年版，第134页。

② (晋)陈寿著，(南朝宋)裴松之注，卢守助校点：《三国志》卷三十《魏书・东夷传》，上海古籍出版社2002年版，第778页。

③ (晋)陈寿著，(南朝宋)裴松之注，卢守助校点：《三国志》卷三十《魏书・东夷传》，上海古籍出版社2002年版，第780页。

(韩濊)常以十月节祭天,昼夜饮酒歌舞,名之为舞天,又祭虎以为神。①

(韩濊)常以五月下种讫,祭鬼神,群聚歌舞,饮酒昼夜无休。其舞,数十人俱起相随,踏地低昂,手足相应,节奏有似铎舞。十月农功毕,亦复如之。信鬼神,国邑各立一人主祭天神,名之曰天君。又诸国各有别邑,名之为苏涂。立大木,悬铃鼓,事鬼神。②

上文所记载的是东夷的祭天仪式,“群聚歌舞”与现代韩国巫祭中巫师们唱巫歌、跳巫舞的形式如出一辙;有“天君”作为主祭,“天君”为巫师,主持整个祭祀。而夫余的“迎鼓”、高句丽的“东盟”,以及濊的“舞天”,均有接连几个昼夜的“饮酒歌舞”。这些古老的形态在今天的江陵端午祭中均有所保留,因此可以推断:江陵端午祭源于古代东夷部落的祭天仪式。③ 这种祭天仪式距今有2000多年的历史,江陵端午祭可谓历史悠久。

综上所述,从起源上来看,中国的端午节起源与五月五日为恶月恶日的岁时禁忌有紧密关系,在漫长的传承过程中融入了纪念屈原、伍子胥、曹娥等历史人物的文化内容,而韩国江陵端午祭则起源于古代东夷部落的祭天仪式。也就是说,中国端午节与韩国江陵端午祭的起源是不同的。

二、端午节与端午祭不同的习俗和文化内涵

(一)祭祀的仪式与祭祀对象

中国端午节与韩国江陵端午祭都有祭祀活动,但是祭祀的方式与祭祀对象均不相同。屈原故里端午习俗有祭祀屈原的仪式,仪式中有公祭礼生

① (晋)陈寿著,(南朝宋)裴松之注,卢守助校点:《三国志》卷三十《魏书·东夷传》,上海古籍出版社2002年版,第785页。

② (晋)陈寿著,(南朝宋)裴松之注,卢守助校点:《三国志》卷三十《魏书·东夷传》,上海古籍出版社2002年版,第788页。

③ 详见[韩]金善丰、金京南:《江陵端午祭研究》,宝库社1998年版,第10页;[韩]张正良:《江陵端午祭实地研究》,国学资料院2007年版,第233页。这两部书也提出,江陵端午祭起源于古代部族国家的祭天仪式。也有学者依据“常以五月下种讫,祭鬼神”“十月农功毕,亦复如之”的记载,认为江陵端午祭起源于北方农耕文化的播种祝祭(即庆祝播种的祭祀),参见张正良、金京南、黄如石:《江陵端午祭白书》,江陵文化中心1999年版,第2页。

二人，祭祀开始后由礼生给屈原灵位上香，之后是奠酒、叩拜、诵读祭文。[①]公祭仪式较为简单，从形式上分析属于儒教形式的祭祀。公祭结束后是游江、招魂。游江的彩船上竖着“魂归来兮”的招魂幡，并有公祭人高唱巫歌《招魂曲》。[②] 另外，五月初五还要在屈原庙举行小招魂仪式，小招魂招的是屈原之魂。仪式开始后，巫师一手举招魂幡，一手拿铜铃，口中低声念诵咒语。乐工演奏之后，几位歌师便开始高唱招魂曲。由此来看，屈原故里端午习俗中的祭祀仪式均较为简单，相比儒教形式的祭祀，巫术仪式较为隆重一些。

汨罗江畔端午节有朝庙的习俗。所谓的“朝庙”其实是到屈子庙祭祀屈原和祭龙。朝庙仪式开始后，祭司点燃鞭炮，并开始奏乐，全体船员向屈原的神位跪拜，磕三个头，全体起立。然后祭司用当地方言唱祭文，唱完向地上洒三杯酒。之后再向龙头敬三杯酒，也洒在地上。礼毕，众人离开屈子庙。[③] 祭祀仪式全部结束。

西塞山神舟会最主要的活动便是祭祀，祭祀仪式非常盛大和完整，从农历四月初八开始至五月十八日，祭祀贯穿整个神舟会。[④] 其最突出的特点是，整个神舟会的祭祀活动都由道士来主持，巫术也由道士施行。其祭祀的对象是 108 位各路神仙，包括屈原。

伍子胥的祭祀大典是苏州端午习俗的一个重要内容，每年农历五月初五在伍相祠内举行。参与祭祀的主体是伍子胥的后裔。祭祀开始首先要向伍子胥像进香，并三叩首，之后主祭宣读祭文，宣读的过程当中向伍子胥像献花、敬酒。祭文宣读结束后，伍子胥的后裔一一向伍子胥像跪拜。跪拜完之后祭祀结束。整个祭祀仪式为儒教形式。

韩国江陵端午祭有儒教形式的祭祀和巫俗形式的祭祀，祭祀从农历四月初五一直持续到五月初七。儒教形式的祭祀有大关岭山神祭、大关岭国

---

① 参见宋颖：《端午节研究——传统、国家与文化表述》，中央民族大学博士学位论文，2007 年，第 118 页。

② 参见宋颖：《端午节研究——传统、国家与文化表述》，中央民族大学博士学位论文，2007 年，第 119 页。

③ 参见唐韡：《汨罗江畔端午习俗研究——以渔街市村为例》，上海大学硕士学位论文，2009 年，第 21 页。

④ 关于西塞山神舟会祭祀的研究，详见祝红梅、费杰成：《西塞山神舟民俗文化研究》，湖北人民出版社 2008 年版，第 36～61 页。

师城隍神祭、邱山城隍神祭、奉安祭、江门神木祭、迎神祭、朝奠祭、送神祭等。以大关岭国师城隍神祭为例，祭祀时依次行参神礼、奠币礼、初献礼，然后举行二献礼和三献礼，行礼方式与初献礼相同。最后行饮福礼、望燎礼、辞神礼。礼毕，朗读祷告文。

江陵端午祭的巫祭也是祭祀的重要组成部分，巫祭贯穿于端午祭始终。巫祭通常是巫师伴随着巫乐边唱巫歌边跳巫舞。巫祭从农历五月四日持续到五月七日，每天都要举行。

从祭祀仪式来看，举行儒教形式祭祀和巫祭的端午节，分布在中国的秭归、汨罗和苏州三地，两种祭祀仪式都较为简单，短时间内就可以完成。江陵端午祭同样举行儒教形式的祭祀，过程较为完整、复杂和隆重，历时 40 多天，贯穿始终。不仅如此，端午祭期间的巫祭也非常多，巫舞多达 19 种。可见，江陵端午祭与秭归、汨罗和苏州三地端午节在祭祀仪式上存在差异。另一种祭祀形式则出现在西塞山神舟会。西塞山神舟会的祭祀活动是由道士主持的道教化祭祀，反映出当地独特的道教文化。而江陵端午祭主要是儒教形式的祭祀和巫祭，体现出浓厚的儒教文化和巫俗信仰。因此，这两者的祭祀仪式也是不同的。

从祭祀的对象来看，屈原故里端午习俗、汨罗江畔端午习俗主要祭祀屈原，西塞山神舟会祭祀的是包括屈原在内的 108 位神仙，主祀的并不是屈原，而是水神、战神、瘟神等，苏州端午习俗祭祀的是伍子胥。与中国端午节不同，江陵端午祭与屈原和伍子胥无关，祭祀的是江陵地区的神——大关岭山神和大关岭国师城隍神。大关岭山神是新罗时期的金庾信将军，传说他去世后成为当地的山神。大关岭国师城隍神则是新罗时期的高僧梵日国师。此外，还有一位大关岭国师女城隍神，相传是当地郑氏家族的女儿，也是城隍神的妻子。总而言之，中国端午节与韩国江陵端午祭祭祀仪式和祭祀对象均不相同。

（二）饮食习俗

由饮食习俗来看，粽子在中国是全国性的端午节食品。有观点认为粽子起源于夏至时的祭祀，也有观点认为粽子的出现与屈原有关。[①] 端午吃鸡

① 参见何宏：《粽子起源考证》，《南宁职业技术学院学报》2015 年第 6 期。

蛋的风俗也很普遍，如秭归人认为吃鸡蛋可以强身健体，特别是早餐时将鸡蛋、大蒜一起食用可以“避五毒”(“五毒”指蝎子、蛇、蜈蚣、蟾蜍、壁虎)，将蛋壳染上红色挂于儿童脖子上，认为可以趋吉避凶。[①] 端午还有吃大蒜的习俗，人们认为吃蒜也可以“避五毒”。苏州还有端午节挂大蒜的习俗，通常将大蒜与菖、艾挂在一起。祭祀伍子胥的大典上，摆放供品的供桌上会放置两个花瓶，瓶中插上菖蒲、艾草，并将两头大蒜捆绑在菖艾上，菖蒲如刀剑、艾叶如鞭、大蒜如锤，挂在一起可以辟邪。至于吃蒸粑粑，是秭归当地特有的风俗。端午节时，秭归人虽然包粽子，但很少食用，只用来投江祭祀屈原，而更多的则是食用粑粑。相传屈原最喜欢粑粑，他儿时所上的学校离家很远，每日早上他的母亲都做好粑粑给他带上作为午餐。每逢端午，秭归当地都蒸粑粑，一部分用于祭祀屈原而投入江中，另一部分留作食用。

汨罗地区在端午节时还要制作凉茶饮用。端午前后各种草药成熟，人们认为端午时阳气最盛，这时采的草药效果最好，采来晒干后熬成凉茶，待端午后的农忙时节饮用，可以去火解暑。并且端午节时天气开始变热，各种毒虫开始滋生，特别是长江以南地区“五毒”的危害更加严重，于是端午节时采来草药以备毒虫叮咬。这与避“恶月恶日”的端午节起源说是一致的，符合端午节袪毒辟邪的内涵。

苏州地区端午节特有的饮食风俗为吃五毒饼和五黄。五毒饼是印有“五毒”图案的食物，将“五毒”的图案印在食物上吃掉，那“五毒”便不再来侵害大家。“五黄”指的是黄鳝、黄鱼、黄瓜、咸蛋黄及雄黄酒。古人认为黄色为尊贵、神圣的颜色，代表了权力、长寿，只有帝王才可以使用。[②] 那么人们自然会认为在端午节阳气最盛的时候，食用黄色食品就可以袪毒避邪，吃了“五黄”，“五毒”自然会退避三舍。

综上所述，中国端午节各类的食俗多为了纪念屈原，但更重要的还是为了驱邪避毒。

韩国江陵端午祭在仪式期间的主要节日饮食则是艾草打糕和牛蒡打糕。艾草打糕和牛蒡打糕不只是江陵端午祭时的重要食品，也是韩国端午节的节日食品。艾草有辟邪的文化意蕴，也是中国端午节必不可少的节日

① 参见《中国农村科技》编辑部：《舌尖上的端午》，《中国农村科技》2014 年第 6 期。

② 参见马兰：《汉语中黄色的文化意蕴》，《学语文》2017 年第 1 期。

用品。学术界广泛认同韩国端午节源自中国，而用艾草制作打糕食用恰恰印证了这一点。牛蒡有重要的药用价值，可以清热解毒、消肿、利咽，在端午节用牛蒡制作成打糕食用，可以强身健体。由这两种饮食习惯可以看出，源自中国的韩国端午节保留了辟邪祛毒的原初文化内涵，而韩国江陵端午祭的饮食习俗对端午节祛毒辟邪的文化内涵有一定的承袭，说明端午节与端午祭在文化起源上存在一定的联系。

不过，虽然从饮食习俗上可以看出江陵端午祭某种程度上受到中国端午节的影响，但是两个民俗节日的饮食是完全不同的。中国端午节的饮食非常丰富，这些饮食形式并未传入韩国，也并未体现在江陵端午祭上。韩国只是保留了艾草的祛毒辟邪意蕴，但与其传统饮食打糕相结合，以适合韩国本土的饮食习惯。而且，节日饮食所体现的并非江陵端午祭的主要文化内涵，它只是端午祭文化内涵中极小的一个组成部分。至于江陵端午祭究竟有何独特的文化内涵，下一节将详细论述。

（三）辟邪、配饰及娱乐等习俗

中国端午节有着丰富多彩的辟邪习俗，挂菖蒲、艾草，饮用或在身上涂抹雄黄酒，在房屋周围洒雄黄酒以及贴五毒图、挂钟馗像、洗端午澡、送端阳符都是为了辟邪祛毒。汨罗县端午特有的活动是抢龙水和剪龙须。龙水是指五月初五汨罗江里的水，当地人认为五月初五会有五条龙汇聚于汨罗江，所以这一天的水具有神力，喝了会消除百病，带来好运。龙须是指端午龙舟上的龙头的胡须，据说剪下胡须泡水给孩子喝，或将胡须缠在孩子手上，就可以祛毒辟邪。①

除了辟邪习俗之外，中国端午节还有一些配饰习俗，如香囊、荷包里装满艾草、菖蒲等药材，系五彩丝，佩戴艾虎、虎头帽，穿虎头鞋、虎头肚兜、绘有五毒图案的衣服，这些都是为了祛毒辟邪。不仅如此，娱乐习俗中的采百草、斗百草也是为了祛毒辟邪。而端午踏青，是指在清晨去采露珠。人们认为端午节清晨的露珠可以祛除脚气、强身健体，这与中国端午节的文化内涵也是一脉相通的。

---

① 参见唐韡：《汨罗江畔端午习俗研究——以渔街市村为例》，上海大学硕士学位论文，2009年，第26页。

西塞神舟会的主要娱乐活动是唱戏，唱的多是与皇帝相关的戏曲剧目。当地人以为古代帝王普具洪福，故而希望在端午时借助戏曲里的帝王力量来镇压百邪，这也体现了端午节的文化内涵。

由此可见，中国端午节习俗所体现的文化内涵是祛毒辟邪和纪念屈原、伍子胥等历史人物，而祛毒辟邪是中国端午节非常重要的组成元素。而韩国江陵端午祭祛毒辟邪的内容只从饮食习俗上稍稍有所体现，也没有特有的配饰习俗。其主要的娱乐习俗是韩国传统的官奴假面剧表演、农乐舞表演、摔跤和荡秋千等。这些娱乐习俗所体现的并非祛毒辟邪，其文化内涵在下一节将详细论述。因此，从中国端午节与韩国江陵端午祭的各种习俗的比较可以断定，虽然韩国江陵端午祭与中国端午节存在着一定的联系，从广义上来讲，两者都属于东亚的端午文化，但是从各种具体的节日习俗来看，两者又是不同的民俗文化。

（四）端午节与端午祭的不同文化内涵

从起源与节日习俗可以看出，中国端午节的文化内涵是祛毒辟邪，后人又赋予了纪念历史人物的内涵。那么，韩国江陵端午祭的文化内涵又是什么呢？这可从韩国江陵端午祭的祭祀与娱乐习俗获知。首先，江陵端午祭使用了一种儒教形式的祭祀祈祷祈祷文，祈祷文的内容可充分说明江陵端午祭是为了江陵地区农业丰产、人畜安全而举行的一种祈祷活动。其次，巫祭虽然种类较多，但从巫师们的巫歌、巫舞可知，巫祭的目的仍然是希望得到山神、城隍等地方神灵的庇佑，以保江陵地区人畜两旺。江陵官奴假面剧、农乐舞等民俗活动，也是围绕着相同主题进行的。由此可见，江陵端午祭的文化内涵就是用祭祀的形式表达渴望丰收和平安的心愿。在人们渴望丰收和平安的心理需求之下，实现目的的手段便与人们根深蒂固的信仰密切联系在了一起。江陵端午祭虽然分为不同的部分，但目标一致，本质无异，都是祈求江陵地区农渔业的丰收以及民众的幸福平安。为了达到这个目的，江陵人民才集体筹措资金，为江陵地区的守护神举行祭祀。[①]

另外，江陵端午祭的文化内涵还反映在农乐舞、摔跤等娱乐习俗上。江

---

① 关于韩国江陵端午祭的文化内涵，可参考陈媛、刘畅：《韩国江陵端午祭的文化内涵》，《文化遗产》2015 年第 3 期。

陵的农乐反映的是江陵地区一年的农耕生活。农乐舞和摔跤本来就是源于农业生产，是向神祈求农业丰产的一种方式。农业的娱乐民俗是农民在农闲时自娱自乐的一种方式，是伴随农业文明而产生的文化现象。

总之，江陵端午祭的文化内涵是祈求江陵地区的平安与丰收，而中国端午节的文化内涵是祛毒辟邪、纪念历史人物。就此而言，韩国江陵端午祭与中国端午节是具有不同文化内涵的两类节俗事象。

三、中韩两国非物质文化遗产学术研究的比较

学术上的研究是发掘传统文化的内在价值和意义、宣传和扩大非遗影响力的重要手段，同时，还可以提出更切实际的非遗保护及开发的方案、措施。对非遗展开的学术研究，充分体现了中韩两国在保护非遗领域的具体差别。

韩国对包括江陵端午祭在内的文化传统展开研究开始于 20 世纪 60 年代。表 1 是韩国学术界对江陵端午祭展开学术研究的成果统计，表 2 则是中国学术界对作为人类非物质文化遗产代表作项目的“中国端午节”的研究情况统计。

表 1　　韩国对“江陵端午祭”的研究成果统计①

年份	专著	论文②	学位论文
1960～1969 年	2	4	—
1970～1979 年	2	37	3
1980～2002 年	13	73	3
2003～2022 年	41③	98	45
合计	58	212	51

① 1960～2002 年的数据据金善丰(Kim Sun-poong)《韩国端午民俗研究史——以江陵端午祭研究为中心》以及张正龙等《亚洲的端午民俗——韩国中国日本》(国学资料院 2002 年版，第 41～54 页)整理。2003～2022 年数据，是以“江陵＋端午”为检索词，在韩国研究信息共享服务网站(http://www.riss.kr)上检索而得出。

② 此处的“论文”包括非以江陵端午祭为主要研究对象的专著中论及江陵端午祭的部分。

③ 检索结果中专门论述江陵端午祭的有 40 部专著，而以江陵端午祭作为重要内容进行论述的专著还有大概 120 部。

表 2　　中国对人类非物质文化遗产项目"端午节"的研究成果统计①

主题	专著	期刊论文	学位论文
屈原故里端午习俗	1	9	—
汨罗江畔端午习俗	1	3	5
西塞山神舟会习俗	1	3	6
苏州端午习俗	4	3	3
四地端午习俗兼论	3	7	2
合计	10	25	16

上文中曾论及，韩国学者对江陵端午祭的研究始于任东权，他在 1966 年对江陵端午祭进行了实地考察，并发表了《重要无形文化财制定资料(江陵端午祭)》一文。虽然 20 世纪 60 年代的研究成果寥寥可数，但这些研究引发了韩国学者对江陵端午祭的关注。在接下来的 70 年代，关于江陵端午祭的期刊论文的数量有了非常大的突破，并且还有了 1 篇博士学位论文和两篇硕士学位论文。从 80 年代开始，韩国学术界对江陵端午祭的研究进入成熟阶段，出现了诸多专著、期刊论文、学位论文，硕果累累。

关于普遍意义上的端午节研究，中国学术界起步很早，也取得了丰硕的成果。在中国知网上以"端午节"为关键词进行搜索，有 200 多篇学术论文。以 2005 年韩国江陵端午祭申请为人类非物质文化遗产代表作为分界线，2005 年之前(包括 2005 年)的论文有 17 篇，从 2005 年至今有 200 余篇。可见，端午节研究在江陵端午祭申遗事件的影响下迅速成为热点话题。而 2009 年中国端午节列入人类非物质文化遗产代表作名录，成为促进中国学术界关注端午节俗文化传统的催化剂。2009 年及之前的研究论文有 60 篇，2010～2022 年(截至撰稿时)有 160 余篇。可见，学术界重视端午节与非遗保护意识的兴起是相辅相成的。非遗保护观念的增强可以促进学术的自觉，而学术研究也可以为非遗保护工作提供更多的理论支撑。因此，为了更好地保护非物质文化遗产，我们需要更加全面、深入、细致地对其展开研究。

在中国端午节成为人类非物质文化遗产代表作之后，虽然对中国端午

① 本表格中数据截至 2022 年 3 月，专著数据在中国国家图书馆中检索得出，期刊论文和学位论文数据在中国知网检索得出。

节加以概论的研究层出不穷，但是对于继承了人类智慧、彰显悠久文化内涵的秭归、汨罗、苏州、黄石等四地古老的端午民俗的重视却不够，相关的研究起步较晚。目前关于地方性端午节俗的研究是一篇2004年发表的论文《端午节起源于伍子胥考》，其着重考察了苏州端午节的起源。检视这一领域的研究成果可知，到目前为止已有专著10部、期刊论文25篇和学位论文16篇。其中，关于西塞山神舟会的研究则较为丰富。不过，就研究成果的数量而言，中国学界对作为人类非物质文化遗产的端午节之研究与韩国对江陵端午祭的研究相比，仍有一定的差距。

从对中国端午节和韩国江陵端午祭的人类非物质文化遗产保护工作进展情况及学术研究的角度来看，韩国的确有值得我们借鉴的地方。作为宝贵的人类非物质文化遗产，对它的保护、研究和传承需要代代相续，它既需要政策保护和学者研究，也需要民众的广泛参与，只有这样才能保护好珍贵的人类非物质文化遗产，使它们不至于凋零。

结论

民俗事象不是一成不变的，随着时间的推移和空间的变换，它会随之发生改变。中国端午节起源于五月初五为恶月恶日的岁时禁忌，到魏晋南北朝时人们才逐渐从最初对端午节的恐惧中解脱出来，开始营造热闹的节日气氛，而端午最初驱疫避凶的涵义也被逐渐淡忘，并在不同时期、不同地方附会上了关于屈原、曹娥、伍子胥、勾践等历史人物的各种节日传说。通过比较节日起源、饮食习俗、文化内涵，可以断定的是韩国江陵端午祭并非中国端午节在韩国本土化后形成的文化产物。韩国江陵地区很早就举行祭天仪式这样的巫祭，在漫长的历史传承中，与从中国传来的端午节相遇，于是便吸收了一些端午节的民俗元素。当儒教传入朝鲜半岛之后，又吸收了儒教的元素，于是就出现了我们今天所见到的江陵端午祭。它完整地保留了韩国传统的巫俗文化，完整再现了儒教的祭祀仪式，并鲜明地向我们显示了民俗事象在时间和空间中的变化与发展，呈现了民俗事象的包容性和内涵的丰富性，是韩国特有的民俗文化。

联合国教科文组织大会在《世界文化多样性宣言》中指出："在日益走向

多样化的当今社会中，必须确保属于多元的、不同的和发展的文化特性的个人和群体的和睦关系和共处”，“在相互信任和理解氛围下，尊重文化多样性、宽容、对话及合作是国际和平与安全的最佳保障之一”。[①] 端午节虽然起源于中国，但是在漫长的文化发展和交流中，这个民俗节日传入了朝鲜半岛、日本、越南、新加坡等国家和地区，形成了亚洲特有的端午文化圈。可以说端午节不仅是中国，更是东亚乃至全人类的宝贵非物质文化遗产。但民俗不是一成不变的，当它与不同的文化相互碰撞，则会衍生出不同的民俗现象。韩国的江陵端午祭就是一个典型的例子，它传承了小部分的端午节俗元素，但更多的则体现了韩国传统文化的特点，是不同于中国端午节的节俗事象。中韩两国应该在理解并尊重不同地区之间文化多样性的前提下，形成一种相互信任与合作的氛围，相互学习和借鉴彼此的文化传承经验，共同探究保护人类非物质文化遗产可持续性发展的道路。

① 联合国教科文组织：《世界文化多样性宣言》（中文版），中国民俗学网，https://ctlt.twl.ncku.edu.tw/kauhak/kanggi/UNESCO_cht.pdf，2001 年 11 月 6 日（2022 年 9 月 16 日）。

韩国江陵端午祭的原始崇拜与宗教信仰

陈媛　贾心茹*

摘　要

江陵端午祭将朝鲜半岛古老的原始崇拜及宗教信仰生动地融合为一体，而原始崇拜与宗教信仰之间相互影响、相互作用，从而逐渐形成了现今的人类非物质文化遗产——江陵端午祭。产生于远古时代的原始信仰，及之后由中国传入的佛教和儒教，潜移默化地影响着朝鲜半岛民众的生活。韩国江陵端午祭既保留了原始崇拜的影子，也充分展现了外来宗教的深刻影响。

关键词

韩国　江陵端午祭　原始崇拜　宗教信仰

引　言

韩国江陵端午祭最主要的组成部分是儒教祭祀、巫祭和民俗活动等，不管是祭祀还是民俗活动，都体现出端午祭的文化内涵是祈求江陵地区的丰收和平安。① 为达到这一目的，便需借助一定的手段和方法，所采取的手段和方法自然与人们的原始崇拜及宗教信仰密切相关。江陵端午祭将朝鲜半岛古老的原始崇拜与宗教信仰融为一体，而原始崇拜与宗教信仰之间相互

* 陈媛，山东大学外国语学院副教授；贾心茹，山东大学外国语学院硕士研究生。

① 参见陈媛、刘畅：《韩国江陵端午祭的文化内涵》，《文化遗产》2015 年第 3 期。

影响、相互作用，从而逐渐形成了现今的人类非物质文化遗产代表作项目——江陵端午祭。

笔者于2018年端午祭期间，探访了韩国江陵，更深刻、真实地体验了韩国江陵端午祭中韩国江陵地区广大民众的原始崇拜及宗教信仰。基于笔者对江陵端午祭的亲身体验及文献考察，本文将深入分析江陵端午祭所体现的原始崇拜及宗教信仰，从而更加全面、深刻地理解端午祭的产生、发展及现状。

一、江陵端午祭的原始崇拜

（一）祭祀所体现的灵魂崇拜

就形式而言，江陵端午祭采用了祭祀的形式，即儒教形式的祭祀和巫祭，最主要的祭祀类型是大关岭山神祭、大关岭国师城隍祭、邱山城隍祭、鹤山城隍祭等10余种，祭祀的对象分别为山神金庾信、国师城隍神梵日法师和国师女城隍神郑氏。祭祀是人们向神祈求福祉、驱灾避难的一种信仰表现方式，带有明显的功利性质。人们带着一定的愿望，把祭品奉献给祭祀的对象，目的是请他们帮助实现自己的心愿。在江陵的端午祭中，人们祭祀山神、城隍神夫妇，希望他们能保佑江陵的丰收和平安。金庾信、梵日法师和郑氏，人们为他们举行祭祀，奉献祭品。在人们的观念中，他们仍旧可以享用祭品，并能帮助人们达成愿望。这是一种原始的灵魂崇拜的信仰。

对灵魂的崇拜是一种古老的原始信仰，在生产力水平较低的时代，人们无法解释梦境和死亡，对于无法解释的现象，则产生出最初的灵魂意识。人们认为“灵魂既可寄寓于人体又可游离人体之外，人体不过受灵魂支配或活或死或动或睡。这种对神秘现象的破解使原始先民产生朦胧的崇拜”[①]，人们对不死的灵魂产生深刻的敬畏。人们既然相信灵魂不灭，人一旦死亡便要小心谨慎地将其安葬，因此，时至今日人们安葬死者的习俗依然存在。在人们的俗信中，鬼有善恶之分。善始善终为正常死亡，这样的亡灵被认为是

① 参见张维青、高毅清：《中国文化史》(一)，山东人民出版社2002年版，第60页。

善的，可以保护后代，于是生者供奉死者，发展为最初的祖先崇拜。在善灵信仰的支配下，人们相信，江陵端午祭祭祀的金庾信、梵日和郑氏，其灵魂均为善者，可使人们得到保护。还有一些未成年人、未婚者、难产者、死于非命者，他们的灵魂则被认为是冤鬼，因他们在人间的时间较短而留恋人间不肯离去，所以会时常在人间徘徊，还可能给人们带来灾难。于是，大家就采取各种方法避免他们给人间带来灾难。比如有些地区在为凶死者出殡的时候，要走很多弯路，为的是让这些鬼魂找不到回家的路，不能危害家人和村子。

祭祀是在灵魂崇拜的观念下产生的，人们相信灵魂不灭，生者存于人间，死者的灵魂也有其归宿，或在天上为神，或在地下为鬼。人有衣、食、住、行，灵魂也一样。灵魂的衣、食、住都是活人所提供的。最初人们将死者生前所好之物，或象征财富的东西，一起随死者埋葬于坟墓，死者的灵魂就可以在另一个世界享用它们，这是随葬品出现的信仰因素。祭祀则是另一种形式，它是人对灵魂的祈求和奉献。人们相信灵魂和人一样可以进食，所以极尽所能地将丰厚的牺牲献给他们，请其享用。如江陵端午祭将已逝去的金庾信、梵日和郑氏的灵魂视为神灵，为他们设立端午祭场，供奉祭品，竭尽全力满足他们的需求。除了供奉祭品外，还要表演农乐、跳舞以娱神。人们相信，通过祭祀，被奉为神的灵魂就会最大限度地满足人们的愿望。

祭祀不只为善灵举行，恶灵同样需要祭祀。恶灵均为冤魂，人们认为他们是非常可怕的，人们在驱鬼的同时，还用祭祀的方式安抚他们，让他们享用丰盛的祭品，满足他们的需求，希望他们得到满足后不要再祸害村民。江陵端午祭的“祖上巫舞”，就是为这些冤魂举行的，目的是使他们能安分地在其所应归属的地方，不要游荡于人间，给后世子孙带来灾难。

江陵端午祭反映了原始信仰的灵魂崇拜。这种古老的信仰产生于生产力低下的时代，在民间世代相传，时至今日，仍存在于人们的观念之中，并通过江陵端午祭这样的民俗活动表现出来。灵魂崇拜已经转化为人们的潜意识，时时反映在人们的某些行动之中。

（二）江陵端午祭的动植物崇拜

江陵端午祭的活动内容相当丰富，在其民俗活动中很明显地蕴含着动植物崇拜的原始信仰。人们赋予自然物以人格化的“灵”，并认为举凡日月山川、鸟兽草木都可以给人类带来祸福[1]，由此而产生了“万物有灵”的思想。

在“万物有灵”思想的指引下，植物被赋予了“灵”，江陵端午祭中的“神竿”便是如此。端午祭中的一个重要的环节，便是获得“神竿”。阴历四月十五日国师城隍神祭完毕后，巫师的一项重要任务便是寻找“神竿”。关于寻找神竿的经过有如下记载：

> 邑各有城隍祠，春秋享祀外，别有异者，每年四月十五日，本府时任户长，领率巫觋诣大关岭，岭上有神祠一间，户长就神堂告由，令巫觋求神灵于树木间，有一大飙飒然，枝叶自摇，乃曰：“神灵之所依。”斫其一枝，令健壮者奉持，谓之国师行次，画角前导，巫觋鸣金击鼓而随之。户长骑大昌驿，马踵后徐行，道路观者如堵，或以纸布裂挂神木，或以酒馔劳慰巫觋，乘昏到官，燎火遍野，官隶祇迎归，安于城隍祠内。[2]

神竿被人们看作是国师城隍神的神体，国师城隍神通过神竿降到人间，享受人们的祭祀。人们为了表示对城隍神的敬仰，就要对神竿进行祭祀。神竿就是树，人们认为矗立于天地之间的树木是传递神与人之间信息的媒介。对树木的这种认识源于人类对植物的崇拜。这种对植物的原始崇拜在朝鲜半岛自古有之。在其建国神话——檀君神话中，天神檀君来到人间首先降到神檀树下，将檀树称为“神檀”正是对檀树有灵的一种认识；之后，熊女祈求天神赐她生子也是来到神檀树下，这是基于韩国人所认为的植物是神与人相互沟通的媒介这一认识，是植物有灵思想的反映。在这种信仰的支配下，江陵端午祭中的神竿和檀君神话中的神檀树便具有了相似的作用。因此，树木也就成了端午祭中必不可少的圣物。

对某一特定对象，例如山体的崇拜，是人类对自然崇拜的一种表现。在人类对自然界缺乏科学认知的时代，山高大挺拔，林木丛生，野兽频出，充满了神秘感，人们自然对山产生了崇拜。在江陵端午祭中将金庾信将军当作山神祭祀，也反映了韩国的山体崇拜信仰。在韩国的檀君神话中，传说檀君

---

① 张维青、高毅清：《中国文化史》(一)，山东人民出版社2002年版，第61页。

② 转引自[韩]张正龙：《乡土民俗和地方文化的正统性——以江陵端午祭源流和研究史为中心》，《栗谷思想研究》2002年第5期。

在统治古朝鲜1500年后成为山神，可见对山体的崇拜在韩国由来已久。

此外，江陵端午祭中还有动物崇拜，动物崇拜较之植物崇拜更为普遍。以虎为例，虎威武凶猛，为百兽之王，很早就是人们崇拜的对象。江陵端午祭阴历四月十五日举行国师女城隍奉安祭。关于女城隍神有这样一个传说。江陵有一户郑氏人家，家中有一待嫁女儿。一天，郑氏梦到大关岭国师城隍神向自己的女儿求婚，被郑氏拒绝。几日后，国师城隍神派一只老虎将少女背走，并娶她为妻。郑氏夫妇惊慌地跑到城隍庙去寻找女儿，发现女儿的身体僵硬地直立在地上，已经死去。他们知道女儿已嫁给城隍神。国师城隍神和郑氏少女结婚的日子是阴历四月十五，于是端午祭时要将两位供奉于一处，举行祭祀。

韩国江陵地区多山，山高林密，多有老虎出没。原始的动物崇拜心理正源于人们对老虎的恐惧和敬畏。在城隍女神的传说中，老虎作为山神的使者出现，正说明了对虎的崇拜深深植根于江陵百姓思想中。

不管是灵魂崇拜，还是对动植物等自然物的崇拜，都可归于万物有灵的体系。万物有灵论，正如泰勒所说，“虽然乍一看它好像是宗教的最低限度的枯燥无味的定义，但在实际上我们发现它是十分丰富的”①。万物有灵认为各个生物都是有灵魂的，这种灵魂在肉体死亡或消灭之后能够继续存在。不仅如此，还认为这个世界上有威力巨大的神灵存在。神和人是相通的，人们的一切行动都可以引起神的高兴或不悦，这就必然导致人们对它们的“实际崇拜或希望得到它们的怜悯”②。万物有灵论是世界上最为普遍的哲学，它在理论上表现为一种信仰，在实践上则表现为崇拜。人们因为无法解释死亡和梦魇，就信仰人有不灭的灵魂，形成对灵魂的崇拜；对于各种自然现象，原始先民同样给出了他们认为合理的解释：风雨雷电有神秘而不可捉摸的超人力量，因为它们都由神来掌管；江河湖泊之所以川流不息，因为有水神的存在，等等。人们一旦产生了万物有灵的观念，便如泰勒所说，它虽然产生于人类社会的低级阶段，但它的影响却直到今天文明高度发达的时期。

---

① [英]爱德华·泰勒：《原始文化——神化、哲学、宗教、语言、艺术和习俗发展之研究》，连树声译，广西师范大学出版社2005年版，第349页。

② [英]爱德华·泰勒：《原始文化——神化、哲学、宗教、语言、艺术和习俗发展之研究》，连树声译，广西师范大学出版社2005年版，第350页。

（三）江陵端午祭的英雄崇拜

从江陵端午祭的内容来看，除了存在万物有灵的原始信仰外，还能反映出英雄崇拜的观念。

英雄崇拜思想的产生与农耕文化有着密切的关系。土地是农耕社会人们赖以生存的最基本的物质条件，诚如《孝经纬》所言，“社，土地之主也，土地阔不可尽祭，故封土为社以报功”[①]，稷为五谷之神，所谓“社稷”就是土地和粮食。此后，社稷也就成了国家的代名词，可以说土地就是农耕社会的命脉，掌握了土地便掌握了国家机器。这种对土地的依赖，反映在民族的心理上便是对故乡的眷恋和对祖国的热爱。所以历史上那些为国捐躯、保卫国土的人便受到人们的尊敬，成为人们心目中的英雄。

韩国江陵端午祭的大关岭山神祭中对金庾信将军的祭祀，正是英雄崇拜的体现。金庾信（595～673），生活于新罗真平王（579～632）至文武王（661～681）年间。据史料记载，金庾信于609年成为花郎[②]，曾在山中苦练剑术两年。

金庾信在625年8月攻打高句丽娘臂城的战斗中，砍杀敌军首领，立下卓越功勋。644年，被善德女王封为上将军。他在这一年连续攻克了百济七座城池。647年，新罗的毗云和廉宗发动叛乱，欲废真德女王，金庾信率兵讨伐，战功卓著。同年10月，他又消灭百济军队约1万人，夺回了被百济攻占的三座城池。第二年因攻克百济十二座城池，他被封为上伊湌和上州行军大总管。金春秋登上王位后，金庾信的军队于660年与苏定方率领的唐军联合，攻打百济，百济灭亡。665年，金庾信被唐高宗封为奉常正卿平壤郡开国公。668年，金庾信率军与唐军联合进攻高句丽，高句丽灭亡，三国统一。

金庾信身经百战，在作战方面可谓攻无不克，为统一朝鲜半岛和建立安定、统一的国家，作出了不可磨灭的贡献，他给人们提供了和平的生产和生

---

① （宋）陈元靓编：《事林广记》前集卷二，元至顺建安椿庄书院刻本。

② “花郎”为花郎徒的首领。花郎徒又称“风月徒”“风流”“国仙”，是一种民间修炼组织，兴起于新罗真兴王时期（534～576）（参见［韩］李丙焘：《韩国儒学史》，亚细亚文化社1987年版，第36页）。据《三国史记·新罗本纪》的“真兴王三十七年”条记载：“初君臣病无以知人，欲使类聚游，以观其行义，然后举而用之……择其善者，荐之于朝，故金大问《花郎世记》曰：‘贤佐忠臣，从此而秀；良将勇卒，由是而生。’”可见花郎徒为新罗笼络和培养了大批的忠臣良将。

存的环境。于是,金庾信便成为人人崇拜的英雄,并被附会了各种传说。

据传,金庾信幼时便在江陵跟随山神学习剑术。后来,他在江陵南部的禅智寺铸造了一把宝剑,他正是用这把宝剑统一了国家。人们认为他去世后成为江陵一带的山神,在壬辰倭乱(1592～1598)时,他还发挥神力,帮助人民击退了倭寇的入侵,守护了国土。金庾信在山中练习剑术,被传说为跟随山神学习剑术,人们将其使用的剑视为"神剑",认为他去世后化作山神,时刻庇佑百姓的平安。毋庸置疑,这是人们因对金庾信的崇拜而产生的一种想象,并升级为一种民俗信仰。

(四)韩国江陵端午祭与农耕文化

江陵端午祭是农耕文化的产物。农业是韩国封建社会主要的经济形式,但韩国多山地和丘陵(约占国土总面积的70%),可耕种的土地较少。加之封建社会生产力水平不够发达,农业生产水平极为有限,对天灾的防御能力不够,农业生产非常艰难。江陵位于江原道东部沿海,太白山脉从半岛的北部一直绵延到南部,把江原道分成两部分,山脉以西称"岭西",山脉以东称"岭东"。岭东地区因西有太白山脉,东临大海,中间形成了狭长的带状地带,地势陡峭,多山地和丘陵,可耕种的平原相当少。江陵正位于岭东这个狭长地带的中部,江陵西部是海拔高832米、绵延13公里的大关岭,将江陵地区完全与西部隔开。而韩国的东海岸又狭长陡峭,这就使江陵地区的农业和渔业都比较艰难,岭东地区的农村基本以半农半渔为生。在这样的情况下,人们就极易产生朴素的、虽非科学却又是合理的求福免灾的心理希求。[①] 农民们希望借助超自然的力量,实现他们丰收和幸福的愿望。于是,在这样的心理的驱使下,并与人们的各种信仰相结合,就产生了各种以祈求丰收、赐福、消灾为目的的民俗活动。

江陵地区的人们在播种之后,虽然付出了辛勤的劳动,但是仍无法保证秋季能获得丰收。农事的丰歉是关乎温饱和生存的大事,他们自然地就想到用一种非人力的力量来帮助自己实现愿望。在农耕经济的原动力推动下,结合人们的原始信仰因素,部落祭的雏形便应运而生。

① 参见钟敬文主编:《民俗学概论》,上海文艺出版社2006年版,第43页。

清道光《晃州厅志》载:“岁,农人连袂,步于田中,以趾代鉏(锄),且行且拔,塍间击鼓为节,疾徐前却,颇以为戏。”[①]这是古代中国农业劳动与舞蹈相结合的历史记载,如果使文中描述的有节奏的行动抽象出来,脱离具体的劳动场景,便成为生动的舞蹈。韩国江陵端午祭上的娱乐活动也有相似的形成过程。江陵端午祭与农业文明的关系还体现在官奴假面剧和农乐舞、摔跤等民俗活动上。人们经过繁忙的农忙季节,闲暇下来,进行一些表演,一方面可以放松身心,另一方面,也借以表达他们期盼丰收的心情。农业相关的音乐、舞蹈等娱乐活动是伴随着农业文明产生的。

综上所述,在农业经济为主的社会,农业主导着人们的全部生活,江陵端午祭是农耕文化的伴生物,它的产生根源于农耕文化。落后的生产条件及江陵地区特殊的地理环境,使人们不得不与原始崇拜相结合,寄希望于神灵,希望通过祭祀的形式,得到江陵地区农业的丰收和人畜的平安。

二、江陵端午祭中的宗教信仰

江陵端午祭还有着浓厚的宗教色彩。端午祭中最主要的祭祀便是巫祭和儒教祭祀,祭祀体现的宗教信仰不仅有巫俗信仰、儒教信仰,还有佛教信仰。

韩国称萨满教为“巫俗”或“巫教”[②],在现代的韩国仍普遍存在着巫俗信仰。巫师是沟通人与神的媒介,巫师实施巫术,请神灵降临人间,请他们享用祭品,歌颂他们的功德,最后把人们的愿望以巫歌、巫舞的形式传递给神,人们相信通过这种方式愿望可以得以满足。巫祭便是为了解决人类无法解决的问题而举行的仪式。江陵端午祭的巫祭多达 19 种,是一种较为完整的保存了巫俗信仰的典型民俗现象。

韩国学者普遍认为江陵端午祭从部落祭发展而来。晋朝陈寿撰写的《三国志・魏书・东夷传》中,留下了若干相关的记载:

(夫余)以殷正月祭天,国中大会,连日饮食歌舞,名曰迎鼓,于是断

① (清)俞克振修:道光《晃州厅志》卷三十六《风俗》,民国二十五年铅印本。
② 廉松心:《韩国巫俗的由来及其对外来宗教的影响》,《世界宗教文化》2013 年第 2 期。

刑狱，解囚徒。[①]

（高句丽）以十月祭天，国中大会，名曰东盟……其国东有大穴，名隧穴，十月国中大会，迎隧神还于国东上祭之，置木隧与神坐。[②]

（韩濊）常以十月节祭天，昼夜饮酒歌舞，名之为舞天，又祭虎以为神。[③]

（韩濊）常以五月下种讫，祭鬼神，群聚歌舞，饮酒昼夜无休。其舞，数十人俱起相随，踏地低昂，手足相应，节奏有似铎舞。十月农功毕，亦复如之。信鬼神，国邑各立一人主祭天神，名之曰天君。又诸国各有别邑，名之为苏涂。立大木，悬铃鼓，事鬼神。[④]

由史料对朝鲜半岛上各国的风俗记载可见，在祭祀鬼神的仪式上，“群聚歌舞”，正是巫祭上巫师们在唱巫歌、跳巫舞；由“天君”作为主祭，“天君”为巫师，主持整个祭祀。而夫余的“迎鼓”、高句丽的“东盟”以及濊的“舞天”，均有接连几个昼夜的“饮酒歌舞”，这些显然都是韩国古代的巫祭。韩国学者认为，《三国志》对巫祭的记载是最早的关于韩国部落祭的文献。韩国现存的关于江陵端午祭最早的文字记载，出现在南孝温（1454～1492）于 1477 年所作的《秋江冷话》中：

岭东民俗，每于三、四、五月中，择日迎巫，极办水陆之味，以祭山神，富者驮载，贫者负载，陈于鬼席，吹笙鼓瑟，嬉嬉连三日醉饱，然后下家，始与人买卖，不祭则尺席不得与人。[⑤]

文中虽然未明确指出所描述的是江陵端午祭，但从内容看，以巫师祭祀山神、奏乐嬉闹使神仙欢愉，应为端午祭巫祭的盛况，可见巫俗信仰在韩国历经数百年依然得以传承。引文主要描述的是巫祭的场景，并未提及儒教

① （晋）陈寿著，（南朝宋）裴松之注，卢守助校点：《三国志》卷三十《魏书·东夷传》，上海古籍出版社 2002 年版，第 778 页。

② （晋）陈寿著，（南朝宋）裴松之注，卢守助校点：《三国志》卷三十《魏书·东夷传》，上海古籍出版社 2002 年版，第 780 页。

③ （晋）陈寿著，（南朝宋）裴松之注，卢守助校点：《三国志》卷三十《魏书·东夷传》，上海古籍出版社 2002 年版，第 785 页。

④ （晋）陈寿著，（南朝宋）裴松之注，卢守助校点：《三国志》卷三十《魏书·东夷传》，上海古籍出版社 2002 年版，第 788 页。

⑤ ［韩］张正龙：《乡土民俗与地方文化正体性——以江陵端午祭源流和研究史为中心》，《栗谷思想研究》2002 年第 5 期。

形式的祭祀。目前尚无文献资料可证实儒教形式的祭祀是何时加入端午祭中，也无法考证佛教因素何时影响了端午祭，但我们可以考察以巫俗信仰为主的部落祭是如何发展为今天多种宗教信仰相互融合的端午祭的。端午祭之所以发展为现今的形态，主要是韩国本土宗教信仰受到了外来宗教——佛教和儒教的影响。

部落祭本是韩国土著思想的集中体现，发源于韩国本土的巫俗思想在部落祭中占有相当的比重。但是，与朝鲜半岛毗邻的是文化繁盛的华夏民族，历史上我国与朝鲜半岛上的国家相比，始终具有先进的生产力和发达的文明。中华文化圈在唐朝时形成，中华文化以其强大的魅力影响了周边的每一个国家。朝鲜半岛处于中华文化圈内，主动或被动地不断接受从中国传来的先进文明，其本土文化的发展受到了深远影响，韩国的土著思想也在中国强大的文化潮流中受到了相当大的冲击。

首先，对韩国土著信仰产生巨大影响的是佛教。佛教在韩国的传播经历了一个排拒与受容的过程。佛教传入朝鲜的具体年代不详，最早的记载是前秦苻坚遣僧人顺道到朝鲜半岛的高句丽传教。佛教大约于140年传入新罗，很快遭到遏制，直到僧人异次顿殉教佛教在新罗的传播才得到认可。之后佛教在朝鲜半岛迅速传播，统一新罗之后的高丽朝，其太祖王建尤好佛教，一度将佛教定为国教，被指定为世界记录文化遗产的海印寺“八万大藏经”正是雕刻于高丽朝。对佛教的信仰，上至王室，下至百姓，渗透到了各阶层人们的思想。佛教的繁荣发展无疑对韩国土著的巫俗信仰产生影响，反映在部落祭上，就是祭祀中出现了佛教相关的内容。最明显的是大关岭国师城隍祭对新罗高僧梵日法师的祭祀。

江陵至今流传着关于梵日法师的传说。传说古时候，在一个叫作鹤山的村庄里住着一位富家小姐。一天早晨，她来到一座寺庙前的小溪边，舀起一瓢水，发现水中有个小太阳，于是把水倒掉，又舀起一瓢，里面依然有个小太阳，这样反复几次，她只好饮用了瓢中的水。之后不久她便怀孕了，诞下一名男婴。这位小姐未婚产子，心中畏惧，便偷偷将孩子扔到一块岩石下。但她又非常担心孩子，第二天便去寻找，发现几只仙鹤围在孩子身边，用翅膀将其包裹起来，并给孩子喂食露珠。少女觉得这个孩子将来一定不凡，便将他抱回家中，悉心喂养。那个孩子聪慧过人，长大后到中国学习佛法，回国后成了国师，法号梵日。梵日法师曾在江陵一带弘扬佛法，创建崛山寺，他去世后便被尊奉为当地的城隍神。在江陵西南方约5公里处的溟州郡邱井面鹤山里的村子里，还有传说中与梵日法师相关的鹤岩、石泉、崛山寺等遗恋。

梵日为统一新罗时期的高僧，曾为景文王(861～875)、宪康王(875～885)和定康王(886～887)三朝的国师，这充分反映了佛教在新罗备受推崇。因梵日法师的不凡成就，江陵百姓在他去世后尊他为国师城隍神，并将他作为端午祭的主要祭祀对象。这不仅体现了人们对梵日法师的敬重，还体现了佛教深入人心。由此可见，部落祭不只体现了的巫俗思想，也融入了佛教信仰。

继佛教之后，对韩国部落祭产生深远影响的是儒教，儒教对朝鲜半岛的影响更甚于佛教。儒教形式的祭祀是江陵端午祭最重要的组成部分。之所以称为"儒教形式"，是因为按照儒教仪式举行祭祀。江陵端午祭儒教的祭祀有大关岭山神祭、大关岭国师城隍祭、邱山城隍祭、奉安祭、迎神祭、朝奠祭等，下文以江陵端午祭中最重要的大关岭国师城隍祭为例，对儒教形式的祭祀进行具体阐述。

大关岭国师城隍祭举行前，要选出祭官。祭官多由村长或地方官担任。江陵端午祭的祭官有十几位，古时候由地方官担任，现在由江陵市政府的官员担任。如1966年，江陵端午祭的初献官由江陵市市长担任，二献官由溟州郡守担任，三献官是江陵警察署署长，其他奉香、奉炉等11位祭官也分别由政府官员担任。祭官在祭祀前斋戒沐浴，禁止同房。祭祀根据笏记所记，完全按照儒教祭祀的程序进行。具体过程如下：

献官及诸执事俱就门外位→赞引引祝及诸执事入就拜位→皆四拜→诣盥洗位→盥手→帨手→各复位

行参神礼：

赞引引献官及诸生入就拜位→皆四拜→鞠躬→拜→兴→拜→兴→拜→兴→平身→赞引进献官之左白谨具请行事

行奠币礼：

赞引引初献官诣盥洗位→搢笏→盥手→帨手→执笏→因诣国师城

隍神位前→北向立→陈馔→跪→搢笏→奉香奉炉升→三上香→献币→执币→奠币→执笏→俯伏→兴→平身→引降复位

行初献礼：

赞引引初献官→因诣山神神位前→北向立→跪→搢笏→司奠举幂酌酒→奉爵奠爵升→献爵→执爵→奠爵→正箸→启盖→俯伏→兴→少退→跪→在位者皆俯伏→祝进初献官之左东向跪读祝→执笏→俯伏→献官及在位者皆兴→平身→引降复位→撤爵

行二献礼和三献礼，仪式与初献礼相同。

行饮福礼：

赞引引初献官饮福位→向西跪→搢笏→执事者酌福酒→进献官之左北向跪→以酌授献官→献官受爵→祝进灭神位前胙肉→以胙授献官→献官受胙→还授执事者→执事者授胙→复于奠所→执笏→俯伏→兴→平身→引降复位

行望燎礼：

赞引引初献官诣望燎位→祝以篚取祝及币降自西皆出→置于坎→可燎→引降复位

行辞神礼：

下匙箸→阖盖→赞引进献官之左白礼毕→献官及诸生皆四拜→鞠躬→拜→兴→拜→兴→拜→兴→拜→兴→平身→献官及诸生以次出→祝及诸执事皆四拜→撤馔阖门而出

礼毕，诵读祷文，其内容是：

维岁次某年干支四月某干支朔十五日某干支 某官某敢昭告于

大关岭山神之神 伏惟尊灵 位我重镇 自丽至今 无替厥烟 凡我有求祷辄见应 际此孟夏 田事方兴 御灾防患 触类降坚 若时昭事 敢有不钦兹尊旧仪 载陈牲壁 神其度斯 庶几歆格 尚飨[1]

① [韩]任东权：《民俗文化之探求》，民俗苑 2001 年版，第 367 页。

关于儒家思想最早于何时传入朝鲜半岛，尚无确切的文献记载。但据韩国学者推断，至少在汉武帝设立乐浪、真番、临屯、玄菟四郡时，儒家思想及文化便已传入半岛。有韩国学者认为，在三国时期，高句丽已经开始使用汉字，儒家经典及思想也已经广泛传播。[①] 高句丽还设立了太学，教授经书和史书。三国时期的新罗，设立"花郎"，花郎以"侍君以忠，侍亲以孝，交友以信，临战无退，杀生有择"[②]为教义，体现了以忠、孝、信为基本道德规范的儒家思想。至统一新罗(676～918)，与唐朝交流更为频繁，唐朝的文物制度、思想文化对其影响可谓空前。新罗设国学，教授儒家经典，派遣诸多遣唐留学生，出现了儒教兴盛、硕学辈出的局面。到高丽朝(918～1392)国学依然教授《论语》《孝经》等儒家经典，光宗时期(950～975)设置科举。高丽朝末期(大约13～14世纪时)程朱理学传入朝鲜，安珦、白颐正为理学的先躯。程朱理学体系传进入朝鲜后，先后涌现李齐贤、朴忠佐、权溥、禹倬及"丽末三隐"[③]等一批著名的理学家。进入朝鲜朝(1392～1910)后，掀起了"排佛崇儒"之风，确立了儒学在朝鲜朝的思想统治地位。儒学思想在朝鲜半岛历经几千年的传播，对韩国土著思想产生了深刻的影响。其中一个重要的表现就是韩国传统的部落祭中融入了儒教形式的祭祀。在儒学思想的强烈冲击下，甚至韩国有些部落祭的巫祭形式完全消失了。强势的外来文化涤荡了朝鲜先民的思想，并融入了韩国的本土信仰，对韩国人的日常言行产生了深远的影响。这体现在江陵端午祭上便是祭祀期间出现了诸多的儒教形式的祭祀。

结　论

为了达到丰产和平安的目的，韩国江陵地区的民众采取了为神举行祭祀的方式。采用何种方式达到目的，有一定的偶然性和必然性，但有些思想或者信仰牢固地植根于人们意识之中，随时代的延续而流传。在选择所采取的形式的时候，人们自然会与这种信仰联系起来，于是便产生了最终表达

① 参见[韩]李丙焘:《韩国儒学史》，亚细亚文化社1987年版，第6～20页。
② 董向荣、宋文志:《韩国》，社会科学文献出版社2017年版，第42页。
③ 李穑、郑梦周、吉再被称为"丽末三隐"。

目的的方式，这是选择的必然性。在偶然性和必然性的共同作用下，江陵端午祭应运而生。

产生于远古时代的原始信仰，以及之后由中国传入的佛教和儒教，潜移默化地影响着朝鲜半岛民众的生活。韩国江陵端午祭既保留了原始崇拜的影子，也充分展现了外来宗教的深刻影响。亲临端午祭现场，更能体会到浓厚的原始崇拜及宗教信仰的气息。

韩国秋夕与中国中秋节风俗比较研究*

[韩]郑学然 著 刘宝全 高子迪 译**

摘 要

中秋节是中国与韩国共有的传统节日，虽然两国对此节日的称呼并不相同。在中秋节节日风俗上，中韩两国既有不同之处，亦有相通性与关联性。其共同点是，赋予圆月意义，有赏月、饮酒歌舞、家庭聚会、探亲、赏月游戏、节气饮食等节俗。不同点是，韩国重视祭祀和扫墓，而中国重视赏月和祭月。在关联性方面，两国都有与月亮相关的神话和传说。并且，朝鲜时期文人受到了中国唐宋诗歌的影响，以月亮相关的神话、人物、传说等为素材进行了一系列诗歌创作。

关键词

中秋 秋夕 月亮 节日民俗 非遗

引 言

2005 年 11 月 25 日，江陵端午祭（重要非物质文化遗产第 13 号，1967 年）被列入联合国教科文组织的“人类口头和非物质文化遗产代表作名录”（Masterpieces of the Oral and Intangible Heritage of Humanity）①后，“申

* 原文刊载于韩国核心期刊《韩国史学报》第 84 期（2021 年 8 月），本译文略作删改。

** 郑学然，韩国国立民俗博物馆研究员。刘宝全，山东大学东北亚学院教授；高子迪，山东大学外国语学院博士研究生。

① 该名录于 2008 年更名为“人类非物质文化遗产代表作名录”。

遗”之争一度在中韩两国之间沸沸扬扬。然而,虽然江陵端午祭与中国端午名称相似,但其性质和内容却并不相同。经过争论之后,中国的端午节也于2009年被联合国教科文组织列入人类非物质文化遗产代表作名录,其中还包括中国朝鲜族的农乐舞。对此,韩国国内亦舆论哗然。此后,韩国的农乐舞也在2014年被认定为人类非物质文化遗产代表作项目。但实际上,出于历史文化传统等方面的原因,中韩两国在节气、节日风俗上有诸多共通之处,比如中秋节就是两国均有之节日。在中国,中秋节是四大传统节日之一。2006年5月20日,中秋节被列入中国国家级非物质文化遗产代表性项目名录。此后,中国朝鲜族的中秋节也于2012年被列入其中①,辽宁省铁岭市获得该项目保护单位资格。

虽然中韩学者对两国的中秋节进行过探讨,但对其进行比较的研究却缺乏深度。为弥补前人研究的不足,本文将考察中韩两国中秋节风俗的异同点。另外,需要强调的是,为区分两国的风俗,本文将以“中秋节”和“秋夕”来分别指称中韩两国的农历八月十五日。

二、秋夕和中秋节的起源

(一)秋夕和中秋节的名称

农历八月十五日在韩国被称为“秋夕”“中秋(한가위, 가윗날)”“嘉俳(가배)”“仲秋节”等,其中“秋夕”“中秋”是韩国人经常使用的名称。秋夕在新罗时期已经成为一种节日,在高丽时期成为九大传统节日之一②,这一天国家会给官员们放假1天③。然而,像正月初一、腊祭等节日会休假7天,正

① 정연학,《중국조선족 무형문화유산 지정 현황과 문제점》,《민속연구》33, 안동대 민속학연구소, 2016, pp.266-268.

② “俗节:元正,上元,寒食,上巳,端午,重九,冬至,八关,秋夕。”见郑麟趾:《高丽史》卷八十四《刑法志》,明景泰二年朝鲜活字本。

③ “秋夕:一日。”见郑麟趾:《高丽史》卷八十四《刑法志》,明景泰二年朝鲜活字本。

月十五、寒食、立夏、夏至、三伏、中元(农历七月十五日)、八关[①]等节日会休假3天,与此相比,人们对秋夕的重视程度似乎并不高。但在朝鲜王朝时期,秋夕与春节、寒食、端午节并称为四大节日;在现代韩国,秋夕与春节齐名,成为两大节日之一。由此,秋夕的地位逐渐提高。

秋夕是"中秋之夕"或"秋分夕月"[②]的简称,从高丽时期开始被广泛使用[③],至今仍是农历八月十五的指称。有人说,在新罗中期以后,汉字开始盛行,当时的人们把中国的"中秋"和"月夕"简称为"秋夕"。[④]然而,在中国也有"秋夕"一词,意为"圆月升起的秋夜",正如唐朝诗人杜牧的七言绝句《秋夕》里所描绘的那般情境。在中国,"秋夕"不是节日的固有名词,这一点与韩国有所区别。

《三国史记》中,在儒理尼师今[⑤]时期出现的"嘉俳"是韩国历史上最为悠久的秋夕名称。崔永年(1856~1935)在其著作《海东竹枝》中提到,秋夕起源于新罗的嘉俳日[⑥];柳晚恭在其著作《岁时风谣》(1843)中指出,农历八月十五的秋夕是最大的节日,它起源于嘉俳[⑦]。"嘉俳(가배)"是"가부"·"가뷔"的音译,意为"中间(가운데)"。如今,韩国岭南地区的人把"中间(가운데)"称为"가분데","中央(가위)"称为"가부","秋夕(가윗날)"称为"가붓날"。[⑧]秋夕的另一个名称"한가위"中,"한"除了有"第一、大"的意思之外,还有"正中央"的意思。因此,秋夕是八月正中央的节日。韩国近现代诗人梁柱东认为,"한가위"中的"가위"是由"嘉俳(가배)",再到"가외"演变而来的。[⑨]

---

① 八关是韩国古老民俗节庆。原属佛教性的仪式,以授八戒为主要内容,另掺有部分土著宗教及道教成分。又称八关斋会、八斋会。创始于新罗真兴王十二年(551)。高丽时代,扩大为国家性的庆典,每年仲冬(农历十一月十五日)于王京盛大举行,人们燃灯焚香,祭祀天灵、龙神及山川诸神,祈求王祚安泰、五谷丰登;佛教色彩逐渐淡薄,而与上元(农历一月十五日)燃灯会齐名,成为韩国两大民俗节庆。——译者注

② 국립민속박물관,《조선대세시기》Ⅰ,2003,p.269.

③ "以秋夕亲享景灵殿。"见郑麟趾:《高丽史》卷二十《世家》,明景泰二年朝鲜活字本。

④ 김명자,《추석》,《한국세시풍속사전》,국립민속박물관. 2006,

⑤ 儒理尼师今(24~57),新罗第三代君主,姓朴名儒理,该国君名为尼师今。——译者注

⑥ 崔永年的《海东竹枝》载:"旧俗,八月十五日谓之中秋,新罗以中秋为嘉俳日。"见《海东竹枝. 新松饼》,韩国国立民俗博物馆藏大正十四年(1925)刊本。

⑦ 柳晚恭的《岁时风谣》载:"(俗称秋夕,亦称嘉俳日)仙侣农家八月回,新罗余俗乐嘉俳。"见국립민속박물관,《조선대세시기》Ⅱ,2005,p.112.

⑧ 국립민속박물관,《조선대세시기》Ⅰ,2003,p.58.

⑨ 양주동,《丽谣笺注》,을유문화사,1954,p.116;《수리·가위考》,《국학연구논고》,을유문화사,1962。

在中国，农历八月十五日被称为“中秋节”“仲秋节”。所谓“中秋”，是因为八月十五“三秋恰半”，故称“中秋”。[①]同时，因为八月居孟仲季三秋之中，故又称“仲秋节”。另外，这一天还被称为“八月节”“八月半”“八月会”。除此之外，中国中秋节还有与月亮相关的名称，如“月节”“月夕”“追月节”“玩月节”等。由此可见，从中国古代起，赏月一直是中国中秋节的主要风俗。“月夕”[②]是指明月当空的夜晚，“玩月”是指赏月，而“圆月”是指全家人一起赏月。中秋节的月亮在一年中格外明亮，堪称最佳。实际上，中秋节气温凉爽且温暖，空中水蒸气相对减少，气压高，风力小，尘埃少，空气清净，月亮向地球反射阳光，所以显得又圆又明亮。

此外，中秋节还有祭月活动，因而被称为“拜月节”；又因人们互送月饼，全家聚在一起吃月饼，也被称为“团圆节”。[③] 在中国北京，中秋时节适逢各种瓜果成熟上市，因此又被称为“果子节”。[④]另外，不同地区中秋节的时间也不同。中国浙江省宁波市、台州市、舟山市等地为农历八月十六日，广东省清远市为八月十三日，三坑镇为八月十四日。[⑤]

（二）中秋节起源说的分歧

在 2008 年中国中秋节被指定为法定公休日之前，中国学界围绕中秋节的起源产生了一系列争论。一是中国中秋节是否起源于新罗，二是中国中秋节的形成于唐朝还是宋朝。

第一次争论产生的原因是 1996 年和 2003 年有中国学者发表了论文，认为中国中秋节起源于新罗。熊飞以日本僧侣圆仁（794～864）的《入唐求法

---

① “八月十五日中秋节，此日三秋恰半，故谓之中秋。”见（南宋）吴自牧：《梦粱录》卷四，清嘉庆十年虞山张氏照旷阁刻学津讨原本。

② “每花朝月夕，与宾佐赋咏”［（后晋）刘昫：《旧唐书·罗弘信传》，清乾隆四年武英殿校刻本］；“二月十五日为花朝，八月十五日为月夕”［（清）厉荃辑：《事物异名录》卷二《岁时部》，清乾隆刻本］；“八月十五日中秋节，此日三秋恰半，故谓之中秋。此夜月色倍明于常时，又谓之月夕”［（南宋）吴自牧：《梦粱录》卷四，清嘉庆十年虞山张氏照旷阁刻学津讨原本］。

③ “八月十五谓之‘中秋’，民间以月饼相遗，取团圆之义”［（明）田汝成：《西湖游览志余》卷二十《熙朝乐事》，上海古籍出版社 1980 年版，第 320 页］；“八月十五祭月，其祭果饼必圆；分瓜必牙错瓣刻之，如莲华……女归宁，是日必返其夫家，曰团圆节”［（明）刘侗、于奕正著，崔瓘校注：《帝京景物略》，北京古籍出版社 1982 年版，第 118 页］。

④ 参见乔继堂：《中国岁时礼俗》，天津人民出版社 1992 年版，第 229 页。

⑤ 参见张勃、荣新：《中国民俗通志·节日志》，山东教育出版社 2007 年版，第 294～320 页。

巡礼行记》的记录为依据，主张中秋节起源于新罗。[①]对此，杨琳在2000年反驳道，唐朝作为强国，没有理由接受小国新罗的节日，把新罗在与唐朝属国渤海的战争中获胜的日子看成中秋节的起源，是没有道理的，因为唐朝不可能接受如此屈辱的一天。并且，早在唐朝就有赏月等与中秋节相关的风俗，这些风俗比山东的赤山法华院出现得更早。[②] 2003年，有学者再次提出中秋节起源于新罗，认为唐朝的中秋习俗只在上层阶级盛行。当时的唐朝偏爱胡人的风俗，然而在唐新罗人带来的秋夕风俗对唐朝人产生了影响，这使唐朝的赏月风俗和新罗的秋夕联系在一起，从而形成了北宋时期的中秋节。[③]对此，黄涛在2008年再次进行了反驳，称该说没有提出中国中秋节和新罗秋夕的具体相关性。他认为，唐朝初期赏月、作诗、喝酒的风俗直接影响了唐朝中期以后的下层阶级，从而成为唐朝末期全社会盛行的节日，这才是中秋节的起源。因此，中国的中秋节与新罗的秋夕没有任何关系。[④]

第二次争论的原因是中秋节的起源和形成。这些争论可以总体概括为唐朝起源说和宋朝起源说。张泽咸、李斌城、吴玉贵、杨琳、张勃、黄涛等学者认为在唐朝就有“中秋（仲秋）”或“八月十五夜”等名称，并且以唐朝赏月诗、嫦娥奔月和唐明皇游月宫的故事[⑤]为例，说明在唐朝就有中秋节。[⑥] 与此

① 参见熊飞：《中秋节起源的文化思考》，《文史知识》1996年第11期。

② 参见杨琳：《中国传统节日文化》，宗教文化出版社2000年版，第320页。

③ 参见刘德增：《中秋节源自新罗考》，《文史哲》2003年第6期。

④ 参见黄涛：《论中秋节起源于唐朝赏月风尚——兼论我国中秋节传统的文化安全隐患》，社会问题研究丛书编辑委员会编：《文化安全与社会和谐》，知识产权出版社2008年版，第408～421页。

⑤ “法善又尝引上游于月宫，因聆其天乐。上自晓音律，默记其曲，而归传之，遂为《霓裳羽衣曲》”[（宋）李昉辑：《太平广记》卷七十七《方士》，明嘉靖四十五年谈恺刻本补配清钞本]；“过一大门，在玉光中飞浮，宫殿往来无定，寒气逼人，露濡衣袖皆湿。顷见一大宫府，榜曰‘广寒清虚之府’，其守门兵卫甚严，白刃粲然，望之如凝雪……少焉，步向前，觉翠色冷光，相射目眩，极寒不可进。下见有素娥十余人，皆皓衣乘白鸾往来，舞笑于广陵大桂树之下。又听乐音嘈杂，亦甚清丽”[（唐）柳宗元：《龙城录》卷上，民国十六年至十九年武进陶氏景宋咸淳百川学海本]。

⑥ 张泽咸：《唐朝的节日》，《文史》1993年第37辑，第65～92页；李斌城：《隋唐五代社会生活史》，中国社会科学出版社1998年版，第624～625页；吴玉贵：《中国风俗通史·隋唐五代卷》，上海文艺出版社2001年版，第635～637页；杨琳：《中国传统节日文化》，宗教文化出版社2000年版，第318～326页；张勃：《重月传统与文化选择：中秋节在唐朝的形成》，《民族艺术》2013年第1期；黄涛：《中秋节》，中国社会出版社2008年版。

相反，尚秉和、周一良、萧放、朱红、熊海英等学者则认为中秋节起源于宋朝。[①] 其原因是，他们发现唐朝圆仁的《入唐求法巡礼行记》、南朝梁宗懔的《荆楚岁时记》、唐末韩鄂的《岁华纪丽》以及宋朝李昉的《太平御览》等著作中，均未提到有关中秋节的内容。

在中国，以节气为主题的原有民俗活动[②]，普遍会得到民众的认可和参与[③]。这种观点可以解释唐朝的赏月、作诗及饮酒是否属于中秋风俗。具体来说，在唐朝并没有祭月、分享月饼、做游戏等重要的中秋风俗，这些风俗都是在北宋以后才出现的，因此中秋节起源于宋朝的主张更具说服力。《入唐求法巡礼行记》中记载了一些有关韩国秋夕的风俗：其一，吃馎饨饼食；其二，其他国家没有此节，只有新罗有，原因是追慕故国；其三，新罗与渤海国相战获胜，为纪念这一天设定了中秋节；第四，人们会唱歌、跳舞，管弦乐演奏也会持续 3 天。[④] 与中国的中秋相比，新罗的秋夕亦极具特色。但是，把新罗与渤海国相战获胜的日子当作秋夕，这一说法缺乏依据。其原因是，这可能是生活在异国他乡的新罗人希望用光荣的历史来克服异国艰苦生活的心理的表现[⑤]，也可能是秋夕能表达对死者的祭奠。

在中国，"中秋"一词最早出现在《周礼》中。[⑥] 赏月的意象也曾出现在《诗经》中，其与月崇拜思想均有悠久的历史。然而，它们并没有像唐朝一样将赏月与中秋节联系起来。《全唐诗》共收录了 130 多首有关八月十五或中

---

① 尚秉和：《历代社会风俗事物考》，上海文艺出版社 1989 年版，第 445 页；周一良：《从中秋节看中日文化交流》，《周一良集》第四册，辽宁教育出版社 1998 年版；萧放：《岁时——传统中国民众的时间生活》，中华书局 2002 年版；朱红：《唐朝节日民俗与文学研究》，复旦大学博士学位论文，2002 年，第 35～44 页；熊海英：《中秋节及其节俗内涵在唐宋时期的兴起与流变》，《复旦学报》2005 年第 6 期。

② 参见钟敬文主编：《民俗学概论》，上海文艺出版社 1998 年版，第 131 页。

③ 参见杨琳：《中国传统节日文化》，宗教文化出版社 2000 年版，第 322 页。

④ "寺家设馎饨饼食等，作八月十五日之节。斯节诸国未有，唯新罗国独有此节。老僧等语云：'新罗国昔与渤海相战之时，以是日得胜矣。仍作节乐而喜舞，永代相续不息。'设百种饮食，歌舞管弦以昼续夜，三个日便休。今此山院追慕乡国，今日作节。其渤海为新罗罚，才有一千人向北逃去，向后却来，依旧为国。今唤渤海国之者是也。"见［日］释圆仁原著，［日］小野胜年校注，白化文等修订校注：《入唐求法巡礼行记校注》卷二，花山文艺出版社 1992 年版，第 178～179 页。

⑤ 김인희，《적산(赤山) 법화원(法华院)의 8월 15일 명절 연구》，《동아시아고대학》34，2014，p.317.

⑥ "中春，昼击土鼓中，吹豳诗，以逆暑，中秋夜迎寒，亦如之。"见（汉）郑玄注，（唐）陆德明音义：《周礼》卷六《春官宗伯》，清嘉庆道光间吴县黄氏士礼居刻士礼居丛书景明嘉靖刻本。

秋的赏月诗，共有80多名诗人参与创作。①其中，李白被称为“月亮诗人”，韩国歌曲《月打令》的歌词“李太白讴歌的月亮”，正是对这一称号的真实写照。虽然中国学者将唐朝视为中秋节的起源，但中国历史上最悠久的岁时记——《荆楚岁时记》②和唐朝徐坚撰写的《初学记》中，均未出现中秋节习俗，只记载了仲秋季节的太阳和星宿。③

中秋节故事中经常出现的人物是唐玄宗(685～762)。五代王仁裕的小说《开元天宝遗事》记载了玄宗欲建造“望月台”的故事，《唐逸史》中又记载了玄宗中秋节赏月的故事。另外，北宋时期的《太平广记》中还记载了玄宗游月宫，见到了一群美貌的仙子，并聆听月中天乐的故事。然而，这只是人们编造的宋朝民间故事。

在宋朝，农历八月十五日成为盛大的节日，大家聚在一起赏月、喝酒，元代也保留了这种风俗。④孟元老的《东京梦华录》记录了北宋河南开封的中秋风俗。这一天，各酒店有新酒售卖，各种应季食物都纷纷上市，大人们饮酒赏月、唱歌跳舞，孩子们彻夜嬉戏玩耍。⑤总之，人们把中秋节当作一种节气来庆祝。之后在元朝费著撰写的《岁华纪丽谱》中，记载了南宋时期四川成都地区的岁时风俗，其中就包括中秋节的赏月和演出。⑥

宋朝和唐朝中秋节的区别在于，唐朝主要在晚上设酒宴、赏月，而宋朝则整天都在庆祝节日。⑦ 朝廷也极为重视中秋节，会令官员休假一天。在唐朝，庆祝中秋节的一般是文人或中上层阶级，而在宋朝，中秋节也是普通人的节日。《全宋词》共收录了210首有关中秋的词，涉及月色、乡愁等内容，有嫦娥、玉兔、蟾蜍、桂树、月宫、琼楼等意象。

---

① 张瑞娇:《文学共情与节日定型:从〈全唐诗〉看唐朝中秋节俗》，中国民俗学网，https://www.chinesefolklore.org.cn/web/index.php? NewsID=18402，2018年11月17日(2022年9月9日)。

② 《荆楚岁时记》是记录中国古代楚地(以江汉为中心的地区)岁时节令风物故事的笔记体文集，由南朝梁宗懔撰。韩国具有代表性的《东国岁时记》多处引用了《荆楚岁时记》的内容。

③ 국립민속박물관，《중국대세기》Ⅰ，국립민속박물관，2006，p.152.

④ 参见黄涛:《中秋节》，中国社会出版社2008年版，第45～47页。

⑤ “中秋夜，贵家结饰台榭，民间争占酒楼玩月……弦重鼎沸，近内延居民，深夜逢闻笙竽之声，宛如云外。闾里儿童，连宵婚戏;夜市骈阗，至于通晓。”见(宋)孟元老:《东京梦华录》卷八，清嘉庆十年虞山张氏照旷阁刻学津讨原本。

⑥ “八月十五日中秋玩月，旧宴于西楼望月锦亭，今宴于大慈寺。”见(元)费著:《岁华纪丽谱》，清康熙顾氏秀野草堂刻闾丘辩囿本。

⑦ 参见黄涛:《中秋节》，中国社会出版社2008年版，第47页。

据前文提及的《帝京景物略》记载，中秋的风俗到了明朝发生了很大变化，唐宋时期的赏月风俗逐渐淡化，出现了祭月光神、互送月饼和水果等新风俗。虽然唐宋时期也有祭月，但并非在中秋节举行。然而在明朝，全家人一起祭月祈福、吃饭成为最重要的风俗，出嫁的女性要在娘家过中秋节。[①] 此外，月饼原是中秋节献给月神的祭品，但在明朝却成为节日食品和人们互送的礼物。[②] 因此，月饼也被称为"团圆饼"[③]。

三、秋夕与中秋节风俗

韩国和中国农历八月十五的风俗存在异同点以及关联性。两国对满月所赋予的意义相同，赏月、饮酒、歌舞、家庭聚会、省亲、月夜游戏、节气饮食等也存在相同之处。不同点在于，韩国重视祭祀和扫墓，中国则重视赏月和祭月。同时，节日有关的名称以及与月亮相关的神话、传说等存在一定的联系。朝鲜时代文人们的秋夕诗作中常常会出现中国的与月亮相关的神话、人物以及传说等。

（一）赏月与风月

无论韩国的秋夕，还是中国的中秋节，都有赏月的习俗。但韩国称正月十五为"满月""圆月"，可见正月里的满月比八月的满月有着更丰富的意义。正月十五是新年中升起的第一个满月。每年正月十五，村庄会设望月台用来赏月，人们会向满月为自己和家人祈福、祈愿，还会通过月光预测农耕年景，并在月下玩拔河、燃篝火等游戏。

和中国相比，韩国与秋夕赏月相关的诗作和饮酒风俗相对较少。三国时期几乎没有与秋夕赏月和诗歌创作相关的记录，高丽时期起才开始出现

① 参见（明）刘侗、（明）于奕正著，崔瞿校注：《帝京景物略》，上海远东出版社 1996 年版，第 118 页。

② 参见黄涛、王心愿：《中秋月饼考》，《温州大学学报（社会科学版）》2014 年第 2 期。

③ "至供月月饼，到处皆有。大者尺余。上绘月宫蟾兔之形。有祭毕而食者，有留至除夕而食者，谓之团圆饼"（王碧滢、张勃标点：《燕京岁时记（外六种）》，北京出版社 2018 年版，第 99 页）；"自初一日起，即有卖月饼者……至十五日，家家供月饼瓜果，候月上焚香后，即大肆饮啖，多竟夜始散席者。如有剩月饼，仍整收于干燥风凉之处，至岁暮合家分用之，曰'团圆饼'也"[（明）刘若愚：《明宫史》，北京古籍出版社 1982 年版，第 88 页]。

相关记录。[①]而《高丽史》中虽有赏月、宴会、作诗的相关记录[②]，但非常少。高丽文人秋夕赏月的相关诗作是从中国传入的[③]，朝鲜成宗(1469～1494年在位)也曾表示赏月并非朝鲜风俗[④]。《京都志》《洌阳岁时记》《东国岁时记》等朝鲜后期岁时记中也未出现相关记载。与此相反，日本的中秋节盛行赏月风俗，他们称之为“月见”或“十五夜”，也会像中国一样举行赏月活动。可见，中秋的风俗流传到了日本。[⑤]

朝鲜前期，秋夕时文人们会在楼阁上赏月、饮酒、作诗。其中，相当一部分诗歌中不仅出现了“中秋”这一名称，还出现了嫦娥、长生不老药、桂树、玉兔、蟾蜍、月宫、广寒宫、李太白等唐诗宋词中的主要意象。[⑥] 朝鲜后期也存在这种现象[⑦]，同时又增添了唐明皇游月宫、苏东坡、《霓裳羽衣曲》等新素材[⑧]。

如前文所述，唐朝的中秋节在上层阶级盛行，主要有赏月、作诗、饮酒等风俗。宋朝的《东京梦华录》《梦粱录》《武林旧事》《醉翁谈录》等书中也有相关记录。如《梦粱录》中称中秋节为“月夕”，书中记载王孙公子和富豪显贵们会在中秋节时登上楼阁赏月，伴着琴声饮酒、歌唱，彻夜狂欢。上层阶级的赏月风俗传入民间，平民百姓们也开始登上小小的楼台赏月，家人们一起饮酒、吃饭，穷人也可以抵押衣服喝酒，都城街道上的店铺摊点一直营业到

① 국립민속박물관,《한국세시풍속자료집성-삼국 고려 시대편》, 국립민속박물관, 2003, pp.275-277.

② 《高丽史》卷十三，世家十三，睿宗四年；卷三十六，世家三十六，忠惠王(后)四年；卷四十六，世家四十六，恭愍王三年；卷一百三十五，列传四十八，禑王十三年；卷一百三十七，列传五，昌王，即位年八月。参见郑麟趾:《高丽史》，韩国国史编撰委员会网站，https://db.history.go.kr/KOREA/item/level.do? itemId=kr&types=r(2022年9月26日)。

③ 노성환,《한일 중추절에 대한 비교연구》, 일어일문학 50 50, 대한일어일문학회, 2011, pp.261-283.

④ 《成宗实录》卷二百三十一，二十年八月十五日(庚子):“然则古人之玩月，必有意而无可讥也。我国本无此风，虽不可例以为常。”见《국편영인본》11책 510면，韩国国史编撰委员会影印本。

⑤ 다케다 아키라,《歳時習俗に現れる祖先祭祀》,《비교민속학》37, 2008, p.164；노성환,《한일 중추절에 대한 비교연구》,《일어일문학》50, 대한일어일문학회, 2011, p.267.

⑥ 국립민속박물관,《한국세시풍속자료집성—조선전기 문집 편》, 국립민속박물관, 2004.

⑦ 국립민속박물관,《한국세시풍속자료집성—조선전기 문집 편》, 국립민속박물관. 2005.

⑧ 尹愭:《无名子集·中秋记故事》:“中秋端正月，终古表而称。望夜皆圆满，今宵最洁澄。暑寒时有适，金水气相承。此理良宜辨，前言果足征。过河蟾耐暂，捣药兔存恒。碾远轮应弊，行孤驭可矜。霓裳疑羽曲，仙桂恍霜棱。吴质能无怨，孀娥想自惩。”见한국고전번역원 편찬,《韩国文集丛刊》제256집，한국고전번역원，2013，p.63。

五更(凌晨3～5点),赏月的人们直到凌晨才会散去。①

在明朝,人们也会在中秋节时赏月,并和亲戚朋友聚在一起饮酒、吃月饼。《熙朝乐事》一书中记载了明朝江苏钱塘的诸多岁时风俗。书中记载,人们会在中秋时赏月,祈愿全家像圆月一样美满和睦,并在船上装上酒,随着水流嬉戏至凌晨,与白天无甚不同。② 从古至今,赏月始终是中国中秋节的重要习俗。在福建福鼎地区,人们会抱着孩子一同赏月,传说如果孩子在赏月时用手指月亮,月神会割断孩子的耳朵。

(二)祭祖与祭月

韩国和中国都会在农历八月十五这天举行祭祀,这是秋夕和中秋节的共同点。不同点在于韩国是祭祖,中国则是祭月。《荆楚岁时记》《初学记》《东京梦华录》《熙朝乐事》《帝京景物略》《帝京岁时纪胜》《燕京岁时记》等中国具有代表性的岁时记中都没有中秋节祭祖或扫墓的记录。③ 祭祖是韩国独有的秋夕风俗。在现代韩国,即使交通拥堵,人们仍会返乡祭祖。而中国中秋节时却没有扫墓的习俗。

(三)秋夕祭礼

秋夕祭礼或起源于伽倻国。据《三国遗事》记载,秋夕这天,从首露王庙祠堂到第九代孙,人们都会为其摆上丰盛洁净的祭祀食物。④李瀷(1681～1763)和李圭景(1788～?)也认为,秋夕扫墓是从首露王陵墓祭典开始的。⑤

---

① “八月十五日中秋节,此日三秋恰半,故谓之‘中秋’。此夜月色倍明于常时,又谓之‘月夕’。此际金风荐爽,玉露生凉,丹桂香飘,银蟾光满,王孙公子,富家巨室,莫不登危楼,临轩玩月,或开广榭,玳筵罗列。琴瑟铿锵,酌酒高歌,以卜竟夕之欢。至如铺席之家,亦登小小月台,安排家宴,团圞子女,以酬佳节。虽陋巷贫窭之人,解衣市酒,勉强迎欢,不肯虚度。此夜天街买卖,至五鼓,玩月游人。”见(南宋)吴自牧:《梦粱录》卷四,清嘉庆十年虞山张氏照旷阁刻学津讨原本。

② (明)田汝成:《西湖游览志余》卷二十《熙朝乐事》,上海古籍出版社1980年版,第320页。

③ 국립민속박물관,《중국대세시기》Ⅰ, 2006;《중국대세시기》Ⅱ, 국립민속박물관, 2006.

④ “遂于阙之艮方平地造立殡宫,高一丈周三百步,而葬之号首陵王庙也。自嗣子居登王洎九代孙仇冲之享是庙,须以每岁孟春三之日、七之日、仲夏重五之日、仲秋初五之日、十五之日,丰洁之奠相继不绝。”见一然:《三国遗事》卷二《纪异·驾洛国记》,韩国奎章阁本。

⑤ “八月十五为秋夕,起于首露王陵墓之祭。”见李瀷:《星湖僿说》卷十《人事门·俗节》,李瀷旁孙李畯衡所藏抄本。又:“新罗儒理王十九年,驾洛国首露王金氏立,至后孙仇衡十王,合四百九十一年。法兴王十九年,仇衡降于新罗,初立始祖庙于首陵之侧(在庆尚道金海郡),享祀必于孟春三日七日、仲夏重五、仲秋五日十五日(俗名嘉会,即秋夕也)。”见李圭景:《五洲衍文长笺散稿·人事篇》,《论礼类·祭礼·墓祭辨证说》,韩国古典刊行会本。

在新罗时期，除秋夕以外，人们也会在每年的一月二日、一月五日、五月五日、七月上旬、八月一日以及八月十五日共举行6次五庙祭礼。①这些祭礼时间与《礼记》中规定的不同，与后汉以来中国的一年五次宗庙祭祀也不同。这说明新罗人对祭祀时间的选择，是建立在新罗固有时间观念和对自然现象认识的宗教观念基础上的。

高丽时期也将秋夕规定为国家礼仪。②君主们会在景灵殿举行追悼先祖的祭礼。③ 恭让王时期颁布了士大夫礼，规定秋夕时士大夫要参与祭祀。④李穑(1328～1396)⑤、元天锡(1330～?)⑥等参加扫墓祭礼的记录表明，当时士大夫的秋夕扫墓被视为理学的嘉礼。⑦

朝鲜时期王室的秋夕祭祀从太祖李成桂开始⑧，一直持续到纯宗时期⑨。世宗时期规定秋夕时举行宗庙祭礼⑩。1427年，世宗专门向守丧三年以及会在每月和节日时扫墓的黄海道孝子赠送了经典⑪，而罢免了五年未扫墓的司宪府艺文提学金末⑫。朝鲜时期的文人也在诗中表达了扫墓的重要性。⑬

① “一年六祭，五庙谓正月二日五日、五月五日、七月上旬、八月一日十五日。”见金富轼:《三国史记》卷三十二《志·祭祀》，韩国玉山书院本。

② “景灵殿正朝端午秋夕重九亲尊仪。”见郑麟趾:《高丽史》卷六，《礼》3，韩国奎章阁藏本。

③ 《高丽史》卷十三，世家十三，睿宗十一年；卷十六，世家十六，仁宗十六年；卷十九，世家十九，明宗三年；卷二十，世家二十，明宗二十年八月，丁酉；卷三十九，世家三十九，恭愍王七年；卷六十一，志十五，礼三，吉礼大祀·景灵殿；卷一百三十七，列传五十，昌王，即位年八月。见郑麟趾:《高丽史》，韩国奎章阁藏本。

④ “除四仲月正祭外，如正朝、端午、中秋，宜献时食奠酒，不用祝文……外祖父母及妻父母，无主祭者，当于正朝、端午、中秋及各忌日，用俗祭仪祭之。”见郑麟趾:《高丽史》卷六十三《吉礼小祀·大夫士庶人祭礼》，韩国奎章阁藏本。

⑤ 李穑《牧隐诗稿》卷三十五《咸昌吟·寄尼山申监务兼定山》:“拜坟欲及中秋去，准拟相逢赏月明。”见한국고전번역원 편찬，《韩国文集丛刊》제4집，한국고전번역원，1990，p.508。

⑥ 元天锡《耘谷行录》卷二《中秋拜先茔》:“十载儿心在此岗，每来三酹一哀伤。”见한국고전번역원 편찬，《韩国文集丛刊》제6집，한국고전번역원，1990，p.165。

⑦ 하수민，《조선 시대 추석의 가례 사명일 전통과 명절론》，《민속학연구》36，2015，p.111.

⑧ 《太宗实录》卷四“2年8月13日(甲子)”:“上王行秋夕祭于齐陵。”见《국편영인본》1책 244면，韩国国史编撰委员会影印本。

⑨ 《纯宗实录附录》卷十一“十三年九月二十六日”。诣孝德殿，行望祭兼秋夕祭、改题主告由祭。仍行昼茶礼、夕上食。”见《국편영인본》3책 616면，韩国国史编撰委员会影印本。

⑩ 《世宗实录》卷一二九，《五礼，吉礼序例·时日》，《국편영인본》5책 176면，韩国国史编撰委员会影印本。

⑪ 《世宗实录》卷三八“九年十二月二十一日(甲戌)”，《국편영인본》3책 105면，韩国国史编撰委员会影印本。

⑫ 《世宗实录》卷九四“二十三年十一月二十二日(乙卯)”，《국편영인본》4책 370면，韩国国史编撰委员会影印本。

⑬ 국립민속박물관，《한국세시풍속자료집성—조선후기 문집 편》，2005，pp.427-472.

秋夕是高丽时期的四大节日之一。朝鲜时代,秋夕与春节、端午并称为三大节日。除士大夫以外,平民百姓也会在秋夕扫墓。李珥(1536～1584)以《家礼》为依托,主张在寒食和秋夕时扫墓①,此后扫墓一直是一种节日祭祀活动,并持续到朝鲜后期。②

朝鲜时期的文人金迈淳(1776～1840)记录了该时期的岁时风俗,他曾写道,秋夕扫墓甚至比寒食扫墓更多。③ 柳晚恭(1793～1869)也曾说,秋夕时人们会像寒食一样进行扫墓。④ 其他岁时记中也认为秋夕应当同寒食一样进行扫墓。⑤ 19 世纪中期,金迥洙还记载了黄花鱼片、干明太鱼、松饼、高粱酒、凉拌匏瓜、芋头汤等扫墓祭品。⑥ 此外,朝鲜时期的文集上也有很多秋夕家庙祭祀的内容。⑦ 这说明从三国时代到朝鲜时代,秋夕祭礼的地位有所提升。如今,秋夕同春节发展为韩国的两大节日,祭拜祖先和扫墓的习俗也流传下来。

(四)中秋节的祭月习俗

在中国,祭月由来已久。北京月坛是明朝皇帝祭祀的地方。据说,中国的中秋节祭祀起源于古代秋分的祭月仪式⑧,或感谢土地神带来收获⑨的祭

---

① 李珥:《栗谷全书》卷二十七《击蒙要诀·祭礼章》。

② 최순권,《추석성묘》,《한국세시풍속사전》, 국립민속박물관, 2006.

③ 金迈淳《洌阳岁时记·中秋》:"士大夫家以正朝寒食中秋冬至四名日行墓祭,而正至或有不行者,惟寒食中秋为盛,而寒食又不如中秋之盛。"见《东国岁时记　洌阳岁时记　京都杂志合编》,明治四十四年朝鲜光文会刊行。

④ 柳晚恭《岁时风谣》"8 月 15 日":"枣颊初丹栗颗成,白新稻饭土莲羹。家家上塚如寒食,明月中秋感慨情。"见국립민속박물관,《조선대세시기》Ⅱ, 2005, p.112。

⑤ 赵秀三《秋斋集·岁时记》"八月十五日":"人皆墓祭,如寒食。"见한국고전번역원 편찬,《韩国文集丛刊》제 271 집, 한국고전번역,1990,p.535。又,赵云从《勉庵集·岁时记俗》"秋夕":"八月十五日,酒果上塚之礼,与寒食同。"见국립민속박물관,《조선대세시기》Ⅰ, 2003, p.120。此外,权用正《汉阳岁时记》"中秋"云:"中秋,祀坟墓。"见《한국세시풍속사전》, 국립민속박물관。

⑥ 金迥洙《啸堂风俗诗·农家十二月俗诗》:"鲍石首鱼乾北鱼,秋夕佳节用当牲,早稻叶馀新秫酒,甛匏焨菜蹲鸱羹,洁陈兹品祭先茔。"见국립민속박물관,《조선대세시기》Ⅰ, 2003, p.269。

⑦ 《견한잡록》,《하재일기》,《운양집》,《갈암집》,《계곡집》,《고산유고》,《동계집》,《춘정집》,《경재유고》,《양곡집》,《이암유고》,《사류재집》,《구당집》,《우헌집》,《명곡집》,《희암집》,《후계집》,《매산집》,《성재집》,《담인집》,《면우집》,《녹문집》,《명재유고》,《목민심서》,《백호전서》,《번암집》,《부연일기》,《사계전서》,《성호사설》,《성호전집》등(출처 한국고전종합 DB,https://db.itkc.or.kr).

⑧ "天子春朝日,秋夕月。朝日之朝,夕月之夕。"见(汉)班固:《汉书》卷六《武帝纪》,清乾隆四年武英殿校刻本。

⑨ 《帝京岁时纪胜·八月中秋》:"至于先丁后社,享祭报功众祀秋成,西郊夕月,乃国家明禋之大典也。"见(清)潘荣陛:《帝京岁时纪胜》,北京古籍出版社 1981 年版,第 29 页。

祀活动[①]。民间的中秋祭祀始于宋朝，但形式较为简单，且没有献祭品。具体的祭祀形式主要是少年、少女们向月亮祈愿。金盈之所著的《新编醉翁谈录》中写道："中秋节时，城里的少年、少女们会穿上成人的服饰登上楼阁或在院子里祭月。"[②] 到了明朝，人们会在祭月时陈设祭品，直至20世纪50年代，祭月一直是中秋节的重要风俗，这种习俗又被称为"拜月""供月""祭太阴"等。

中国近代诗人富察敦崇曾在其著作《燕京岁时记》中，真实地描述了清末的祭月场景。中秋的月亮升起后，人们在院里摆上水果、毛豆、鸡冠花等举行祭祀。皎洁的月光洒满大地，云彩开始消失的时候，人们会互相敬酒、谈笑风生，的确是一个美好的节日。祭月时，男人们大都不会行礼，正所谓"男不拜月，女不祭灶"[③]。民国时期，女性主导了祭月活动。[④] "男不拜月，女不祭灶"这一习俗至今在中国依然适用，但有的地方男性也会参加祭祀。山西东南地区有"女不望月"的说法，即女性不能祭月。[⑤]而在现代社会，全家人都可以参与祭月活动，女性按照年龄顺序祭月后，男性们才会开始。

在中国，不同地区对祭月的称呼不同，如齐月宫（江苏苏州）、谢平安（江苏镇江）、拜月宫（福建政和）、愿月（河南中牟）、椓月姑（广东长乐）、拜月光（广东四会）、敬月光（贵州绥阳）、献月亮（甘肃灵台）等[⑥]，其名称中大都包含"月"字。人们称月神为"月姑（月亮娘娘）"。但在清朝以后，受宗教影响，也出现了道教太阴星君、佛教月光遍照菩萨、财神关圣帝君（关羽）等多种说法。

中国的嫦娥神话家喻户晓，故事将月亮拟人化，体现了人们对月神的崇拜。[⑦] 战国时期便已出现与嫦娥有关的记录。《周易》记载，嫦娥吃了西王母

---

① 张勃、荣新：《中国民俗通志·节日志》，山东教育出版社2007年版，第294页。

② "京师赏月之会，异于他乡，颇城人家，不以贫富，自能行至十二三，皆以成人之服饰之，登楼或于庭中焚香拜月，各有所期。男则愿早步蟾宫高攀仙桂……女则愿貌似嫦娥，圆如洁月。"见（宋）金盈之：《新编醉翁谈录》卷四《京城风俗记》，清嘉庆《宛委别藏》清钞本。

③ "至十五月圆时，陈瓜果于庭以供月，并祀以毛豆、鸡冠花。是时也，皓魄当空，彩云初散，传杯洗盏，儿女喧哗，真所谓佳节也。惟供月时男子多不叩拜。故京师谚曰：'男不拜月，女不祭灶。'"见王碧滢、张勃标点：《燕京岁时记（外六种）》，北京出版社2018年版，第98页。

④ 参见若水：《中秋月下》，《民俗》周刊第32期（中秋专号），1928年10月31日。

⑤ 参见张勃、荣新：《中国民俗通志·节日志》，山东教育出版社2007年版，第298页。

⑥ 参见张勃、荣新：《中国民俗通志·节日志》，山东教育出版社2007年版，第295页。

⑦ 参见黄涛：《中秋节》，中国社会出版社2008年版，第1～2页。

给的长生不老药后飘到月亮上，成为月神。[①]《山海经》中则称嫦娥为“常羲”[②]。汉代《淮南子》中写道，月亮上的精怪原是一只蟾蜍[③]，人们把它称为“嫦娥”“姮娥”“常娥”“常羲”等，后来“嫦娥”成为固定的称呼。汉朝刘向（前77～前6）所著《五经通义》中有“月中有兔与蟾蜍”[④]的说法。唐朝则有“吴刚伐桂”的神话。吴刚想砍掉月亮上的桂树，但桂树即砍即合，始终未能砍倒。可见，很久以前嫦娥便成为中国人心中的月神。中国将月球探测器命名为“嫦娥”的原因也在于此，最近“嫦娥五号”还从月球上带回了土壤样品。

除此之外，人们也会祭拜玉兔。传说月宫里的玉兔会在中秋节时用仙药为人类治病，驱走人间的灾难。[⑤]于是，为报答玉兔的恩德，人们会在中秋节时祭拜玉兔。明朝纪坤曾记载：“京师中秋节，多以泥抟兔形，衣冠踞坐如人状，儿女祀而拜之。”[⑥]清末，人们甚至制作了100多厘米高、价值万两的大型玉兔，并陈设香、花瓶、水果等用以祭祀。[⑦]毛豆是中秋节特别为玉兔准备的祭品，因为玉兔喜欢毛豆。[⑧]此外，不同地区还会陈设不同的祭品用以祈愿丰收。如：山西地区把嫩黄豆角带皮煮熟，颜色呈金黄，称其为“金秋”；山东地区用绿豆；贵州开阳地区用向日葵；天津地区用鸡冠花和萝卜等。

北京人称泥塑兔子为“兔儿爷”，天津人称之为“兔二爷”，济南则称“兔子王”，一般在中秋节前一个月便开始售卖。北京东四牌楼一带、山东济南普利门和舜井街一带的小摊上，兔子玩偶非常有名。商人们打扮成成双成对的兔子爷爷和兔子奶奶，来吸引人们的注意。泥塑兔子最初是中秋节祭祀用品，后来成为儿童玩具。[⑨]

---

① 《周易·归藏》：“昔嫦娥以西王母不死之药服之，遂奔月为月精。”见（清）许梿评选，（清）黎经诰注：《六朝文絜笺注》卷十二，清光绪十五年枕溢书屋刻本。

② 《山海经·大荒西经》：“帝俊妻常羲，生月十有二，此始浴之。”见袁珂：《山海经校译》，上海古籍出版社2010年版，第272页。

③ “日中有踆乌，而月中有蟾蜍。”见沈雁冰选注，卢福咸校订：《淮南子·精神训》，崇文书局2014年版，第36页。

④ （清）俞正燮：《癸巳存稿》卷六，清道光二十七至二十九年灵石杨氏刻《连筠簃丛书》本。

⑤ 임선우，《재미있는 중국풍속이야기》，지식과 감정，2018，pp.273-274.

⑥ （明）纪坤：《花王阁剩稿·戏题（并序）》，吕永森辑校：《崔士元诗集》，河北大学出版社2018年版，第251页。

⑦ “中秋日，京师以泥塑兔神，兔面人身，面贴金泥，身施彩绘，巨者高三四尺，值近万钱。贵家巨室多购归，以香花饼果供养之，禁中亦然。”见徐柯：《清稗类钞·时令类》，商务印书馆1918年版，第40页

⑧ 参见张勃、荣新：《中国民俗通志·节日志》，山东教育出版社2007年版，第296页。

⑨ 参见祁建：《中秋节里的“兔儿爷”：祭祀神仙变成儿童玩具》，《天津日报》2013年9月17日。

祭月时，人们在庭院里设上祭桌，摆上神像、月饼、水果以及香炉、烛台、花瓶等，花瓶中分别插着献给玉兔的毛豆枝[①]和象征月桂树的紫红色鸡冠花。祭桌下方则放着献给神的黄钱、元宝等纸钱和象征着粮食的纸类。待满月升起后，便开始祭祀。

中秋祭祀时，西瓜和月饼是必不可少的祭品，此外还有石榴、梨、大枣、栗子、柿子等。[②]江南一带也会用莲藕和红菱，广东、广西还会用芋头和葡萄柚。这些水果都有一个共同特点，即都像月亮一样圆润，其中蕴含着“吉祥”之意。“西瓜”的“西”音同“喜悦”的“喜”，红色、多籽分别代表“发展”与“多财”，圆形则寓意“团圆”，因此西瓜与月饼一样是祭月时重要的祭品。[③]人们通常把西瓜切成莲花形状[④]，寓意“连生贵子”。除此之外，石榴（多子）、柿子（万事如意）、花生（长寿）、大枣和栗子（儿孙早日成人）等也是重要的中秋祭品。北方地区还会用梨作祭品，然而在浙江、上海等地，梨与“离”谐音，因此不用作祭品。

另外，一些水果祭品组合在一起有着美好的寓意。北京人认为，柿子和苹果寓意“事事平安”，大枣和苹果寓意“早早平安”，栗子和柿子寓意“利市”。桃子代表长寿，石榴代表多子，桃子和石榴组合在一起寓意“桃献千年寿，榴开百子图”。上海人则认为菱、石榴、莲藕、柿子四色鲜果寓意“前留后嗣”。

祭月结束后，人们会焚烧祭桌上的月光纸。月光纸是一种“纸马”，即画有神像的纸，亦称“月光神马”“月光神儿”“月亮马儿”“兔儿爷马儿”“月宫稿”“月姥娘马”等。月光纸通过木板印刷而成，包含红、黄、白三种颜色。黄色月光纸通常印“月光遍照菩萨”（佛教）或“太阴星君”（道教），普通家庭使用最多。红色月光纸通常印财神、关羽、达摩或广寒宫、目桂树、拿着杵的玉

① 毛豆是豆子的嫩荚，表面有细毛，荚里含有绿豆，可以像蔬菜一样煮着吃。它是兔子喜欢的食物，因此人们把它当成玉兔的祭品。

② “十五日祭月，香灯品供之外，则团圆月饼也。雕西瓜为莲瓣，摘萝卜叶作娑罗。香果苹婆，花红脆枣，中山御李，豫省岗榴，紫葡萄，绿毛豆，黄梨丹柿，白藕青莲。”见（清）潘荣陛：《帝京岁时纪胜》，北京古籍出版社 1981 年版，第 29 页。

③ 西瓜原产于非洲，五代时期开始栽培，元朝时期蔓延至中国全境。参见刘启振、王思明：《西瓜与中国传统岁时节日民俗的融合及其动因》，《民俗研究》2017 年第 5 期。

④ “凡中秋供月，西瓜必参差切之，如莲花瓣形。”见王碧滢、张勃标点：《燕京岁时记（外六种）》，北京出版社 2018 年版，第 98 页。

兔仙等。

明朝《北京岁华记》中有关于月光纸的记载:“中秋夜,人家各置月宫符象,符上兔如人立;陈瓜果于庭,饼面绘月宫蟾兔,男女肃拜烧香,旦而焚之。”[①]清朝《帝京岁时纪胜》称月光纸为“纸马”,纸上刻有道教神像“月府素曜太阴皇君”。[②] 1906 年,文人富察敦崇所著《燕京岁时记》中,详细记载了月光马的图像及大小等。[③]太阴星君神像被称为“神马儿”,神像下面是月宫和手拿石杵像人一样站立着的捣药玉兔。此外,月光纸着色精巧、辉煌灿烂,很多地方都有售卖。长的有七八尺,短的有二三尺,神像头上还有两面红绿色或黄色的旗帜。焚香结束,祭祀完成后,还会焚烧千张和元宝。千张由中空的纸捆绑而成,代表去往阴间的路费。

(五)省亲与团圆节

在农历八月十五这天,韩国和中国均有出嫁女儿回娘家的风俗。在韩国,新媳妇秋夕前后回娘家被称为“온보기”。[④]封建时代,已婚女性只能在节日、父母生日以及忌日时回家省亲。[⑤]若女性出嫁后三年内未能省亲,便一生不能回家省亲。人们认为若女性出嫁三年后回家省亲,父母会短命,有的女性因此一生未能回家探望父母。若有的人家家规严格,媳妇无法回家省亲,或出于某些原因不能回娘家时,两家可以提前联系,媳妇通过“반보기”与家人见面。在韩国,“반보기”是指在两家中间的某地会面,也称为“中路相逢”。

19 世纪中期《农家月令歌》中便描绘了秋夕省亲的故事。诗歌中婆家给回家省亲的儿媳带了年糕、酒、肉等,家人给予辛苦耕作的女儿诸多安慰。[⑥]

---

① 转引自张勃:《〈北京岁华记〉手抄本及其岁时民俗文献价值》,《文献》2010 年第 3 期。

② 《帝京岁时纪胜・八月中秋》:“云仪纸马,则道院送疏,题曰月府素曜太阴皇君。”见(清)潘荣陛:《帝京岁时纪胜》,北京古籍出版社 1981 年版,第 29 页。

③ “京师谓神像为神马儿,不敢斥言神也。月光马者,以纸为之,上绘太阴星君,如菩萨像,下绘月宫及捣药之玉兔,人立而执杵。藻彩精制,金碧辉煌,市肆间多卖之者。长者七八尺,短者二三尺,顶有二旗,作红绿色或黄色,向月而供之,焚香行礼。祭毕,与千张、元宝等一并焚之。”见王碧滢、张勃标点:《燕京岁时记(外六种)》,北京出版社 2018 年版,第 98 页。

④ 임동권,《韩国岁时风俗研究》,집문당,1933(3 판),p.201.

⑤ 국립민속박물관,《조선대세시기》Ⅰ,국립민속박물관,2003,p.269.

⑥ 金迥洙《啸堂风俗诗・农家十二月俗诗》:“媤家给由妇觐亲,饵箩酒瓶鸡狗只,浓绿裋衣淡青裙,醴黛傅粉镜中瘠,嫜姑且邻且慰语,经夏旧容犹未苏,正逢清秋醒肺气,尔其好去休来乎,今月身世虽云仙,明年为计且不无,彝麦刈后仍秋恳。”见국립민속박물관,《조선대세시기》Ⅰ,2003,pp.269-270。

《岁时风谣》的作者柳晚恭，也对女儿带着年糕、米糕省亲的风俗进行了介绍。[①]

"中路相逢"这一风俗仅存在于京畿以南地区。除秋夕以外，春天或秋天天气好的时候，亲家们也会在指定的场所见面谈心。虽然"中路相逢"风俗已经不复存在，但相关的口传歌词仍在流传。[②]

中国的中秋节又称"团圆节"。顾名思义，女性们要在中秋时回娘家探望父母，当天还要回到婆家与丈夫一同过中秋，这种风俗早在明朝便已出现。在山西，女子回娘家时丈夫也会同去，娘家人会用酒招待女婿，并在他们回家时送给亲家月饼。因此，山西的中秋节也是"迎接女婿的日子"，被称为"迎婿节"。在江苏扬州，出嫁的女儿要在八月十六回娘家探亲、吃月饼。

与此相反，有的地方认为出嫁的女儿一定要在婆家过中秋。山东胶东半岛地区有句俗语"宁留女一秋，不留女中秋"，意思是说出嫁的女儿一定要在婆家过中秋。结婚不到一年的新娘会带着炸鱼、形状多样的烤制食品以及饺子等去婆家过中秋节，这些食物都含有祝福之意。[③]

（六）月饼与松饼

节日食品最能体现韩国秋夕和中国中秋节的差异。韩国的松饼和中国的月饼形态不同，制作方法也不同。

1. 松饼

松饼是秋夕的代表性食物。制作松饼时，会放豆子、红豆、栗子、大枣等，所有食材都是当季的。韩语中"송편（松饼）"对应的汉字为松鯿、松饼、松

---

① 柳晚恭《岁时风谣》："（俗称秋夕，亦称嘉俳日）何村骑犊归宁女，满馱秔糍稻饼来，［嘉俳宴名东史，归宁饼糍有农家八月谣］。"见국립민속박물관，2005，《조선대세시기》Ⅱ，p.112。

② 《매일신문》장정옥 소설가 ［매일춘추］ 반보기 " 하도하도 보고저워 반보기를 허락받아/ 이 몸이 절반가고 어메가 절반 오시어/ 새 중간의 복바위에서 눈물콧물 다 흘리며/ 엄마엄마 울엄마야，날 보내고 어이 살았노，딸의 하소연에 어머니가 응답한다.' 딸아 딸아 연지 딸아.' 너를 구워 먹을 것을 삶아 먹을 것을！/ 금옥같던 네 손이사 갈고리가 되었구나/ 두실 같은 두 볼이사 돌 족발이 되었구나/ 두실 같은 두 볼이사 돌 족발이 되었구나/ 금쪽같은 정내 딸이/부엌 간지 다 되었네"，2019.

③ 런샤오리·리샤오나，《자오둥 반도 중추절 풍습 검토》，《아시아문화연구》 27，가천대학교 아시아문화연구소，2012，p.13.

叶饼、松叶夹饼、叶子饽等。《汉都十咏》作者徐居正(1420～1488)曾用“黄金饼”[①]来形容中秋的月亮。《屠门大嚼》(1611)中称“송편”为“松饼”[②],1680年左右(肃宗时期)发行的饮食类书籍《要录》(作者不详)中对松饼的制作方法进行了说明:“用粳米粉做成年糕,垫上松叶蒸好后用水冲洗。”[③]实学家李瀷(1681～1764)曾写道:“又按《高丽史·赵彝传》,元丞相安童信金裕之诳,来求松膏饼三十斤。裕以为自生于松上,其实取松白皮,熟炼百杵,和蜜汁粘,作饼者也。今市上最多此物,俗之流传,久而不衰如此。东俗又有松饼者,溲米为饼,赚以菉豆之类,就甑中蒸熟,而取松叶先铺,摊饼其上,使不黏着,故名松饼也。彼未必是此物,而名则雅好,今以松上饼为称亦可。”[④]高丽时期的松膏饼与松饼名字相似,但有所不同。高丽高宗时期,金裕骗中国人称松膏饼是松树上结的,但实为一种糕点,将松树白皮剥下煮熟后,放在石臼里捣碎,再加入蜂蜜和米粉而成。

松饼不仅是朝鲜时代的节日食品,也是日常食物。除中秋外,长工日(2月1日,这天主人犒劳长工)、三月三、四月初八、端午、流头节、秋冬等也会吃松饼。祠堂或宗庙祭祀时,松饼会用作祭祀品[⑤],有时国王也会赏赐松饼[⑥]。李文健(1494～1567)《默斋日记》中说,松饼是三月三祠堂中供奉给天神的食物。[⑦]李贤辅(号龙岩,1467～1555)观察水东的秋收情况时,曾在净方寺过夜,当时雪淳大师便用松饼招待他。[⑧]柳梦寅(1559～1623)四月登山时,善修

---

① 徐居正《济川玩月》:“秋光万顷瑠璃静,画栋珠帘蘸寒影。长空无云净如扫,坐待月出黄金饼。”见徐居正:《东文选 续东文选》卷四《七言古诗·汉都十咏》,庆熙出版社 1966 年,影印本第 66 页。

② 원선임 외,《17 세기 이전 조선 시대 떡류의 문헌적 고찰》,《한국식품조리과학회지》24(4), 2008, pp.419-424.

③ 이성우·조준하 역주,《요록(要录)》,《한국생활과학연구》창간호, 1983; 윤숙자,《송편[松餠]》,《한국세시풍속사전》, 국립민속박물관. 2006,

④ 李瀷:《星湖僿说》卷六《万物门·青蒿松膏》,李瀷旁孙李暾衡所藏抄本。

⑤ 나경수,《대표적인 세시절식의 주술적 의미》,《한국민속학》67, 2018, p.101.

⑥ 丁若镛《茶山诗文集》卷一《诗·雪夜阁中赐馔 恭述恩例》:“珍羞天降十人擎,跄踉赴筵不敢后,群公待我才传觞,红枣糕团蜜作馅,绿藕切细蔗俱烹。”见 한국고전번역원 편찬,《韩国文集丛刊》제 281 집《与犹堂全书》,한국고전번역원,1990, p.21。

⑦ 李文樓:《默斋日记》卷一“丁酉岁,初三日壬午”:“斗星与箕星进本家,以酒及花煎松饼,祠堂前荐之。”见장서각 기록유산 DB。

⑧ 金昌协:《农岩集》卷三《诗》:“九月十四日。检田水东。会净方寺僧雪淳走沙弥来。报山中秋色。乘兴便往。一宿而归:椒茶与松饼。种种作人情。”见 한국고전번역원 편찬,《韩国文集丛刊》제 161 집,한국고전번역원,1990,p.358。

僧人也曾用松饼等招待他。[1] 可见，松饼也受僧人们的喜爱。据李植(1584～1647)记载，松饼是四月初八的祭品[2]，而许筠(1569～1618)则称松饼是春天的食物，却未曾提及秋夕吃松饼的风俗[3]。沈钦(1566～1628)曾写道，人们会在流头节制作松饼，作为礼物送给邻居。[4]丁若镛(号茶山，1762～1836)春天从楼山搬到会贤房澹然斋时，曾作诗描绘了妻子忙着用鱼肉做松饼馅的样子。[5]

据朝鲜后期岁时记《京都杂志》[6]和《洌阳岁时记》(1819)[7]记载，只有农历二月初一奴婢节时才会吃松饼。与此相反，《东国岁时记》(1849)中记载，奴婢节[8]和秋夕[9]都会吃松饼。奴婢节所做的松饼是用元宵节时存的粮食制作而成，会按照奴婢们的年龄分给他们吃。这些松饼具有农活开始前招待奴婢的含义。秋夕松饼和奴婢节松饼最大的区别在于秋夕会用新米制作松饼，所以秋夕时用早稻制作的松饼又称"早稻松饼"[10]。由于是用新的谷物制

---

① 柳梦寅《於于集·杂识·游头流山录》:"有名僧善修居之，率徒第演经，四方释子多归之，与询之颇相善，饷之以松糕参饼八味茶汤。"见 한국고전번역원 편찬，《韩国文集丛刊》제63집，한국고전번역원，1990，p.588。

② 李植《泽堂集·杂著·祭馔》:"上元药饭，三三日艾饼，灯夕松饼，七夕霜花之类，重九引饼。"见한국고전번역원 편찬，《韩国文集丛刊》제 88 집，한국고전번역원，1990，p.534。

③ 许筠《惺所覆瓿稿·说部》:"都下时食。春有艾糕。松饼，槐叶饼，杜煎，梨花煎。夏有蔷薇煎，水团，双花，小馒头。秋有琼糕，菊花饼，柹栗糯饼。冬有汤饼。而煮饼，蒸饼，节饼，月饼，参饼，松膏油蜜饼，舌饼等味。通四时。"见 한국고전번역원 편찬，《韩国文集丛刊》제 74 집，한국고전번역원，1990，p.374。

④ 沈钦《象村集·五言律诗·流头日题》:"佳节流头日，荒村放逐臣，水团遵土俗，松饼馈乡邻。"见《국역 상촌집》，민족문화추진회，1994。

⑤ 丁若镛《茶山诗文集·春日澹斋杂诗》:"芹菜青调作乳黄，新篘少曲湛盈觞，松饵尖尖鱼作馅，山妻每到午时忙。" 한국고전번역원 편찬，《韩国文集丛刊》제 281 집《与犹堂全书》，한국고전번역원，1990，p.15.

⑥ 柳得恭《京都杂志·岁时》:"卸下上元禾竿，作松叶夹饼，馈奴婢，如其齿数，俗称奴婢日。东作伊始。"见《东国岁时记 洌阳岁时记 京都杂志合编》，明治四十四年朝鲜光文会刊行。

⑦ 金迈纯《洌阳岁时记》:"俗谓二月朔，日直奴婢。粉米作饼，如馒头样。小豆去皮为馅，入甑中，覆松叶蒸熟，名曰松饼。"见《东国岁时记 洌阳岁时记 京都杂志合编》，明治四十四年朝鲜光文会刊行。

⑧ 洪锡谟《东国岁时记》:二月初一日，"卸下上元禾竿谷，作白饼，大者如掌，小者如卵，皆作半璧样。蒸豆为馅，隔铺松叶于甑内，蒸熟而出，洗以水，涂以香油，名曰松饼。馈奴婢如齿数，俗称是日为奴婢日"。见《东国岁时记 洌阳岁时记 京都杂志合编》，明治四十四年朝鲜光文会刊行。

⑨ 洪锡谟《东国岁时记》:"卖饼家造早稻松饼菁根南苽甑饼。又蒸糯米粉，打为糕，以熟黑豆黄豆芝麻粉粘之，名曰引饼，以卖之，即古之粢糕，汉时麻饼之类也。蒸糯米粉成团饼如卵，用熟栗肉和蜜附之，名曰栗团子。"见《东国岁时记 洌阳岁时记 京都杂志合编》，明治四十四年朝鲜光文会刊行。

⑩ 《매일신보》"추석은 오려송편에 햅쌀로 술 담아 선영에 제사하고 즐겁게 노는 명절이다"，1917。

作而成，所以这些松饼也会用作祭祀，以感谢祖先。同样，秋夕的酒也是用新米酿造而成，与松饼共同用来祭祖。

18世纪时，松饼成为秋夕的节日食品。朝鲜后期，义城学者任必大（1709～1773）称，松饼是端午、七夕以及秋夕的节日食品。①如前文所述，《东国岁时记》中也有秋夕制作松饼的相关记载。据19世纪末《崔炳彩日记》所述，四月八日、六月一日、六月六日、六月二十、七月八日（末伏）、八月十五（秋夕）等节气或在平时，人们都会做松饼来食用。②赵冕镐（1803～1887）曾记载，秋夕家家户户都会吃松饼和芋头③，丁学游（1786～1855）的《农家月令歌》④和金允植（1835～1922）的诗中也提及秋夕松饼。人们还会同邻居分享松饼。⑤《荷斋日记（1891～1911）》作者池圭植曾在八月十七日与两三位同僚一起回家蒸松饼吃。⑥《海东竹枝》作者崔永年（1856～1935）曾在秋夕时做松饼祭祀，并称之为“秋夕松饼”。⑦《年糕打令》是一首以各季节年糕为主题的月令体歌曲，其中也有“八月剪刀，早稻松饼”的歌词。⑧

虽然20世纪二三十年代松饼已成为秋夕的节日食品⑨，但直到20世纪

---

① 任必大《俗节馔品图》：“俗节馔品图，果盏盘，鱼肉，蔬菜匙箸，饼盏盘，饼用时食，正朝饼羹，上元药饭，清明花煎，或未及则代以他饼，端午，蒸饼或松饼，荐七松饼或霜花引饼，秋夕引饼或松饼，重阳菊煎或他饼，冬至豆粥。”见《刚窝先生文集》，韩国藏书阁藏朝鲜王朝纯祖十六年（1816）木刻本。

② 나경수，《대표적인 세시절식의 주술적 의미》，《한국민속학》67，2018，p.102.

③ 赵冕镐《玉垂先生集·诗·嘉俳八月十五日》：“名日嘉俳天下无，家家松饼佐羹芋。当年我亦豪华者，新稻樽前任醉呼。”见 한국고전번역원 편찬，《韩国文集丛刊》제 126 집，한국고전번역원，1990，p.111。

④ 《农家月令歌·八月》：“신도주 올여송편 박나물 토란국을 선산에제물하고 이웃집 나눠 먹세。”

⑤ 金允植《云养集·归川纪俗诗》：“叶饽松醪八月中，稻乡佳节喜成功，家家设祭晨灯碧，俗礼还羞上墓风。”又，《云养集·中秋节与紫泉共赋》：“秫醪叶饽从邻饱，风味年年惯异乡。”见 한국고전번역원 편찬，《韩国文集丛刊》제 328 집，한국고전번역원，1990，p.237，p.296。

⑥ 池圭植《荷斋日记》“癸巳·癸巳甲午阴晴，癸巳年八月十七日”：“说罢与数三僚归家，蒸松饼共吃而归。”见《荷斋日记》，서울특별시사편찬위원회，2009。

⑦ 崔永年《海东竹枝·新松饼》云，旧俗“八月十五日，家家作稻饼，隔松叶蒸之，上墓祭祀，名之曰秋夕松饼（추석송편）”，见《海东竹枝》，韩国国立民俗博物馆藏大正十四年（1925）刊本。

⑧ 서울에 내려오는‘떡타령’이다.“떡 사오 떡 사오 떡 사려오. 정월 보름 달떡이요，이월 한식 송병（松餅）이요， 삼월 삼진 쑥떡이로다. 떡 사오 떡 사오 떡 사려오. 사월 파일 느티떡에， 오월 단오 수리취떡， 유월 유두에 밀전병이라. 떡 사오 떡 사오 떡 사려오. 칠월 칠석에 수단이요，팔월 가위 오려송편，구월 구일 국화떡이라. 떡 사오 떡 사오 떡 사려오. 시월 상달 무시루떡，동짓달 동짓날 새알심이，섣달에는 골무떡이라. 떡 사오 떡 사오 떡 사려오.”《한국일보》，https://www.hankookilbo.com/News/Read/201701270440074539，2017年1月27日（2022年9月26日）。

⑨ 《동아일보》. “금일은 팔월추석이다 … 철이 이른 해에는 햇쌀로 오려송편을 맨드러 먹는 곳도 있다”，1921.《동아일보》“내일은 음력으로 팔월보름날이니 추석이 … 이날이다 가을 성묘을 행하는 날도 이날이오 송편을 먹는 날도 이날이니”，1930。

70 年代，部分水稻种植不发达的岛屿地区仍无法吃到松饼[①]。济州岛几乎没有水稻种植，因此几乎只在秋夕时吃。

后来，松饼也开始在中国售卖，被称作“高丽饼”。曾作为冬至使节团一员访问中国燕京的李海应（1775～1825）和 1828 年燕行使臣随行人员朴思浩曾记录过这样的场景，丙子战争（1636～1637）时，一些被抓走的人后来在一个叫作“高丽堡”的村庄定居下来。他们仿照朝鲜的松饼制成了“高丽饼”。使团经过此地时，村民们携带糕点盒在路上竞相出售。[②] 由此可看出朝鲜人十分喜欢松饼，且松饼非常适合果腹。

松饼呈半月形，与圆圆的月饼不同。张正龙认为半月意味着成长和发展。[③] 民间也有满月会逐渐倾斜，而半月则逐渐圆满的说法。罗景秀称，松饼与稻种形状相似，人们在松饼内部放入满满的馅料，体现了期待硕果的心理。松饼皮是米糠，馅是米粒，人们会在放馅料时用力按压，尽量填满。从松饼的样子可以看出，它承载着人们希望稻粒饱满、期待成熟的愿望。因此，松饼也被视为一种具有巫术性质的、祈愿丰收的节日食品。[④]制作松饼时，先揉成圆团，然后将中间部分按出凹陷，填满豆子或红豆等谷物后折叠起来，整个过程就像在制作一个存满谷物的岛屿。正如人们在正月十五吃象征着“岛”的菜包饭一样，秋夕也会吃松饼以祈愿丰收。

2. 月饼

俗话说“不吃月饼便不是过中秋节”，可见月饼是中秋节的象征。[⑤]中国的月饼和月亮一样为圆形，寓意“团圆”“圆满”。南宋《梦粱录》中出现了“月饼”一词[⑥]，但月饼直到明朝才成为民间的节日食品和祭品。明朝地方志记

---

① 김용갑，《추석 대표 음식으로서 송편의 발달 배경》，《인문논총》75（2），서울대학교 인문학연구원，2018，p.194.

② 《蓟山纪程 · 饮食》：“白而圆曰松饼……高丽饼，即松饼，粟切饼之属也，高丽堡所卖，而依样我国饼，故称高丽饼。”见《연행록선집》卷八，한국고전번역원，1976，p.136。又，朴思浩《心田稿 · 燕蓟纪程》“戊子年十二月二十一日”：“自渡江至此数千里之间……市有栗切饼松饼之属，俗谓之高丽饼。此亦卖饼者，亦依样我国之饼故也。自前我国人多买食。故每使行之过此，村人拥路。”见《연행록선집》卷九，한국고전번역원，1977，p.24。

③ 장정룡，《한·중세시풍속 및 가요연구》，집문당，1988，p.205.

④ 나경수，《대표적인 세시절식의 주술적 의미》，한국민속학 67，2018，pp.101-113.

⑤ 参见黄涛、王心愿：《中秋月饼考》，《温州大学学报（社会科学版）》2014 年第 2 期。

⑥ （南宋）吴自牧：《梦粱录》卷四，清嘉庆十年虞山张氏照旷阁刻学津讨原本。

载，整个中国都会在中秋节摆月饼、酒、水果等用以祭祀，祭祀完成后吃月饼。[1] 吃月饼时，人们会按照人数将月饼切成相同大小食用。[2]由此可见，当时的月饼较大，可由多人共同食用。

明朝起，月饼成为一种礼品。据《熙朝乐事》记载，月饼作为礼物，寓意全家像圆月一样团圆、和睦。另外，月饼上也会刻兔子、蟾蜍、仙女等中秋节有关传说中的事物，中秋节时吃的月饼被称作“团圆月饼”。

制作月饼时，先将面粉揉成薄片，然后放入各种水果、蜂蜜、蔬菜等，最后包起来制成圆形。月饼大小不一，有的很小，一人可吃下多个，有的则极大，可供全家人同时食用。[3]据记载，明朝曾有直径 60 厘米的月饼。[4]

月饼的由来有多种说法，其中最广泛的一种称月饼起源于元朝。据说朱元璋曾以中秋节为由，将写有起义日期的纸条藏在糕点里分发给人们，这种糕点便是月饼。但不同版本的内容略有差异。[5] 也有说法称，唐高宗品尝西域胡饼后觉得味道很好，形状像圆月一样，所以分给大臣们食用，从那以后胡饼便成了月饼。还有说法称，汉朝时张骞把从西域带来的芝麻和核桃，制成圆形糕点献给皇帝。到了唐朝，唐玄宗和杨贵妃将其命名为月饼。但文献记载，“月饼”这一名称出现在宋朝，在明朝用作祭月食品，在清朝人们开始在月饼上写字、添加香料等，大小、种类变得丰富多样。由此可见，月饼可能是由胡饼演变而来，并非源于中国。

不同地区月饼的大小和味道也不尽相同。月饼生产也由模具生产逐渐转变为机械化批量生产。如今，在中国北方，北京月饼最为有名，南方地区则以苏州月饼为最。月饼皮薄松软、馅料充足。月饼馅包括糖、芝麻、茶、水果、蔬菜、猪肉、牛肉等多种类型，可根据喜好自由选择。

如今，韩国人秋夕吃的松饼仍是各家各户亲自制作而成，而中国的月饼大都是购买的，且会用作礼物。《东国岁时记》中虽然有朝鲜日治时期通过报纸

---

① 参见常建华：《中国古代岁时节日》，中国工人出版社 2020 年版，第 176～177 页。

② 参见高天星：《中国节日民俗文化》，中原农民出版社 2008 年版，第 194～199 页。

③ 국립민속박물관，《중국대세기》Ⅱ，국립민속박물관，2006，p.196.

④ “八月十五日祭月……月饼月果，戚属馈相报，饼有径二尺者。”见（明）刘侗、（明）于奕正著，崔瞿校注：《帝京景物略》，上海远东出版社 1996 年版，第 118 页。

⑤ 参见黄涛、王心愿：《中秋月饼考》，《温州大学学报（社会科学版）》2014 年第 2 期。

销售松饼的相关记录[①],但韩国人仍然认为应当亲自制作松饼。与之相反,月饼日益商业化,原料和口味日益丰富,包装高级、价格较贵的月饼也在销售。

另外,中日韩三国在中秋节均有食用芋头的习俗。日本的"月见"甚至可以称为"芋头节"。[②] 丁学游《农家月令歌》八月令中有这样一段话:"秋夕时节歇一歇,尝尝干明太鱼、黄花鱼酱吧,用新稻酒、松饼、凉拌匏瓜、芋头汤祭祖、分给邻居吃吧。"[③]《岁时风谣》作者柳晚恭也曾记载时令食品芋头汤。[④]《荷斋日记》中记载了秋夕时用松饼和芋头汤祭祀,以悼念母亲的内容。[⑤]由此可见,芋头也是秋夕节日食品,据说芋头在秋季营养高,味道鲜美。在韩国民画或纹样中,芋头代表健康长寿。

中国的北方和南方地区都会吃芋头。1638 年,芋头从南方传入山东胶东半岛。芋头种类繁多,其中姜疃镇的孤芋和花芋最有名。[⑥] 这里的芋头皮薄、淀粉多、糖分多,且体积大、味道香。芋头也被称为"陆地上的莲花",作为一种秋日补品,中国每年都有大量芋头出口海外。此外,"芋"音同"裕",因此人们将芋头视为幸运的食物。节日、结婚以及举办宴会时,人们会煮芋头祈愿好运。但中国人不像韩国人一样喝芋头汤。

(七)秋夕和中秋节的民俗象征

虽然中韩两国民俗的含义相同,但根据地区差异,民俗事象并不同。在韩国,秋夕有各种各样的民俗活动,如祈求丰收、祈子等。另外,人们还通过玩游戏来感谢丰收。

1.祈求丰收

韩国有"五月农夫,八月神仙"一说,意指农民在五月为种好庄稼,汗流

---

① 《매일신보》"인력거 버리 만하지고 송편은 밧삭죠라", 1918.

② 노성환,《한일 중추절에 대한 비교연구》,《일어일문학》50, 대한일어일문학회, 2011, p.272.

③ 丁学游《农家月令歌》曰:"新稻酒,早稻松饼,凉拌匏瓜,芋头汤。"见 이상보,「농가월령가에 대한 연구」,『명지어문학』4,1970。

④ 柳晚恭《岁时风谣》云,八月十五日"枣频初丹栗颗成,白新稻饭土莲羹"。见국립민속박물관,《조선대세시기》Ⅱ, 2005, p.112.

⑤ 《荷斋日记》卷六"庚子年 8 月 15 日":"秋夕感怀,芋羹松饼初新,堂上殷勤慰母亲。"见《荷斋日记》,서울특별시사편찬위원회,2009。

⑥ 런샤오리·리샤오나, 《 자오둥 반도 중추절 풍습 검토 》, 《 아시아문화연구 》27, 가천대학교 · 아시아문화연구소, 2012, pp.14-15.

浃背，衣衫尽湿，到了八月，一年农事结束，与春季农事相比，少用点力气也能过上神仙般的日子。因此，秋夕也是享受八月收获的时节。洪锡谟的《东国岁时记》提到，秋夕是谷物成熟、秋收将近的时节，为庆祝这个节日，全村人宰鸡酿酒，“醉饱”以庆。[①]柳晚恭的《岁时风谣》中讲，农民们希望“无加无减似嘉俳”，俗语中也有“无加又无减，长如嘉俳日”的说法。[②] 金迈淳所写的《洌阳岁时记》也提到，秋夕这一天再贫穷的人也会宰鸡酿酒，桌子上摆满佐酒菜肴和水果。因此，在韩国就流传了这样一句俗语——“加也勿减也勿”[③]，即“不多不少”之意。朝鲜文人赵云从认为，与首都地区相比，地方农民更重视八月十五日。其原因是粮食收获期将近，而且秋意渐浓也意味着更加富饶。[④]

在秋夕这一天，可以通过天气来判断农业生产情况。若天气晴朗便是好年景，反之，若下雨，便是荒年。[⑤]如果秋夕前下霜，第二年大麦就会歉收，这是因为降雨和霜冻会对即将收获的作物产生致命的伤害。如果浮云满天或万里无云，当年的大麦也会歉收，只有云量适中，距离适当，才能迎来丰年。同样，在中国也认为中秋节阴天下雨不利于农业生产。例如，如果中秋节下雨，第二年正月十五一定是阴天或下雪。在中国其他地区也有类似的说法。河北有“八月十五洒一阵，旱到来年五月尽”的说法。江苏和北京有“七月十五发洪水，中秋是好年景”的说法，这也意味着中秋前下雨是好征兆。

另外，人们还根据月亮的形状预测风灾。忠清南道地区的人认为，秋夕那天月亮清晰，大麦种植才能顺利。沿海地区的人认为，如果月亮又大又圆，秋天的渔场养殖才会丰收。[⑥]而釜山地区的人认为，如果月光又白又亮，

---

① 洪锡谟：《东国岁时记》“秋夕”：“十五日东俗称秋夕，又曰嘉俳，肇自罗俗，乡里田家为一年最重之名节，以其新谷已登，西成不远，黄鸡白酒，四邻醉饱以乐之。”见《东国岁时记 洌阳岁时记 京都杂志合编》，明治四十四年朝鲜光文会刊行。

② 柳晚恭《岁时风谣》“八月十五日”：“无加无减似嘉俳，野谚曰，无加又无减，长如嘉俳日。”见국립민속박물관》，《조선대세시기》Ⅱ，2005，pp.113-114。

③ 金迈淳《洌阳岁时记》“中秋”：“嘉俳之称昉于新罗，而是月也百物成熟，中秋又称佳节，故民间最重，是日虽穷乡下户，例皆酿稻为酒杀鸡为馔，肴果之品侈然满盘为之，语曰加也勿减也勿。”见《东国岁时记 洌阳岁时记 京都杂志合编》，明治四十四年朝鲜光文会刊行。

④ 赵云从《勉庵集·岁时记俗·秋夕》：“京俗非不重此日，而田家则尤有甚焉，盖新稻已登，西成不远，气象丰裕故然也。”见국립민속박물관，《조선대세시기》Ⅰ，2003，p.120。

⑤ 장주근，《한국의 세시풍속》，형설출판사，1989，p.277.

⑥ 국립문화재연구소，《충청남도 세시풍속》，국립문화재연구소，2002.

来年将雨水充足，会是个丰收之年；如果月光泛红，则意味着来年将会是干旱之年。同时，还有“月亮残缺方向的村庄会遇到荒年”[①]，“如果看不到月亮，荞麦等谷物会歉收”[②]等说法。此外，朝鲜后期赵在三所著的《琐碎录》中记载，若夜无月色，兔子无法产仔，青蛙无法产卵，荞麦等谷物也将歉收。[③]同样，在中国山西汾阳也有“中秋节月色朦胧，兔子无法下仔，来年会是荒年”的说法。这种观念在宋代便已出现，具有悠久的历史。[④]

在中国有许多与韩国类似的观点。上海人认为中秋节月色明亮就是丰年，福建浦城人认为如果月色朦胧来年春天会有大雨。然而，有些地区却认为中秋节浮云满天是吉兆。例如，河南林州人认为这意味着来年小麦将会大丰收；江西南昌、湖南桃源、福建浦城等地的人认为，这意味着能在湖中捕捞很多鱼。可见，人们在通过其他方式积极地打破不祥之兆。

赏月的风俗来源于月亮是复活或生命力的象征。[⑤]因此，在正月十五和一年中月亮最亮[⑥]、最圆的秋夕，人们会通过赏月来感谢丰收，并祈求来年的愿望能够实现。

为了祈求来年丰收，人们还会在秋夕前后割下一把熟透的水稻穗、高粱穗、小米穗，然后绑在一起，挂在柱子或大门上。第二年，这些粮穗可以用作种子，也可以做成年糕供奉祠堂或地主神后再食用。[⑦]在全罗南道的珍岛，还有小孩子们“爬豆田沟”的风俗。在十四日晚上，孩子们要赤裸着去豆田里，按照自己的年龄来爬相应的步数。据说这样做可以防止身上长疮。另外，也有把做好的食物带去田里的说法，因为这样可以使豆田丰收。

在中国有“春祈秋报”的习俗，即在春秋两季祭祀土地神，春耕时祈祷风

---

① 김승찬，《부산지방의 세시풍속》，세종출판사，1999。

② 국립민속박물관，《韓國의 歲時風俗 I— 서울·경기·강원·충청도 편-》，国立民俗博物馆，1997，p.209.

③ 赵在三《松南杂识·岁时类》：“视月孕胎条。”조선 후기 조재삼（赵在三）의 저서 『송남잡지 『세시류（松南杂识）』「시월잉태조（岁时类）」에는 “쇄쇄록（视月孕胎条）에 이르기를 “날이 흐리거나 구름이 있어 추석 달이 （琐碎录） 보이지 않으면 토끼가 새끼를 배지 못하고 개구리가 알을 낳지 못하며 또 메밀이 결실을맺지 못한다.”라고 하였다.《한국세시풍속사전》맞이(추석).

④ 《岁时广记》引《琐碎录》：“中秋无月则兔不孕，蚌不胎，乔麦不实，盖缘兔蚌望月而孕胎，乔麦得月而实。”见（宋）陈元靓：《岁时广记》卷三十一，清《十万卷楼丛书》本。

⑤ 박종오，《달맞이》，《한국세시풍속사전》，국립민속박물관，2006.

⑥ 欧阳詹《玩月》：“十五于夜，又月之中。稽之于天道，则寒暑均；取之于月数，则蟾魄圆。”见（清）张玉书等编撰：《御定佩文韵府》卷四之四，清文渊阁《四库全书》本。

⑦ 장주근，《한국의 세시풍속》，형설출판사，1989，pp.274-275.

调雨顺,中秋节丰收时报答神功。农民向中秋节的满月和嫦娥祈愿五谷丰收[1],并给土神祭祀的风俗依然在民间流传[2]。在重庆合川,人们会挨家挨户凑钱准备香烛和祭品到土地庙里献祭,或敲鼓,或弹琴,当地称之为“闹土地”。在福建漳浦,乡间农民携酒肉至田间祭祀土地神,城市的后土祠敛钱表演以娱神。在福建龙岩,各乡用灯扎成人形,抬着游行,迎接土地神。

在山东,土地神祭祀结束后,儿童手持插香的“月糕”,舞动着胳膊满街唱圆月歌谣。虽然这些歌谣种类多样,但内容几乎都与祈愿丰收有关,如:“向月亮唱歌吧!小麦一斗一斗地收获。唱歌吧!丰收了,稻子熟了,也有家了。唱歌吧!马儿也在井边跳舞。”“月亮圆了,月亮圆了,产量也增加了。月亮升起来了,月亮升起来了,机会难得。”“月亮亮了,孩子们就烧香,月亮圆了,孩子们就开心玩耍”等。[3] 挨个传唱这些歌谣,直到深夜。

女性在中秋节扮演了重要角色。按照阴阳五行学说,月亮为太阴,女为阴,因此女性可以“请月姑”为人们占卜。在福建上杭地区,祭月时会请月姑,方法是以竹筐作为月姑的替身,如果有神降临,竹筐会自己摇动,以其摇动的次数来卜吉凶。在天津地区,有一种独有的习俗——“螃蟹爬月”。具体的做法是把油捻点燃置于蟹背,然后将螃蟹放于院中任其爬行,根据其爬行方向预测一年的财运。如果螃蟹是向家中爬,即主发家、招财进宝,向外爬则主破财。

江西临川人在过中秋节时,有种比较特殊的习俗,叫“摆针”。是指人们在这天晚上,将一根针放在茶碗中,盖上盖子后置于庭院中。因为夜间受了露水,所以第二天早上,打开盖子就会发现针上出现铁锈。人们通过观察针上铁锈的位置来预测命运。据说,锈在针尖的话,表示少年晦运,锈若在针的中间,则说明中年不吉。

另外,山东微山湖地区在中秋节祭月之前,会举行隆重的祭湖仪式,祭祀的对象是湖神,俗称“大王”“湖大王”“将军”等,祭品为黑猪、白羊、鲜鱼等。祭祀时,将供品摆放在渔船前,点燃鞭炮,之后众人以长幼为序,向船跪

① 参见叶婷:《湖北咸安大屋雷村中秋祭月仪式调查报告》,《民间文化论坛》2010 年第 6 期。

② 参见张勃、荣新:《中国民俗通志·节日志》,山东教育出版社 2007 年版,第 309 页。

③ 런샤오리·리샤오나, 《 자오둥 반도 중추절 풍습 검토 》, 《 아시아문화연구 》 27, 가천대학교 아시아문화연구소, 2012,p.17.

拜祷告，祈求丰收。同时，还要摆酒祭祀船民信仰的“伙计神”，俗称“敬伙计”。祭祀结束后，人们会在大船舱内分食供品。

中国梁朝时，农历八月十一日到十八日是浙江钱塘观潮的最佳时期。其中十八日是潮水最盛之时，因此在这一天人们会祭祀潮神。为此，男女老少蜂拥而至，为举办活动而临时搭起的帐篷、华丽的帐幔挤满了道路，上下十多里，没有一点空隙。这时，数十名孩子举着彩旗进行冲浪表演，大人们则打球、关扑（以商品为诱饵赌掷财物的博戏）、鱼鼓（一种竹制打击乐器）演奏、弹词等等，声音鼎沸。实际上，人们只是借观潮之名，随意取乐而已。①在韩国的高丽时期，也有与此类似的记载：丁酉日，睿宗到兴福寺和永明寺观潮。② 永明寺位于平壤锦绣山浮碧楼西侧，是睿宗等帝王在大同江玩龙舟游戏时休息、进香的寺庙。

之所以在农历八月十五日观潮，是因为十五日大潮时涨潮最为强劲。中秋节这天，潮水由干潮上升为满潮，人们根据涨潮量，预测一年的运势。因为水是创造的源泉，象征生产力，所以涨潮量越多，生产力就越大。另外，水量大，就意味着当年是好时节、丰收年。③

2. 祈子

中韩两国均有拜月求子的习俗。在韩国全南地区，人们会望月行礼并许愿，而且还流传着“如果比别人先看到月亮，就会生下儿子”的说法，因此人们会让没有儿子的人先看月亮。④ 月亮是永恒和再生的象征。因为月相变化周期与女性生理期极为相似，而且月亮的盈亏圆缺与女性怀孕时期肚子的膨胀以及分娩后的平复又有相似之处，也愈加使先人们相信月亮与祈子之间的紧密联系。

---

① “郡人观潮，自八月十一日为始，至十八日最盛，盖因宋时以是日教阅水军，故倾城往看，至今犹以十八日为名，非谓江潮特大于是日也。是日，郡守以牲醴致祭于潮神，而郡人士女云集，僦倩幕次，罗绮塞涂，上下十余里间，地无寸隙。伺潮上海门，则泅儿数十，执彩旗，树画伞，踏浪翻涛，腾跃百变，以夸材能。豪民富客，争赏财物。其时，优人百戏，击球关扑，鱼鼓弹词，声音鼎沸，盖人但借看潮为名，往往随意酣乐耳。”见（明）田汝成：《西湖游览志余》卷二十《熙朝乐事》，上海古籍出版社 1980 年版，第 320 页。

② “丁酉，幸兴福、永明寺，观潮。”出自《高丽史》世家十四“睿宗十五年八月二十九日丁酉”，参见韩国国史编撰委员会，https://db.history.go.kr/KOREA/item/level.do? itemId=kr&bookId=世家 &types=o#articleList/kr_014_0060_0060（2022 年 9 月 26 日）。

③ 김승찬，《부산지방의 세시풍속》，세종출판사，1999.

④ 박종오，《달맞이》，《한국세시풍속사전》，국립민속박물관. 2006.

韩国有句俗语："松饼做得好看，才能嫁个好人家，才能生个漂亮女儿。"因此，女性都精心制作松饼。另外，还有一种说法是，如果吃到没熟透的松饼，就会生女儿；吃到熟透的松饼，便会生儿子；因此，孕妇都会特意吃蒸熟的松饼。除此之外，人们还会在松饼中横放一片松叶并蒸熟，如果孕妇咬住叶尖部分就会生儿子，反之会生女儿。

在中国，人们根据能否看到中秋节的满月来判断是否怀孕。另外，在北方农村，生产后有送面花的习俗。人们通常把面花做成蟾蜍的形状送给邻居，蟾蜍口含核桃或枣，以核桃和枣比喻子女，祝愿儿孙满堂。[①]虽然月蟾蜍是对嫦娥吃了长生不老药的惩罚，但这种风俗是借蟾蜍强大的繁殖能力来祈求多子多福。从西汉末起，月中的精灵由蟾蜍变成了兔子，人们开始向玉兔祈愿怀孕。[②]在陕西，女子出嫁时，会绣制带有兔子图案的围裙穿在身上，期望早日得子。[③]

月中桂树的意象出现在唐朝顾封人的诗中[④]，《太平御览》中也引用了《淮南子》中桂树的意象，可见其由来已久[⑤]。"桂"与"贵"字同音，象征着早生贵子。

中秋节的祭品有西瓜、葡萄、石榴、大枣、栗子、大豆等，这些祭品都有多子的含义。此外，民间将中秋节的祈子称为"走月亮""踏月"。因为人们认为女性在中秋节受到月光照射，便会怀孕，所以一般要赏月到凌晨鸡鸣后再回去。在江苏南京，也有类似说法，想生儿子的女性认为中秋节夜游夫子庙，过了桥便可怀孕。

中国南方地区有互赠南瓜的习俗，因为南瓜含有大量的种子，所以人们赋予其多子多孙的吉祥寓意。[⑥]而且南瓜开花结果的现象与女性怀孕生子的

---

① 参见杨冬梅：《论月亮神话及其民俗事象的传播与衍化》，《齐齐哈尔大学学报（哲学社会科学版）》2014年第6期。

② 参见郭精锐：《神话与民俗》，《中山大学学报（哲学社会科学版）》1987年第4期。

③ 参见杨冬梅：《论月亮神话及其民俗事象的传播与衍化》，《齐齐哈尔大学学报（哲学社会科学版）》2014年第6期。

④ 《月中桂树》："芬馥天边桂，扶疏在月中。能齐大椿长，不与小山同。皎皎舒华色，亭亭丽碧空。亏盈宁委露，摇落不关风。岁晚花应发，春余质讵丰。无因遂攀赏，徒欲望青葱。"见（清）曹寅、（清）彭定求等编：《全唐诗》卷六百，清文渊阁《四库全书》本。

⑤ 《太平御览》引《淮南子》云："月中有桂树。"见（宋）李昉等编：《太平御览》卷九百五十七《木部》，《四部丛刊》三编景宋本。

⑥ 参见杨冬梅：《论月亮神话及其民俗事象的传播与衍化》，《齐齐哈尔大学学报（哲学社会科学版）》2014年第6期。

现象相似，于是二者被联系起来。绍兴地区习惯将南瓜放在未能怀孕的女性的被窝里，这样不久之后，她就能怀孕。在贵州地区，有“偷瓜送子”的习俗。村民会在中秋夜去帮忙偷瓜。瓜偷来后，要为它穿上衣服，装成小孩的形状，送到村里没有生儿育女的人家。无子之家在收到瓜后，要请送瓜的人吃月饼，然后将瓜置于床上，与其同睡。第二天，将瓜煮熟，女子吃下即可怀孕生子。

与之相类似的祈子民俗还有南方地区盛行的“摸秋”，是指尚未生育的妇女在中秋节晚上偷偷摘取别人菜园的香瓜、芋头、青菜。在福建崇安，妇女入园偷芋头，在月下煎食；在江苏南通，没有孩子的妇女偷别人家中秋祭祀品中的芋头带回家吃；在江西南昌，会有少妇乘夜深人静时到邻居家的菜园偷瓜，俗称“摸青”。另外，安徽有妇女偷别人家的南瓜的习俗，上海有把偷来的南瓜藏在窝棚里的习俗，这些习俗被称为“偷子孙”；妇女抱着南瓜睡觉被称为“留籽子”。可见，这些习俗都是偷别人的东西。然而，与此相反，还有一些习俗是让亲朋好友送南瓜，被称为“送瓜”“送子”“送宝”。在湖北，这些习俗与秋季相关联，故被称为“送秋”。此外，在浙江衢州被称为“献生子”，即祝愿早生贵子。在有籽的农作物中，人们之所以偏爱南瓜是因为“南”字的谐音是“男子”的“男”。除了南瓜以外，人们还会用冬瓜、芋头等替代。

人们为了祈子去偷南瓜，主人不会责备小偷。然而，在湖北、贵州却与此不同，主人骂得越厉害越好，因为这更能充分体现父母失去子女的心情。瓜偷来后，要给它涂上颜色，穿上衣服，做成孩子的模样。在湖北，有时会在偷来的南瓜上挖洞，并在洞里插上辣椒。[①]在安徽和湖南，人们在南瓜上抹泥土，将其做成孩子模样，送到无子之家烧掉。这时，村里的长寿之人举着灯火，带领队伍，一边高喊，一边放鞭炮，声势浩大地前往无子之家，到家后让南瓜制成的孩子躺在床上，并用被子盖上。同时，还会说“种瓜得瓜，种豆得豆”的吉利话。据说，把人们第二天送来的南瓜煮熟，让无子之妇吃光即可怀孕。《东京梦华录》中也有中秋节收到南瓜和大枣会怀孕的记载。[②] 在清

---

① 参见张勃、荣新：《中国民俗通志·节日志》，山东教育出版社2007年版，第310～311页。

② “人家妇女皆归外家，晚归，即外公姨舅皆以新葫芦儿枣儿为遗。俗云宜良外甥。”见（宋）孟元老：《东京梦华录》卷八，清嘉庆十年虞山张氏照旷阁刻学津讨原本。

朝，人们也会在中秋节赠送南瓜，祝愿早生贵子。[①]由此可见，通过南瓜种子和大枣来祈子的风俗在很早便已经流传了。

在广东广州，每逢中秋节，家家户户会竖起旗杆，楼台上会挂灯笼，一家人聚在一起饮酒，这种习俗被称为“竖中秋”。因“灯”谐音“丁”，故挂灯笼含有“添丁”之意。在福建，也有挂灯笼向月宫求子的习俗。另外，还有“摸钉”的习俗，因为“钉”同男丁的“丁”发音相同，所以后来演化成“摸钉”就是祈求生男孩的意思。在上海，已婚妇女在中秋之夜“踏月”时，如果能摸到孔庙的门钉，就可以生下儿子，这种习俗被称为“摸丁东”。

在中国民间，人们也把嫦娥称为“月老”，认为其是媒人。如果家中子女还没有结婚，人们就会在中秋节深夜点亮蜡烛和香火，为子女祈祷。[②]另外，为使子女婚后和睦，人们还会用纸制作盒子和鞋子，妥善保管，在子女结婚后烧掉，为的是报答嫦娥。因为“盒”谐音“和”，“鞋”谐音“谐”，故含有“和谐”之意。

3. 民俗游戏

在韩国的秋夕，人们会在月夜里集体进行与农活和满月相关的游戏，而在中国中秋节里，孩子们会玩兔儿爷游戏。秋夕的代表游戏有牛游戏、乌龟游戏、强羌水越来、拔河等。牛游戏和乌龟游戏在忠清道、京畿道、黄海道等地较为普遍，而强羌水越来和拔河分别在全罗道海岸地区和济州岛较为普遍。但是朝鲜时期，秋夕游戏主要是在月夜进行的[③]，说明秋夕游戏与月亮有着密切的关系。

牛游戏是为了向帮助干农活的牛表示感谢的游戏。人们会选出一年来给农户提供劳动力的牛和村子里农活做得好的村民，慰劳其这段时间的辛苦劳作。乌龟游戏是对水神龟表示感谢并祈愿丰收的游戏。只有女性才能参与的强羌水越来，是象征满月形象的游戏，因为在农耕社会，满月和女性都象征着富饶。“强羌水越来”又称“江江水越来”[④]，前者据说是来源于忠武

① 参见常建华：《中国古代岁时节日》，中国工人出版社 2020 年版，第 178～179 页。

② 参见容媛：《东莞中秋节风俗谈》，《民俗》周刊第 32 期（中秋专号），1928 年 10 月 31 日。

③ “我国俗节，上墓以八月十五日，称秋夕。此与正朝相勘，朝者，日也；夕者，夜也。此则下元月明之最也。民俗行乐，必趁夜图之故也。”见李瀷：《星湖僿说》卷十《人事门 · 正朝秋夕》，李瀷旁孙李暾衡所藏抄本。

④ 장주근，《한국의 세시풍속》，형설출판사，1989，p.280.

公的兵术之一，后者则意为夷狄渡水，但是与强羌水越来类似的圆舞是东北亚地区共有的集体游戏，可以看作是模仿满月的样子围成一个圆圈跳舞，有迎接秋夕、庆祝丰收的意义。济州岛的“照里之戏”是通过“照”字在月夜拔河，赢的一方预示着五谷丰登。[①] 中国唐朝时也曾有拔河游戏[②]，但这种传统的“拔河”现在已不复存在。

在秋夕前后，韩国人每3年举行一次乡射礼相关的游戏。其中代表性的有射箭、轿子战、守令游戏等。《岁时风谣》作者柳晚恭曾描绘了农家孩童秋夕时玩射箭的画面。[③]射箭被称为“射会”，《东国岁时记》载：“首尔和地方的武士和村民们展开靶子，分组主持，一决胜负，边喝酒边享受射箭的乐趣。”[④]射会与过去的乡射礼有很深的渊源。周朝时，每隔三年乡大夫就要向君主举贤荐能，乡射礼正是为选拔有才能的人而举行的儒教仪式。朝鲜时期的《国朝五礼仪》中记载，乡射礼作为五礼中的军事仪式，“每年三月三日和九月九日在开城府及各道、州、府、郡、县举行”[⑤]。

轿子战是20世纪90年代初，从庆北义城地区流传下来的私塾学童们热衷的游戏，轿子和轿子相撞后轿子破碎的一方为输家。获得胜利的学堂则会多有科举及第者，这一游戏也与乡射礼有很大关系。守令游戏是选一名擅写作有才华的人为守令，将学童分为原告和被告，由守令担任判官，判断是非。守令游戏能够帮助学童增长智慧，祝愿他们将来科举及第步入仕途。中国明清时代每三年举行一次乡试，考试日期在中秋节前后，因此人们用“秋闱夺元”“月中折桂”“蟾宫折桂”等来表达希望金榜题名的心情。[⑥]

中国人在中秋节喜欢舞龙、玩花灯[⑦]，但代表性的是“兔儿爷”。“兔儿爷”是以黄土为材料，用模具制作成的彩色的兔子形态的玩偶。“兔儿爷”的

① “济州俗：每岁八月望日，男女共聚歌舞，分作左右队，曳大索两端以决胜负，索若中绝，两队仆地，则观者大笑，以为照里之戏。是日又作秋千及捕鸡之戏。”见洪锡谟：《东国岁时记 八月 秋夕》，《东国岁时记 洌阳岁时记 京都杂志合编》，明治四十四年朝鲜光文会刊行。

② 参见张勃：《重月传统与文化选择：中秋节在唐代的形成》，《民族艺术》2013年第1期。

③ 국립민속박물관，《조선대세시기Ⅱ》(국립민속박물관 세시기번역총서 2)，2005，pp.113-114.

④ 洪锡谟：《东国岁时记·三月·月内》，《东国岁时记 洌阳岁时记 京都杂志合编》，明治四十四年朝鲜光文会刊行。

⑤ 《国朝五礼仪·缃礼》，한국학중앙연구원 장서각所藏 성종 6년(1475)木刻本5 책 15 쪽.

⑥ 杜春燕、刘海峰：《科举游戏民俗的传承特色——对中秋博饼的考察》，《东南学术》2020年第2期。

⑦ 黄涛：《中秋》，生活·读书·新知三联书店2010年版，第132～144页。

整体形象是拟人化的兔子，兔子的头和人的身体，脸涂金漆，身体涂彩色。大的兔儿爷有1米左右，小的只有5～7厘米。最初兔儿爷的形象是左手拿臼、右手执杵，身跨猛兽（狮子、老虎、长颈鹿）、草食动物（鹿、大象、马、牛、骆驼）、飞禽（孔雀、丹顶鹤）等，头上戴着金帽，披着盔甲，背上背着纸旗或纸伞。另外，在《连环套》《战马超》《金钱豹》《芦花荡》等戏剧中出现的兔儿爷形象也栩栩如生。拉线使胳膊和嘴唇上下移动的又名“吧嗒嘴兔儿爷”，深受孩子们的喜爱。

在1950年以前，兔儿爷还十分盛行，在“文革”期间逐渐消失，在中国改革开放后再次登场，但其人气却大不如前。兔儿爷的在很长一段时间内与节日无关，除了中秋节，平时也会售卖。最初，兔儿爷的形象表情严肃，但后来兔儿爷逐渐成为孩子们的一种玩具，因此人们开始让兔儿爷的表情变得开朗，增添了可爱的元素。人们还会在它原本固定的耳朵上安装弹簧，做成可动的耳朵，深受孩子们喜爱。以前的兔儿爷都是骑着龙、老虎、长颈鹿等，而现在大多都是单独制作。

鲁西北地区有“铰月亮”的风俗。在中秋节，家家户户都会在窗户上贴上又大又圆的月亮图画，画上有坛子、石榴、莲花、牡丹、蝴蝶等图案。当地人认为在当天撕掉画便可驱除恶鬼，带来幸运。传说姜太公封神时，他妻子成了贫穷之神。姜太公担心他妻子会陷害穷人，于是一旦看到她搞破坏就会将其赶走。人们剪月亮是希望让贫困之神退避，从而过上好日子。与此相似，福建福州的人们也认为，满月会发出强烈的光，用剪刀剪掉强烈的光线便会得到幸福，这一习俗叫作“剪月亮”。

上海人认为，人们如果结队翻越三座桥便能够百病不侵。浙江建德人则认为在桥上踩一踩可以治腰痛。这与韩国的元宵节踩桥风俗十分相似。

传说古时候齐国有个女人叫无盐，相貌十分丑陋。无盐自幼时便会对着月亮虔诚祈愿，希望得到美貌。长大后，无盐因品性贤良选入王宫，但她并没有得到齐王的宠爱。某一年中秋节，齐王在赏月时遇到了无盐，发现她美貌惊人，遂将她封为王后。据说中秋节向月亮祈愿的风俗正是从这里开始的。月亮上的嫦娥以出众的美貌而闻名，因此这天晚上很多姑娘穿着漂亮的衣服，摆上美味的月饼和水果，对着月亮祈愿，希望自己能像嫦娥般美貌，皮肤如明月般光洁。[①]

结　论

本文通过关键词探究了韩国秋夕和中国中秋节的异同点。在韩国，秋夕和春节齐名，是两大节日之一，而在中国，中秋节、春节、端午节、寒食为四大节日。同时，两国对农历八月十五日的认识有较大差异。从法定假日来看，韩国有3天，中国2008年将中秋节列为国家法定节假日，假期亦是3天。只是，韩国的秋夕如同春节，不仅有大规模的返乡探亲队伍，而且有祭祖习俗。与此不同，中国中秋节没有大规模的返乡队伍，一般也没有祭祀祖先和扫墓的习俗。

如上所述，韩国秋夕最大特点是祭祀祖先和扫墓，这种习俗起源于新罗五庙祭礼或伽倻国首露王祭礼。由此可见，王室对先祖的祭礼传播到了民间。而且，秋夕不断被重视，它从高丽时代的九大节日发展为朝鲜时代的四大节日，如今与春节同为韩国的两大节日，祭拜祖先的习俗也流传下来。另外，秋夕体现了血缘和地缘的重要性，以及“追远报本”的祖先崇拜意识。韩国民俗学学者林载海认为，秋夕是加强血缘、地缘等社会关系的重要载体。[②]

秋夕既是家人团圆的日子，也是祭祀的日子。因此，许多人会在这天返乡。在古代，秋夕有赏月的风俗，但进入农耕社会后，产生了祭天和祈愿丰收的习俗。在儒教盛行的时代，“追远报本”的祖先崇拜意识深入人心。虽然产业社会的发展引起了家庭形态的变动，但秋夕让分散的家庭有机会团聚，强化了血缘间的纽带作用。

中国中秋节与韩国秋夕的不同之处有以下两点：第一，最大的不同点是祭月风俗。中国的祭月起源于古代秋分的祭月仪式，从明清一直延续到20世纪50年代，成为中秋节的重要风俗。祭月除了要祭拜嫦娥、玉兔外，还通过一些谐音，如画有佛教或道教人物、财神的月光纸，水果祭品等表达吉祥的意义。由此可以看出中国民俗的特征。第二，韩国秋夕的节日风俗与民

---

① 런샤오리·리샤오나, 《 자오둥 반도 중추절 풍습 검토 》, 《 아시아문화연구 》 27, 가천대학교 아시아문화연구소, 2012, p.16.

② 임재해,《한국민속과 오늘의 문화》, 지식산업사, 1994.

俗节气有较大关系。无论是从历史上看，还是从风俗多样性来看，韩国秋夕都有一定的独特价值。关于韩国秋夕与中国中秋节的比较，详见下表1。

表1　　韩国秋夕与中国中秋节的比较

	韩国	中国
名称	한가위(中秋)、추석(秋夕)	中秋节、月夕
祭礼	祭拜祖先	祭月
节日食品	松饼、芋头	月饼、芋头
游戏	赏月、强羌水越来、牛游戏、乌龟游戏	赏月、玉兔玩偶
风俗	回娘家、返乡	回娘家
公休时间	3天	1天

韩国秋夕与中国中秋节也有诸多相似之处：一是都赋予了新年第一次收获的含义，都通过月亮预测农耕年景。二是均有拜月求子和月夜游戏的风俗。韩国还有牛游戏、乌龟游戏、拔河、祈愿中举的守令游戏和轿子游戏以及强羌水越来等多种游戏，而在中国主要是灯火游戏。除此之外，在祭祀时，两国都会把时令水果和谷物当作祭品。而且，人们还会食用节日食品，如松饼、月饼、芋头等，这一点非常相似。

此外，我们必须承认中国中秋节对韩国秋夕产生了影响。例如，秋夕是"中秋之夕"或"秋分夕月"的简称。因此，在名称上，韩国的"秋夕"起源于中国。即便如此，韩国并没有完全沿用中国中秋节的名称，而是对其进行了创新。另外，韩国也使用一些关于秋夕的固有表达，如"가배(嘉俳)""한가위(中秋)"等。除此之外，朝鲜文人也受到中国中秋节习俗的影响。具体来说，他们受唐宋时期中秋诗词的影响，创作了一系列与中国中秋圆月相关的神话、人物、传说等。例如，嫦娥、长生不老药、桂树、玉兔、蟾蜍、月宫、广寒宫、李太白、玄宗游月、苏东坡、《霓裳羽衣曲》等都是朝鲜文人常用的意象。

中国温州大学黄涛教授是研究中秋节的权威学者，他曾提出，2005年韩国的端午节被联合国教科文组织认定为人类非物质文化遗产代表作，这为中国文化遗产的保护敲响了警钟。另外，他主张中秋节是中华民族的传统文化，应该从“国家文化安全”的角度尽快采取有效的保护措施。[①] 中秋节于2006年5月20日被指定为中国国家级非物质文化遗产代表性项目，此后朝鲜族的中秋节于2012年被指定为中国国家级非物质文化遗产代表性项目。

据说，韩国秋夕也将被登录为人类非物质文化遗产代表作。笔者不赞成将国家所有的节气、节日都认定为国家级或人类非物质文化遗产，与其如此，不如多关注本国传统文化的可持续传承。同时，中韩之间有很多相同的名称和风俗，关系密切。正因如此，两国不应该一味地相互竞争，而应该加强合作，共同进行学术研究，这也可促使中韩两国对东亚文化的繁荣与发展做出更多贡献。

① 参见黄涛:《论中秋节起源于唐朝赏月风尚——兼论我国中秋节传统的文化安全隐患》，社会问题研究丛书编辑委员会编:《文化安全与社会和谐》，知识产权出版社2008年版，第408～421页。